媒介经济学
理论与市场分析

Media Economics Theory and Market Analysis

牛勇平 著

经济管理出版社
ECONOMY & MANAGEMENT PUBLISHING HOUSE

图书在版编目（CIP）数据

媒介经济学理论与市场分析/牛勇平著. —北京：经济管理出版社，2011.6
ISBN 978-7-5096-1505-8

Ⅰ.①媒… Ⅱ.①牛… Ⅲ.①传播媒介—经济学 Ⅳ.①G206.2

中国版本图书馆 CIP 数据核字（2011）第 106442 号

出版发行：经济管理出版社

北京市海淀区北蜂窝 8 号中雅大厦 11 层

电话：(010)51915602　　邮编：100038

印刷：文阁印刷厂印刷　　　　　　　经销：新华书店

组稿编辑：申桂萍　　　　　　　　责任编辑：邱永辉
责任印制：杨国强　　　　　　　　责任校对：陈　颖

880mm×1230mm/32　　　　　9.5 印张　　　264 千字
2011 年 6 月第 1 版　　　　　　2011 年 6 月第 1 次印刷
印数：1—3000 册　　　　　　　　　定价：29.00 元
书号：ISBN 978-7-5096-1505-8

序

　　毋庸质疑，我们生活在一个被媒介包围的世界。早晨起来，很多人会习惯性地打开电脑，浏览网页上的新闻；出门，在楼道里可能会看到各种各样的小广告；在电梯里可能看到液晶电视；在上班的路上，你也许要买一份报纸看看；吃完晚饭，你可能会打开电视。我们从各种媒介获得信息，媒介也在影响着我们。这些都是司空见惯的现象，但值得我们深思：媒介究竟是什么？媒介如何获得利润？怎样看待媒介？

　　同样，当我们要求媒介能够提供正确、准确、真实信息的时候，我们要想：需要什么条件才能保证他们做到这一点？仅仅靠媒介的良知吗？当然，法律法规、职业规范可以起到一些作用，同时，市场的选择也是一个重要方面。如果一家报纸总是报道虚假消息，它一定会被市场淘汰，这就是需求的力量。这也告诉我们，要对媒介进行分析，可以采用经济学的一般原理，如媒介的利润等于收益减去成本、不同的市场类型会有不同的利润，等等。当然，媒介行业作为一个特殊的行业，有其自身的特性，本书尽量做到将经济学的一般原理与媒介的行业属性相结合。

　　但是，在对媒介进行经济学分析时，首先会遇到一个难题——究竟采用哪一种经济学理论？媒介经济学是一门新兴的交叉学科，分析方法不尽相同。有学者采用的是马克思主义的分析方法，马克思主义政治经济学认为，商品的价格由价值决定，价值由社会必要劳动时间决定，而需求和供给只是影响价格的次要力量。与之对应，有学者采用的是西方经济学的分析方法，西方经济学认为，商品的价格由需求与供给决定。这是西方经济学与马克思主义政治经济学的一个重大区别。本书对这两种分析方法进行了介绍，在实际分析中以西方经济学方法为主。

第二个难题是如何将经济学理论与我国媒介市场相结合。根据西方经济学理论，最完美的市场无疑是完全竞争，但实际中的媒介市场却呈现出各种各样的形式。在目前的中国，改革进程仍在进行，媒介形态日新月异，市场结构不断变化。能否在变化中不被眼花缭乱的表象所迷惑而抓住媒介市场的根本性特征，是理解媒介市场的关键，同时，也是了解媒介行业变革的关键。本书从分析媒介行业的市场结构入手，并比较各种市场形态的优劣，给出关于媒介行业变革的建议。

本书的内容主要包括两部分，一是关于媒介经济学的相关理论；二是针对媒介经济的市场分析。本书综合运用新闻传播学、政治经济学、西方经济学相关理论，对媒介经济学的内涵和外延做了详细的分析，提出了媒介经济学的两种研究方法并加以比较。首先，主要采用西方经济学和制度经济学的相关方法研究了媒介产品价格的决定，媒介产品的需求及媒介企业的产量、成本和规模；其次，对完全竞争、垄断、垄断竞争及寡头等不同类型的媒介市场结构展开分析；最后，运用产业经济学相关理论对我国媒介产业提出相关的评价，并研究了媒介企业并购与反并购的一般策略。

本书在写作过程中参考了大量的研究文献及专著、教材，在这里对这些文献及专著、教材的作者表示衷心感谢，并力争做到规范引用，如出现引用遗漏望请谅解。同时，由于作者能力有限，书中难免出现这样那样的问题，欢迎读者批评指正。

牛勇平

2011 年夏于山东烟台

目　录

第一章 媒介经济学导论

第一节 什么是媒介经济学

一、什么是媒介

1.媒介的概念

人类的新闻（信息）传播活动至少经历了四种方式：原始传播方式、手抄传播方式、印刷传播方式、电子传播方式。在书写工具问世以前，信息的传递是通过手势、图记、烟火、语言等方式进行，受到时间和空间的限制。当新闻传播工具出现后，新闻传播才成为有广泛社会影响的活动。新闻传播工具是人类社会物质生产和精神交往的产物。随着社会生产力的发展，科学技术的进步，传播方式不断变化，传播速度越来越快，范围越来越广，效果也越来越大。

最早出现的新闻传播工具是报纸，它在漫长的传播史中一直是新闻传播工具的主要形态。中国的邸报和古罗马帝国的《每日纪闻》刊登的帝王旨谕、百官奏折、官吏升降、军政要报，等等，是人们关心的新的事实，具有新闻性，因而是最早的古代报纸，是新闻传播工具的始祖。印刷术印报大约出现在1450年的欧洲，17世纪是近代报纸的开创时期，19世纪末到20世纪初，报纸实现了从"小众"到"大众"的飞跃。这一时期，报纸的发行量直线上升，由过去的几万份增加到十几万份、几十万份乃至上百万份；读者的范围也不断扩大，由过去的政界、工商界的上层人士到中下层人士。这种由量的积累而产生的质的飞跃，宣告了一个时代——大众传播时代的来临。这一次飞跃标志着资本主义的发展达到顶峰。

20世纪初期，无线电广播作为新闻传播工具的新形态出现。世界公认的首次电台播音是1920年11月2日美国威斯汀豪斯公司在匹兹堡的KDKA电台播出哈丁当选总统。此后，苏联、英国以及中国等许多国家纷纷建立了广播电台。当今无线电广播的技术已臻完善。1936年，英国建成世界上第一家电视台，开始播送电视节目，第二次世界大战后电视台在欧美普及。中国第一家电视台是北京电视台，1978年5月1日，北京电视台正式改为中央电视台。

目前，网络已经成为一种重要的新闻（信息）传播工具。2010年6月，中国网民人数突破4亿，而全球网民人数在20亿以上。从网络创造的产值看，仅中国网络广告市场规模已经超过100亿元人民币，年度增幅更是达到75%。

报纸、广播、电视、网络、电影、期刊、书籍等各种形态的传播工具，都有其优势和不足，现代科学技术的发展可以使各种新闻传播工具的优势融合起来，综合媒体的出现将不再是梦想。

从广义上讲，媒介应该既包括像报纸、电视、广播、网络等大众传媒，也包括像街头广告那样的非大众传媒（可以称为小众传媒）。从狭义上讲，媒介就是指大众传媒。无论大众传媒还是非大众传媒，都在从事信息生产或信息的传播。但其主体不是个人，而总是某一个机构。因此，媒介的概念应该是指从事信息生产或传播的机构。

相比之下，大众传媒（Mass Media）更加专业化，对象更加一般化。本书认为，大众传媒是指专业化的媒介组织，它们运用先进的传播技术和产业化手段，以社会上一般大众为对象进行大规模的信息生产和传播活动。本书所说的媒介主要指大众传媒。

2. 如何看待媒介

美国政治学家哈罗德·拉斯韦尔最早提出了媒介的"三功能说"：

（1）环境监视功能。自然和社会都在不断的变化和发展，人类必须了解并适应这些变化和发展，才能使自身适应并生存下去。因此大众传媒对社会的发展起到了"瞭望哨"的作用。

（2）社会协调功能。社会是一个建立在不同分工基础上的有机体。社会各组成部分之间的协调发展才是保证整个社会和谐、稳定的基础。大众传媒正是执行联络、沟通、协调社会各组成部分的功能。

（3）社会遗产继承功能。人类社会的发展是建立在对历史的继承和创新基础上的。我们只有将前人的智慧、知识、经验加以记录、整理、保存并传给后代，才能使后人在前人的基础上进一步完善并发展和创造。因此大众传媒是社会遗产代代相传的重要保证。

随着信息网络和传播技术的不断发展，大众传媒正在人们的社会生活中发挥着越来越重要的作用。基于大众传媒影响力的日益扩大，有学者将大众传媒权力称为与传统的立法、行政、司法权并立的"第四种权力"，而大众传媒机构则被称为"政府的第四部门"。

我国学者陈元元认为，传媒是一种社会权力，一种公权力，其外在表现是一种影响力。[①] 当然，这种社会权力与政治、法律权力有所区别。在世界大多数国家里，大众传媒的权力是由法律所规定的，大众传媒的权力必须符合相关的法律规定。但大众传媒通过所传播的信息可以潜移默化地影响社会公众的思想和行为，并在一定程度上支配着社会发展的趋势，这就是传媒的权力运作的整个过程。在西方，传媒的权力可以大到和总统角逐，甚至推翻一届政府。导致 1974 年美国总统尼克松辞职的"水门事件"可以作为传媒权力的一个明证。同时，媒介的权力如果滥用，也会导致不良的后果，典型案例，如 1997年发生在我国台湾的白冰冰女儿绑架事件。

媒介的权力在变化，同时受众的力量也在变化。媒介与受众之间力量的对比可以从受众概念的变化看出来。受众曾经是大众，是社会群体，是无名的群众。但从目前来看，在经济、文化较为发达的地区，受众已经不再只是接受的"受众"。受众逐渐变成了市场中起决定作用的需求方，变成了权力主体，受众概念的变化实际上反映了媒

---

① 参见本章的延伸阅读。

体扁平化的趋势以及供给过剩的结果。需求方不再无力，而是决定供给量的主要力量。

从经济学角度看，媒介权力的变化反映了需求与供给的力量对比变化。19 世纪的法国经济学家让·巴蒂斯特·萨伊提出著名的萨伊定理："供给创造自己的需求"（Supply Creates Its Own Demand），其含义是供给方是市场的主导力量，而需求方则是相对无力的。之所以出现萨伊定理，是因为当时的资本主义世界生产力还不够发达，处于短缺经济时代，传媒产业也是如此。到了 20 世纪，资本主义世界进入了相对过剩时代，需求开始起决定性作用。以报纸为例，1910 年，美国仅日报就达 2433 家，此后这一高峰纪录一直未被打破。如今全美国共有各类报纸约 9000 种。在中国，北京每天的报纸印刷量超过 700 万份，平均不到两个人就拥有一份报纸，全世界仅免费报纸就有数百家。市场激烈的竞争导致企业不得不认真研究消费者的需求。

当我们要求媒介能够提供正确、准确、真实信息的时候，我们要思考需要什么条件才能保证他们做到这一点。仅仅靠媒介的良知吗？当然，法律法规、职业规范可以起到一定作用，同时，市场的选择也是一个重要方面。如果一家报纸总是报道虚假消息，它一定会被市场淘汰，这就是需求的力量。但需求方的力量并不代表消费者个人的力量，消费者是个体，而传媒是机构，个人永远无法与机构对抗。所有人应该对传媒的控制和统治有清醒的认识。不要忘记美国精神医学家E.D.格林在《电视与美国人的性格》中所说的："电视的煽情性和刺激性，使很多美国人退化到了只会'边看电视边吸吮手指'的地步"。电视取代了一切激发人们创造力的东西，人们所要做的只是坐在沙发上看着那个闪烁的屏幕。

同时，在方便地享受媒体带来的各种信息之外，我们还要注意"镜头下的暴力"。1993 年美国记者凯文·卡特拍摄了著名的《秃鹫与女孩》的照片，并获得了普利策奖，但他被批评为没有人性，为了照下那张照片而没有伸出援手救助那个小女孩。虽然他照完相后就在小女孩受伤前用石块赶走了秃鹫，但巨大的社会舆论压力还是让他最后崩溃，死于自杀。拥有镜头并不意味着拥有什么特别的权利，拥有传播权利的人首先应该是一个普通人，然后才是一个媒体人。

二、什么是经济学

为解释这个问题，至少有 4 个概念需要弄清楚：经济学、政治经济学、马克思主义政治经济学和西方经济学。

从经济学的起源看，最早的经济学一律叫政治经济学，例如亚当·斯密的《国富论》的第四篇就叫《论政治经济学体系》，文中写道："被看做政治家或立法家的一门科学的政治经济学，提出两个不同的目标……"，而大卫·李嘉图的名著干脆就叫《政治经济学及赋税原理》。在近代，政治经济学至少出现了两个分支：源于德国古典哲学的马克思主义政治经济学以及源于英美哲学的非马克思主义政治经济学。后来，由于经济问题日渐复杂而逐渐成为一个独立的学科，政治经济学也被简称为经济学。而西方经济学是我们对西方国家所流行的经济学理论的一种并不太科学的称呼，因为并没有"东方经济学"与之相对。在西方大学里，根本没有西方经济学这门课。事实上，经济学就是指政治经济学，西方经济学应该叫西方政治经济学，我们国家的经济学叫马克思主义政治经济学。

这样，我们就了解了这些概念的关系。经济学等同于政治经济学，然后有两个分支：一个是马克思主义政治经济学；另一个是西方经济学（非马克思主义政治经济学的一个主要分支）。

什么是经济学？诺贝尔经济学奖获得者萨缪尔森为经济学下的定义是，经济学是研究个人、企业、政府及其他组织如何在社会内进行选择，以及这些选择如何决定稀缺资源使用的科学。

美国人本主义心理学主要创始人马斯洛在 20 世纪 40 年代提出了需求层次论，把人类的基本需要划分成 5 个相互递进的层次：生理需求、安全需求、社交需求、尊重需求和自我实现需求，依次由较低层次到较高层次。①生理需求。对食物、水、空气和住房等需求都是生理需求，这类需求的级别最低，人们在转向较高层次的需求之前，总是尽力满足这类需求。②安全需求。安全需求包括对人身安全、生活稳定以及免遭痛苦、威胁或疾病等的需求。和生理需求一样，在安全需求没有得到满足之前，人们唯一关心的就是这种需求。③社交需求。社交需求包括对友谊、爱情以及隶属关系的需求。当生理需求和安全需求得到满足后，社交需求就会突出出来，进而产生激励作用。④尊重需求。尊重需求既包括对成就或自我价值的个人感觉，也包括他人对自己的认可与尊重。⑤自我实现需求。自我实现需求的目标是自我实现，或是发挥潜能。达到自我实现境界的人，接受自己也接受他人。

如何解决资源的有限和欲望无限之间的矛盾？实际上有两种方法：一是尽量生产物品满足人们的欲望，这是西方的观点；二是压缩人们的欲望，这是东方的传统观点，两种观点并无优劣之分。老子《道德经》第 3 章："不尚贤，使民不争。不贵难得之货，使民不为盗。不见可欲，使民心不乱。是以圣人之治，虚其心，实其腹，弱其志，强其骨；常使民无知、无欲，使夫智者不敢为也。为无为，则无不治"。虽然其中有愚民的倾向，但其中的"无欲"思想对当前物欲横流的社会来说很有借鉴意义。

对西方世界来说，正是因为资源的有限和人的欲望的无限，导致了如何使用稀缺资源的问题的产生，也导致了经济学的出现。经济学的这个定义需要掌握的有以下两点：一是资源的稀缺性，这是产生经济学的最根本的原因。例如，我每月工资只有 1500 元，怎样花费，才能合算，这就是经济学要解决的问题，如果我的工资无穷大，也就不需要做消费计划了。稀缺性是很重要的概念，其英文是 scarcity。二是选择，经济学是一门关于选择的科学，正因为资源是稀缺的，所以需要选择，以决定如何使用资源。

西方经济学的内容很多，包括微观经济学、宏观经济学、国际经济学、发展经济学、产业经济学等，其中最基础的部分应该是微观经济学和建基于其上的宏观经济学。微观经济学的英文是 microeconomics，micro 源于希腊文，意思为"小"，所以微观经济学又叫小经济学，它研究单个经济单位的经济行为，如单个消费者、单个生产者等；宏观经济学的英文是 macroeconomics，macro 意思为

"大"，所以又叫大经济学，研究总体经济行为和总量经济关系，如国民生产总值、物价等。微观经济学和宏观经济学的关系就像是"树木"和"森林"的关系。只有先了解了"树木"，才能了解"森林"，微观经济学是宏观经济学的基础，从经济学的发展来看，也是微观经济学在前，宏观经济学在后。媒介经济学中涉及经济学方面的内容以微观经济学理论为基础。

这里需要了解一个经济学的基本概念——机会成本（Opportunity Cost）：使用一种资源的机会成本是指把该资源投入某一固定用途后所放弃的在其他用途中所能获得的最大收益。例如，一个大学生毕业后，可以去读研究生，也可以去工作。那么读研究生的机会成本就是工作所能挣到的收入；大学生也可以不上学而整天去网吧上网玩游戏，上网的机会成本是什么？就是你这门功课不及格。

三、什么是媒介经济学

我们首先要了解媒介经济活动的规律，其次分析媒介产品的性质，最后给出媒介经济学的概念。

1. 媒介经济活动的规律

媒介生产什么？报刊企业生产报纸，电视台生产电视节目，出版社生产书籍，网络生产信息，但一言以蔽之，媒介生产的都是信息产品，信息产品包括新闻、娱乐、教育和其他实用信息。因此，从这个意义上讲，媒介的功能就是信息的通道——"信道"。

媒介靠什么生存？或者说媒介企业从哪里得到收入？是卖报纸？是收取有线电视费（在中国是这样的）？出售信息产品是媒介获得收入的一个渠道，但不完全是，实际上广告收入才是媒介获得收入的主要方式。

因此，媒介的成本收益如图 1-1 所示。

注意图中的双箭头。媒介的影响或知名度与广告收入密切相关。2005 年，中央电视台广告收入在 85 亿元以上，而山东省电视台只有不到 10 亿元。由此可以看出广告收入差别和媒介影响力差别的关系。

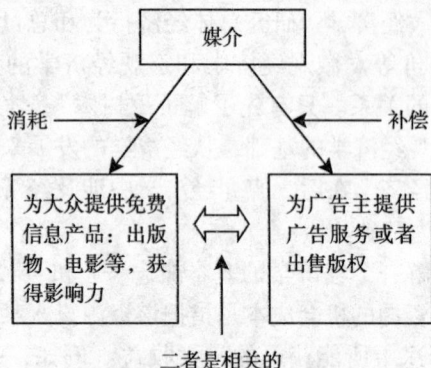

图1-1　媒介的成本收益

2. 媒介产品的性质

所有的物品都可以分为两类：经济物品和免费物品。前者指生产出来、需要花钱购买的物品，也就是商品；后者指阳光、空气等物品。我们主要探讨经济物品。在经济物品中，又可以分为私人物品（Private Goods）和公共物品（Public Goods）。

区别私人物品和公共物品可以从以下两方面进行判断：

（1）竞争性和排他性。私人物品具有竞争性和排他性；而公共物品则具有非排他性和非竞争性。简言之，竞争性是指我用了一件商品别人就会少用一件，我吃了一个苹果其他人可以吃的苹果就少了一个。排他性是指对商品支付价格后才能消费；显然，诸如城市道路、路灯、公共广场与绿地，都是具有非竞争性和非排他性的：路灯照亮了我回家的路，并不妨碍照亮我邻居回家的路；我得到了路灯照亮道路的好处，也并没有减少我的邻居得到相同益处的机会。而且，即使我不为路灯付费，也很难将我排除在外。

判断竞争性的标准是商品能否进行分割出售，或者额外增加一个消费者的边际成本是否为零，如航标灯。判断排他性的一个标准是能否排除不愿付费的人，如国防。

（2）外部性。外部性是指一个经济主体的经济活动对另一个经济主体所产生的有害或有益的影响。外部性有正负之分，如养蜂人与果树种植者之间存在正的外部性；而抽烟者与被动吸烟者之间存在负的外部性。对于存在正外部性的商品，其生产应该由政府提供或有政府补贴生产，尽量扩大其正向外部性。例如，教育外部性较强，属于准公共物品，就应该得到政府的资助。

我们再回到媒介。媒介产品是否属于公共物品？以新闻为例，新闻具有正向的外在性，一个人得知某新闻信息（如灾害信息）后可以无偿传播给他人，给他人带来好处，这也符合整个社会的利益；同时，新闻的竞争性和排他性较弱，一个人对新闻的获得并不影响他人的获得，一个新闻广播也很难排除免费"搭车"者，因此，新闻为公共物品。再以电子图书为例，从技术上讲，如果网络宽带允许的话，任何一个读者对电子图书的使用都不会影响其他读者对其的使用。另外，一个读者获取了电子图书资源，他可以不公开地传播该资源，而电子图书提供者很难进行限制。电子图书同时还具备一定的正外部性或者说公益性。无疑，一个读者阅读了某些文章、书籍，不仅对他自己产生影响，他可以影响周围的人。这一点，类似于教育服务。一个受过教育的人会影响自己的家庭和子女。相比之下，娱乐产品私人性较强，不是公共物品。对媒介产品的性质可以做以下判断：

私人物品：书籍、杂志、唱片、录音带；

准私人物品：电影、剧场表演、音乐表演、现场演唱会；

准公共物品：报纸、电子图书、广播电视节目。具备公共物品的一些性质，也可以成为私人物品（只要在技术上做到只有付费才可以消费）。

总的来看，媒介商品在技术层次上往往是私人物品，在内容上则往往是公共物品。

公共物品的生产模式有两种：政府生产与补贴私人部门生产。最理想的是用公共资源来生产和分配。但历史是丰富的，新闻的生产并不完全由政府来生产，政府也不对生产新闻的私人部门进行补贴。有以下三个原因：

第一是基于媒介发展的传统。在早期的大众传播方式中，新闻的载体主要是报纸，而作为新闻载体的"纸"具备分割性。能得到载有新闻的"纸"才能得到新闻，这样新闻的公共性就比较弱，从而当时的报纸是一种私人物品。当然，随着电子媒介的出现，"纸"在新闻中的作用在减弱。

第二是基于西方自由主义的传统。西方民众长期以来对于政府对新闻的控制有较强的警惕性。在传播领域，言论自由乃至新闻自由是神圣不可侵犯的。因而政府直接生产新闻在西方并不多见。

第三是基于新闻媒体独特的运作方式。新闻媒体的成本不能，也很难通过出售新闻来得到补偿，但新闻媒体可以利用其自身对大众的影响通过收取广告收入来弥补成本。

3. 什么是媒介经济学

媒介经济学（Media Economics），简单地说就是使用经济学方法研究媒介经济活动的学科。媒介经济学构建于不同的经济学理论和分析方法之上，致力于研究经济和金融力量如何影响传媒体系和传媒组织。具体包括：关于媒介产品的属性、需求和供给、生产与成本、不同市场下的均衡以及政府政策对媒介产业的影响等内容。

也可以将媒介经济学的内容归结为以下几个问题：

What to produce?（生产什么？）这里面包括媒介产品的性质、媒介产品的需求与供给等内容。

How to produce?（怎样生产？）这里面包括媒介生产的成本、媒介企业的边界等内容。

Produce for Whom?（为谁生产？）这里面包括不同的市场结构下对受众和媒介地位的分析，以及获取信息的能力与什么有关——权力、收入、禀赋还是地位？如何克服信息鸿沟？

Who make decision?（谁来做决策）这涉及媒介企业的产业结构，是政府集中生产还是私营企业分散生产以及制定什么样的产业政策等。

媒介经济学的研究开始于 20 世纪 50 年代，早期的学者主要致力于研究报业竞争和广播电视结构、管制方法以及影响传媒的权力结构。从 20 世纪 70 年代开始，越来越多的经济学家和工商学者开始探究传媒。到 20 世纪 80 年代，很多研究者开始关注传媒企业的组织运营、传媒企业之间的竞争、传媒产品的消费以及其他媒介产业问题。

到 20 世纪 80 年代后期和 90 年代初，产业经济学的相关成果被大量运用到媒介产业的分析中，如行业壁垒、行业的集中等问题。20 世纪90 年代以后，随着媒介经济学的逐渐成熟，学者们的研究方向开始分散，如研究经济萧条对传媒的影响、对兼并收购的研究、对公司继承的研究等。

对于我国来讲，媒介经济学仍然是一门新兴的学科。我国的社会主义市场经济体制还不够完善，媒介行业的改革正在展开。因此无论是理论还是实践，我国的媒介经济学远未成熟。

第二节 现代媒介经济学分析框架

一、马克思主义的分析方法

马克思主义的分析方法，一言以蔽之，就是批判。马克思主义的主旨是研究生产关系，研究阶层之间的联系、权力分配以及经济利益的分配。

对于媒介经济学而言，马克思主义的分析方法思路如下：

马克思主义认为媒介产品的价格由其价值决定，商品价值是指凝结在商品中无差别的人类劳动，无差别的人类劳动则以社会必要劳动时间来衡量。当然，媒介产品的价值与使用价值有其特别之处，在之后的章节中会有所论述。然后，根据生产过程的特征分析媒介产业剩余价值的产生以及分配。

在资本主义国家，媒介产业剩余价值的产生与其他行业没有本质的区别。马克思主义认为：剩余价值是雇佣工人所创造的并被资本家无偿占有的超过劳动力价值的那部分价值，它是雇佣工人剩余劳动的凝结，体现了资本家和雇佣工人之间剥削和被剥削的关系。在社会主义国家（实际上是共产主义国家），不允许出现剥削，也不应该出现剩余价值，因此，大众传媒应该由共产主义国家经营或管制。列宁认为，无产阶级和其他劳动群众在资本的剥削统治下，不具有或极少具有自由出版报刊的物质条件。无产阶级只有夺取国家政权，才可能真正实现出版自由。这种出版自由就是全体公民可以自由发表意见。为了保证出版自由的真正实现，无产阶级在夺取国家政权后，应当立即将报纸的私人广告由国家垄断，垄断广告给出版报刊的资本家带来的巨大的收入来源，剥夺资本家占有的印刷厂和纸张的所有权，收归国有，然后公平地分配，保证大多数人民享受到真正的出版自由。当然，社会主义的出版自由也有一个逐步完善的过程。在无产阶级夺取政权的初期，必须对出版自由进行必要的限制，以利于政权的巩固。社会主义的基本原则是不会、也不可能改变的，出版自由应随着社会主义的发展日益扩大、完备。

马克思也曾经明确提出：一方面，反对资本主义的书报检查（指国家垄断）；另一方面，又反对媒介产业的商业化（及私人企业的垄断）。也就是说，马克思所追求的是所有人的真正的言论自由。这无疑是我们所有人的终极目标。

可以发现，马克思的理论与列宁的主张以及当前社会主义国家的实践并不是完全一致的。马克思反对国家垄断书报出版的做法，因为这样并不能保证公民的出版自由，而社会主义国家对书报出版的国家垄断仅仅应该是个过渡性的手段而非长久之计。我国宪法第三十五条规定："中华人民共和国公民有言论、出版、集会、结社、游行、示威的自由"。不过，宪法的规定还需要有部门法（如新闻法、出版法）的支撑才能发挥更大的作用。

二、非马克思主义的分析方法

在非马克思主义的分析方法中，西方经济学为其代表。其基本思路是：

西方经济学认为商品的价格由需求和供给决定，而不是价值。实际上，在西方经济学家眼中，根本不存在价值，他们认为价值是一个虚构的概念，也仅是一个概念。需求和供给均可以通过边际分析方法进行研究，需求实现的是消费者均衡，供给实现的是生产者均衡。两者在市场相遇，通过对不同市场结构的分析，也可以得到各自的均衡。当然，不同市场的效率也不同。最后，如果市场存在缺陷（可以称为市场失灵），政府可以采用政策加以干涉。总的来说，在西方经济学家眼里，市场经济总体是好的，如果出现了市场失灵，政府也可以加以适当的纠正。

时下，非马克思主义的分析方法即西方经济学的方法成为了主流。它具体包括以下三种方法：

第一种方法：一般均衡层面。主要内容是价格理论或需求供给决定论，也就是需求和供给决定价格。例如，需求是谁的需求（受众和广告客户），需求受哪些因素影响？供给是谁的供给，受哪些因素影响？需求和供给与价格之间存在什么关系？有哪些市场？不同的市场有什么样的效率？

第二种方法：产业组织层面。该方法从中观角度入手，主要包括产业组织理论、博弈论等。产业组织理论（Industrial Organization），研究市场在不完全竞争条件下的企业行为和市场构造，是微观经济学中的一个重要分支，产业组织理论主要是为了解决所谓的"马歇尔冲突"的难题，即产业内企业的规模经济效应与企业之间的竞争活力的冲突。博弈论是分析寡头垄断企业市场行为的有力工具。博弈论研究不同的理性经济活动主体，在其行为相互影响时的决策以及这种决策的均衡问题。

第三种方法：企业层面。企业不再是黑箱——通过分析交易成本，规模经济、范围经济等制度经济学方法分析企业。制度经济学（Institutional Economics）是把制度作为研究对象的一门经济学分支。它研究制度对于经济行为和经济发展的影响，以及经济发展如何影响制度的演变。制度经济学的研究始于诺贝尔经济学奖得主科斯的著名论文《企业的性质》，科斯的贡献在于将交易成本这一概念引入了经济学的分析中并指出企业和市场在经济交往中的不同作用。威廉姆森、德姆塞茨等人对这门新兴学科作出了重大的贡献。近30年来，

新制度经济学是经济学的一个分支。

三者的关系如图 1-2 所示。

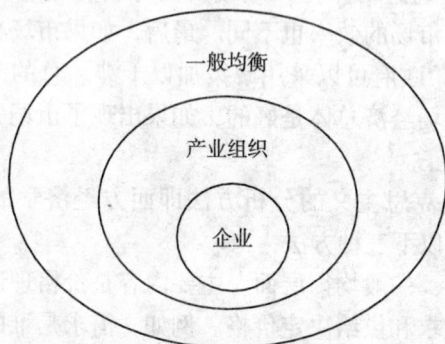

图 1-2　媒介经济学分析方法的三个层面

本书的分析方法和基本思路如下：首先对马克思主义政治经济学和西方经济学两种分析方法加以比较；其次以西方经济学分析方法展开媒介经济学研究，其中一般均衡分析为主要研究手段，并在某些领域加入产业组织理论和制度经济学的部分内容。

延伸阅读 1

经济学的变迁①

根据正统的经济学说史教程，主流经济学的变迁一般被认为经历了以下几个阶段：重商主义、古典政治经济学、庸俗经济学、边际学派和新古典综合派 5 个阶段。

一、重商主义

重商主义流行于 15~17 世纪，其代表人物为托马斯·孟（英）和蒙克莱田（法）等人。其观点是把货币当做财富的唯一形态，只有货

---

① 刘冰主编：《经济学基础》，高等教育出版社，2011 年版。

币最重要，所以又叫重金主义，该派人物主张外贸顺差和关税保护，之所以出现上述观点，是因为当时的资本形态主要以商业资本为主，当商业资本逐渐被产业资本所代替后，重商主义也就被古典政治经济学所代替。目前，这种观点仍然有很大市场，为什么？事实上就是贸易保护主义。

二、古典政治经济学

古典政治经济学有英国和法国两条线索，流行于17~18世纪末。英国是从配第、亚当·斯密到大卫·李嘉图，法国是从布阿吉尔贝尔、魁奈到西蒙斯第。配第奠定了劳动价值论的基础，马克思称他为"政治经济学之父"，其代表作是《赋税论》。斯密的经济学相对比较系统，提出了"经济人"的假设，赞美"看不见的手"，鼓吹经济自由主义。所谓"看不见的手"就是：自由竞争的市场机制可以使每个人在追求个人利益的同时更好地促进社会利益，两者是协调统一的。例如，卖菜的目的不是为了方便群众，也不是为了大家的健康，而是为了挣钱，但客观上起到了扩大流通渠道的作用。李嘉图基本上完成了劳动价值论，其著作也被认为是英国古典政治经济学完成的标志。

法国的道路不太一样，布阿吉尔贝尔和魁奈主张重农主义，这与法国的自然环境有关。西蒙斯第发展了劳动价值学说。

总之，古典主义的主要论点就是自由竞争。

三、庸俗经济学与马克思主义政治经济学

庸俗经济学流行于18世纪末~19世纪70年代，这个时期是古典政治经济学条理化和系统化的时期。庸俗经济学的代表人物是萨伊、马尔萨斯和约翰·穆勒等。萨伊把政治经济学的研究对象归结为财富的生产、分配和消费，这种方法叫"三分法"，他的另外一个著名论断是"供给创造需求"（为什么）。马尔萨斯以《人口论》闻名于世。

为什么马克思称之为庸俗经济学？因为他们抛弃了劳动价值论。也就是说，从古典政治经济学后，马克思与其他人开始分家。马克思坚持劳动价值论，并由此深入研究资本主义社会的生产关系，证明了剩余价值与剥削，从而认为经济危机（供给大于需求）将导致资本主义灭亡。而后者不再坚持劳动价值论，认为价值（价格）由供求关系

决定。马克思认为他们抛弃了价值本质，而只为价格现象所迷惑，从而是庸俗的。

四、边际学派（又被称做后庸俗经济学）与《资本论》

边际学派流行于 19 世纪 70 年代以后。其先驱是戈森（德），戈森提出了两条定律，称为戈森第一定律和戈森第二定律。戈森第一定律：随着某种需要得到满足，一个人所感受的满足程度会渐渐递减，直到饱和，此谓边际效用（Marginal Utility）递减规律；戈森第二定律：为使享乐最大化，一个人必须把各种享乐都满足，各种享受的程度或享乐的边际部分彼此相等，此谓效用最大化规律。戈森定律奠定了边际学派的基础。

英国的杰文斯、奥地利的门格尔和法国的瓦尔拉斯几乎同时独立地提出了边际效用价值论，认为：价值来自效用，其尺度是边际效用。

英国的马歇尔是集大成者，他的《经济学原理》是西方经济学说史上第二次大综合：以完全竞争和充分就业为假设，从供给和需求的角度来分析市场。消费者得到最大满足，生产者得到最大利润，生产要素得到最优利用并得到应有回报。宏观经济可以自行调节。总之，是一幅理想的图画。

至此，现代西方经济学基本形成。

马克思当时在写作《资本论》，他看到边际效用价值论后，几乎丧失了继续写作的信心。为什么？他几乎被说服了，他几乎要放弃劳动价值论。

五、西方经济学的形成

边际效用学派的主要观点是基数效用论，希克斯以序数效用论来代替基数效用论，为什么要这样做呢？因为基数效用论有两个漏洞：①效用量是可以衡量的。但效用是一种主观的心理状态，用数字来衡量总有牵强之感。②边际效用随着物品数量的增加而递减，对于货币来讲也是这样。于是，同样一元钱对于穷人来讲，其效用要大于富人手中的一元钱。所以，从富人手中拿走货币支付给穷人，社会总福利就会增加。这个结果对资产阶级来讲很不利。因此希克斯提出了序数效用论：效用不可以度量，而只能排序，富人增加一元钱，其效用要增加，穷人增加一元钱，其效用也要增加，但二者效用增加的比例是无法比较的。这样，上述问题就可以避免。另外，张伯伦和罗宾逊增添了垄断和不完全竞争理论。由此构成了较为完备的微观经济学理论。但微观经济学不承认失业，因此大萧条以后再加上凯恩斯的宏观经济学，就构成了新古典综合派的主要体系。

六、后凯恩斯主义时代

20世纪70年代以后，西方资本主义国家在经历了战后经济恢复和快速增长后，出现了停滞与通货膨胀并存的局面，凯恩斯主义的宏观政策出现"失灵"。凯恩斯主义批评者的经济学思想逐渐抬头，表现为先后出现的货币主义、供给学派、理性预期学派的理论。在此时期，以新古典分析方法与理论原则为基础的新制度经济学也产生并发展起来，对经济学说的发展产生了重大的影响。到20世纪90年代，继承凯恩斯传统的新凯恩斯主义和继承自由主义传统的新古典主义获得发展。

现今，经济学发展为包括理论经济学、部门经济学、应用经济学和交叉或边缘学科的庞大的学科体系，反映着社会分工的不断扩大和经济学研究在各个具体领域中的发展。

延伸阅读 2

媒介性质的变化——从多媒介走向跨平台[1]

传统上的媒介整合概念主要包含以下两个层面的含义：

一方面，从形态来看，随着新媒体技术的发展，报纸、期刊、广播、电视等传统媒体以多媒体的方式展现在受众面前。媒介形态的整合正在推动"富媒体"的概念得到真正实现，受众可以获得更有感染力和冲击力的综合感官体验。同时，随着无线传输技术的发展，新媒

---

[1] 赵曙光：《媒介经济学》，清华大学出版社，2007年版。

体也将具有传统报纸、期刊的便携性和可移动性，打破时间和地点的限制。索尼、施乐、飞利浦等已经在"电子纸"的研发方面取得了可喜的进展。《纽约时报》也推出了名为 Times Leader 的电子化新闻终端。但是，从形态整合的角度分析媒介，焦点仍然在于新闻信息传播，对于媒介概念的理解仍然局限于传统思维。

另一方面，从作业模式来看，媒介整合往往意味着打造多媒介的业务平台，将报纸、电视台、电台和互联网站的采编作业有效结合起来，资源共享，集中处理，衍生出不同形式的信息产品，然后通过不同的平台传播给受众。发达国家的媒介集团基本形成了多媒介业务平台的格局，如华盛顿邮报公司等。

多媒介平台的概念在中国国内已经提出很久，但是迄今多数仍然停留在概念层面，很多名义上的多媒介平台主管业务仍然集中在单一媒介。2003 年 8 月，上海第一财经传媒有限公司成立，整合了原上海电视台财经频道和原上海东方电台财经频率的经营性资产。"第一财经"成为中国第一个真正意义上多媒介、跨地域的媒介品牌。

现在，媒介整合已经从"多媒介"向"跨平台"转移，媒介平台与其他通信、购物、金融等平台进行整合，成为发挥多种功能、扮演多种角色的用户终端。

延伸阅读 3

经济学十大原理①

原理一：人们面临权衡取舍（People Face Trade-offs）

当人们组成社会时，他们面临各种不同的权衡取舍。典型的是在"大炮与黄油"之间的选择。认识到人们面临权衡取舍本身并没有告诉我们，人们将会或应该做出什么决策。然而，认识到生活中的权衡取舍是重要的，因为人们只有了解了他们面临的选择，才能做出良好

① 曼昆：《经济学原理》，北京大学出版社，2006 年版。

的决策。

原理二：**某种东西的成本是为了得到它而放弃的东西** (The Cost of Something Is What You Give Up to Get It)

一种东西的机会成本 (Opportunitycost) 是为了得到这种东西所放弃的东西。当作出任何一项决策，例如，是否上大学时，决策者应该认识到伴随着每一种可能的选择而来的机会成本。

原理三：**理性人考虑边际量** (Rational People Think at Margin)

"边际量"是指某个经济变量在一定的影响因素下发生的变动量。经济学家用边际变动 (Marginalchange) 这个术语来描述对现有行动计划的微小增量调整，边际变动是围绕你所做的事的边缘的调整。个人和企业通过考虑边际量，将会作出更好的决策。而且，只有一种行动的边际利益大于边际成本，一个理性决策者才会采取这项行动。

原理四：**人们会对激励做出反应** (People Respond to Incentives)

由于人们通过比较成本与利益做出决策，所以，当成本或利益变动时，人们的行为也会改变。这就是说，人们会对激励作出反应。然而，政策有时也会有事先并不明显的影响。在分析任何一种政策时，我们不仅应该考虑直接影响，而且还应该考虑通过激励发生的间接影响。如果政策改变了激励，那就会使人们改变自己的行为。

原理五：**贸易能使每个人状况更好** (Trade Can Make Everyone Better off)

也许你在新闻中听到过，在世界经济中日本人是美国人的竞争对手。实际上，两国之间的贸易可以使两个国家的状况都变得更好。从某种意义上说，经济中每个家庭都与所有其他家庭竞争。尽管有这种竞争，但把你的家庭与所有其他家庭隔绝开来并不会使大家过得更好。通过与其他人交易，人们可以按较低的成本获得各种各样的物品与劳务。

原理六：**市场通常是组织经济活动的一种好方法** (Markets Are Usually a Good Way to Organize Economic Activity)

现在大部分曾经是中央计划经济的国家已经放弃了这种制度，并努力发展市场经济。在一个市场经济（Marketeconomy）中，中央计划者的决策被千百万个企业和家庭的决策所取代。这些企业和家庭在市场上相互交易，价格和个人利益引导着他们的决策。

原理七：政府有时可以改善市场结果（Governments Can Sometimes Improve Market Outcomes）

为什么我们需要政府呢？一种回答是，"看不见的手"需要政府来保护它。只有产权得到保障，市场才能运行。但是，还有另一种回答。政府干预经济的原因有两类：促进效率和促进平等。尽管"看不见的手"通常会使市场有效地配置资源，但情况并不总是这样。经济学家用市场失灵（Market Failure）这个术语来指市场本身不能有效配置资源的情况。我们说政府有时可以改善市场结果并不意味着它总能这样。学习经济学的目的之一就是帮助你判断什么时候一项政府政策适用于促进效率与公正。

原理八：一国的生活水平取决于它生产物品与劳务的能力（a Country's Standard of Living Depends on The Its Ability to Produce Goods and Services）

世界各国生活水平的差别是惊人的。随着时间推移，生活水平的变化也很大。用什么来解释各国和不同时期中生活水平的巨大差别呢？答案是几乎所有生活水平的变动都可以归因于各国生产率（Productivity）的差别。生产率与生活水平之间的关系对公共政策也有深远的含义。在考虑任何一项政策如何影响生活水平时，关键问题是这项政策如何影响我们生产物品与劳务的能力。

原理九：当政府发行了过多货币时，物价上升（Prices Rise When The Government Prints too Much Money）

什么引起了通货膨胀？在大多数严重或持续的通货膨胀情况下，罪魁祸首总是相同的——货币量的增长。当一个政府发行了过量本国货币时，货币的价值下降了。

原理十：社会面临通货膨胀与失业之间的短期权衡取舍（Society Faces Short-run Trade-off Between Inflation and Unemployment）

当政府增加经济中的货币量时，一个结果是通货膨胀，另一个结果是至少在短期内降低失业水平。说明通货膨胀与失业之间短期权衡取舍的曲线被称为菲利普斯曲线（Phillips Curve）。其原理如下：

首先，货币量增加，提升支出水平，从而刺激物品与劳务需求。

其次，长期的高需求引起高物价，继而引起企业更多的生产，更多的雇佣。

最后，更多的雇佣则意味着更少的失业。

经济学家仍对菲利普斯曲线有所争议，但大多数经济学家现在接受了这样一种思想：通货膨胀与失业之间存在短期权衡取舍。这就简单地意味着，在一两年中，许多经济政策在相反的方向推动通货膨胀与失业。

延伸阅读4

传媒权力是大众社会的一种公权力[①]

在西方社会中，大众传媒一直被称为除了立法、司法及行政权力之外的"第四权力"。媒介的权力和权力的媒介，经常成为传播学讨论的一个问题。大众传媒究竟有没有权力？如果有，那么它具有怎样的性质，又有怎样的表现形态？这些问题，涉及大众传媒的根本属性和基本功能，应该加以深入的研究分析，以便更好地理解大众传媒的本质特征，深入认识传媒，解读传媒，从而为建设和谐社会创造条件。

一、传媒是一种社会权力

权力，指一种带有一定强制性的社会支配力量。权力通常以政治和法律作为基础，并在政治、法律所规定的范围内行使。

政治、法律意义上的权力是一种核心权力，除此以外，还有许多非政治、法律意义上的非核心权力，这些非核心权力一般以职责为基

[①] 陈元元：《传媒权力是大众社会的一种公权力》，人民网2005年5月8日（www.people.com.cn），略有删减。

础，在日常工作和日常生活中行使。例如，一个门卫基于自己公司所规定的职责，就有权力不许外人进入他所管辖的范围。在世界大多数国家里，大众传媒的权力是由法律所规定的，大众传媒只能在法律规定的范围之内行使自己的权力，虽然大众传媒权力的本身有时候带有非常浓厚的政治和法律色彩，特别是一些官方媒体尤其如此，但它事实上并不属于政治、法律权力。因此，人们对于这一问题的认识并不清楚。其实，大众传媒确确实实拥有强大的社会权力。

大众传媒拥有强大的社会权力的现象在社会上屡见不鲜。大众传媒通过所传播的信息，影响着社会公众的思想和行为，引导着社会公众的注意和兴趣，改变着社会各阶层的力量对比，并在一定程度上支配着社会发展的趋势，这就是传媒的权力运作的整个过程。有时候传媒的权力小到无法察觉，有时候则大到和总统角逐，甚至推翻一届政府。导致 1974 年美国总统尼克松辞职的"水门事件"可以作为传媒权力的一种诠释。1972 年 6 月 18 日，《华盛顿邮报》和《纽约时报》都刊登了有关闯入民主党全国委员会总部水门大厦的詹姆斯·麦科德的一条新闻。由于"水门事件"最初发生时是一条地方新闻，所以还未足以引起人们的高度关注。正是后来《华盛顿邮报》的两名记者鲍勃·伍德沃德和卡尔·伯恩斯坦通过深入采访和调查，顺藤摸瓜地查到了白宫办公室那里，并一连发表了多条消息，这才引起了公众的关注。当白宫发言人对这些消息加以否认并加以反驳时，反而引起了公众的更大注意。新闻媒介加强了对白宫的压力，许多报道提到对不轨行为的指陈。《纽约时报》的西摩·赫什、《洛杉矶时报》的杰克·纳尔逊，以及《时代》和《新闻周刊》的撰稿人也加入进来。哥伦比亚广播公司的丹·拉瑟同尼克松在记者招待会上几度交锋。后来发生了录音带事件，美国记者穷追猛打，证明尼克松在"水门事件"中向公众、他的支持者、他的律师说了谎话，最终导致尼克松在 1974 年 8 月 9 日黯然告别白宫。

美国媒体的权力不可小觑，其实中国媒体的权力同样也不可小觑。2004 年发生在西安的宝马体育假彩票案的告破，与其说是司法介入的结果，还不如说是新闻介入的结果。这一事件的最终解决，就是大众传媒干预社会生活的例子。如果没有媒体利用自己的固有权力来影响社会，也许西安宝马彩票案的真相就永远不会为人所知。

在非正常状态的社会中，特别当媒介的权力和权力的媒介结合起来的时候，它就会急速膨胀，以至于到了非常可怕的程度。在20世纪六七十年代的中国"文化大革命"中，"四人帮"所控制媒体的权力几乎成了类似于美国30年代传播理论中"魔弹"一样的东西。报纸上的一篇篇所谓的大批判文章，轻而易举地打倒了多少无辜正直的人们！谁只要在当时的报纸上被点名批判，谁就一定会倒大霉。即使刘少奇这样位高权重的国家副主席也未能幸免。起初，刘少奇的名字逐渐从报纸上消失，后来对他在报纸上展开了排山倒海般的所谓批判，如此一来，刘少奇不但政治生命立即终结，就连肉体生命都无法延续了。虽然这是传媒权力的畸变，但归根结底也是一种传媒权力产生的社会现象。

二、传媒权力应涉及公共领域

就其性质而言，大众传媒的权力是一种公权力。它应该为社会公众所拥有，不能为私人、团体、派别等少数人员所垄断。

首先，大众传媒权力唯一的合法基础应该是公众舆论。一切离开了公众舆论的大众传媒，就必然不能代表民意，也就从根本上失去了权力的基础。所谓大众，就是社会中孤立的、同质化的、地位平等的个体，这些个体需要组成社会以便使自己更好地生存，组成社会的方法和工具之一就是传媒。如果大众传媒仅代表着私人，岂非和它的根本属性背道而驰？如果大众传媒仅代表着私人，怎能成为社会的纽带联系全体社会成员？如果大众传媒仅代表着私人，怎么会有社会公信力，而没有社会公信力，怎么会有社会影响力？而没有社会影响力，大众传媒怎能生存？从根本上来说，所有的社会成员都有使用传媒的权力。每一个公民都可以通过大众传媒反映问题，提出意见，或者呼吁社会保护自己的利益。19世纪法国著名历史学家、政治家托克维尔说过一段名言："在我们这个时代，公民只有一个手段可以保护自己，这就是向全国呼吁。如果国人充耳不闻，则向全人类呼吁。他们用来呼吁的唯一手段就是报纸"。公民利用大众传媒的能力，是衡量传媒素养水平高低的重要参数。

其次，大众传媒权力的指向对象应该是社会公共领域，而不是私人领域。在现代大众社会里，公共领域的问题可以利用大众传媒权力进行干预，而私人领域的问题则不必也不能用大众传媒的权力加以干预。学校教育、医疗保险、社会救助、交通运输、住房建设、环境污染、治安管理，等等，均是社会公共问题，大众传媒应该也完全可以利用自己的权力施加影响，加以解决。至于私人的恋爱、婚姻、家庭、购物、交友以至于个人兴趣爱好等问题，则不必在媒体上加以宣扬。在这方面，我国的媒体在宣传报道上还存在着许多误区，对于某些私人领域报道过多，对于某些公共领域报道过少，存在着比较严重的公私不分现象。我国媒体有时候该批评的不批评，不该批评的乱批评。例如，经常会见到一些对于高消费事件的报道，如一幢别墅天价销售，一盒月饼天价卖出，一桌酒席价值几十万元，一件衣服的代价等于一套房子，等等，报道时一般还配有针对性的言论。其实，诸如这种高消费的现象，固然和中华民族几千年勤俭持家的传统美德不符，但在一个市场经济的社会里，只要消费的钱款是合法所得，也并不是太离奇的事情。这里的唯一界限应该是现象的公私属性。利用公共资源进行消费，把纳税人的公款大肆挥霍，理应受到大众传媒的猛烈抨击，利用媒介的权力加以制止，而在这方面我国的大众传媒还做得远远不够。其实，只要糟蹋了纳税人哪怕是一元钱，大众传媒就应该利用公众舆论进行干预；私人合法地花费自己的钱款即使达到100万元，大众媒体也没有必要"说三道四"。这就是公权力和私权力的区别。大众媒体应该是社会的守望者，所守望的应该是公共利益，而不是其他。不涉及社会公共利益，大众传媒就没有必要干预。媒介权力没有必要侵入私人领域，否则就会引起媒介权力性质的改变。

最后，大众传媒在行使权力的时候，应该秉持公正、公平、公开的原则。其实，在现代大众社会里不存在抽象的代表全社会的公共利益。所谓代表全社会的公共利益，无非是各个阶层利益的平衡点罢了。撇开深层次的社会根本利益不谈，仅就个人的经济收入层面而言，企业家和打工者的利益是不同的，卖主和买主的利益是不同的，房屋所有者和房屋租赁者的利益是不同的，医生和病人的利益是不同的，律师和当事人的利益是不同的，现代社会的大众就是在利益的对立之间寻找一个最佳平衡点，唯其如此，才能达到双方利益的最大化。只有在这个意义上说，才会有社会共同的利益。而要做到这一点，大众传媒所秉持的公正、公平、公开的原则就十分重要。公正就是要坚持真理，主持正义，不怕"压"，不怕"邪"；公平就是要一视同仁，人人平等，不偏袒，不护私；公开就是要堂堂正正，光明磊落，不遮盖，不掩饰。由此可见，我们之所以说大众传媒是社会的一种公权力，就因为大众传媒的存在是基于公众舆论的表达，又在社会公共领域中发挥作用，并且保持着公正、公平、公开的原则，这就是公权力的内涵所在。

三、媒介的公权力理应得到回归

就表现形态而言，大众传媒的权力是一种影响力。它通过褒扬、贬斥、劝服、引导等手段来影响社会成员的思想和行为，从而达到在一定意义上支配社会的目的。它不像法律意义上的权力那样具有刚性和强性，它属于道德意义上的权力，具有柔性和韧性。从一定意义上说，大众传媒的权力不是一种硬权力，而是一种软权力。但是，它对于社会的重要性丝毫也不亚于政治法律意义上的硬权力。在当代中国社会中，人人都知道"让媒体曝光"这句话总是带有一种威慑力。事实上，媒体曝光的社会影响力有时候确实非常巨大。2001年9月3日（农历七月十六日）晚上，中央电视台播放了南京冠生园食品厂用历年的陈馅制造当年月饼的报道，结果该厂生产的月饼一下子积压成堆，无法销售，导致了这家食品厂最终倒闭。不仅如此，由于是同名的缘故，还影响了上海冠生园食品厂的月饼销售，致使当年上海冠生园食品厂的利润大大下降，冠生园这个近百年来上海滩上著名的老字号品牌，几乎由于南京冠生园的曝光而毁于一旦。

大众传媒的公权力，是以反映民意、制造舆论为内核的并涉及公共领域的社会公信力，这种权力的表现形态是以褒扬、贬斥、劝服、引导为主要方式的社会影响力。在某一社会中或某一时期中，大众传媒的社会公权力以及社会影响力发生了异化，甚至产生了某一些畸变，这使正直的大众传播学家感到担忧。批判学派的代表作——阿特休尔的《权力的媒介》中就认为现在的媒介充满了偏见，"新闻媒介自以为对之负责的那个社会充其量不过是白人社会"，从而认为媒介的社会责任是一个含义不清的模糊概念，在社会实践中无法实现。

同时，由于某些固有的不可避免的特点，使大众传媒在发展中遇到了一些障碍。按照美国著名新闻学家李普曼的理论，大众传媒是虚拟环境的制造者，这是它天生的一个负功能。媒体对个人而言，可以有新闻信息、娱乐、教育的功能，但同时也会带来偏颇的意识形态、单一化的价值观念与偏离真实的社会观念。事实上，所有的媒体信息都是经过选择与建构的过程产生的。一般而言，媒体所提供的信息有以下几个重要特点：①无论如何，媒体的信息并不绝对真实地反映世界。②媒体信息都经过了复杂的筛选、包装、选择与组合。③媒体的信息可能受到媒体记者与编辑者、媒体部门与组织负责人，社会团体及社会势力的影响。④媒体的传播科技特质，塑造了媒体独特的表现形式或内涵，可以使媒体的真实和现实的真实产生一定的差距。⑤在市场经济条件下，受众是媒体工业运作下所产生的市场商品，作为广告商欲触及的目标对象。鉴于这些原因，大众传媒的公权力在一定程度上就遭到了削弱。

但是即使如此，人们还是努力地排除各种干扰，让传媒的权力回归它的自然本质。20世纪90年代以来，美国的一些传播学家提出了"公共新闻"的概念，引起了新闻学界和传播学界的巨大反响。公共新闻学要求新闻工作者：①视人民为市民、公共事务的潜在参与者，而非受害者或旁观者；②帮助政治性社群针对问题而行动，而非仅让其知晓问题；③改善公共讨论的环境，而非眼看着它被破坏；④帮助改善公共环境，使得它值得人们关注。新闻是公共服务，新闻媒体归属于公众。新闻的职责是"促进民主建设、滋补公共生活、为公共问题寻找答案"。美国及中国新闻学家大力提倡公共新闻学，其目的就是消除被人所利用的大众传媒的偏见，让大众传媒的公权力得到真正的体现。

内容提要

❶ 大众传媒是指专业化的媒介组织，它们运用先进的传播技术和产业化手段，以社会上一般大众为对象而进行的大规模的信息生产和传播活动。

❷ 经济学是研究个人、企业、政府及其他组织如何在社会内进行选择，以及这些选择如何决定稀缺资源使用的科学。

❸ 媒介经济学就是使用经济学方法研究媒介经济活动的学科。具体包括：关于媒介产品的属性、需求和供给、生产与成本、不同市场下的均衡以及政府政策对媒介产业的影响等内容。

❹ 媒介经济学至少有两种分析方法：一是马克思主义政治经济学的方法，以研究生产关系为主；二是西方经济学的方法，以均衡分析为主。

关键概念

媒介　经济学　媒介经济学　公共物品

复习题

1. 如何看待媒介和受众之间的关系？
2. 媒介经济学的基本问题有哪些？
3. 如何判断商品是否属于公共物品？
4. 分析媒介获得收入的渠道。

第二章 媒介产品价格的决定

第一节 马克思主义政治经济学分析
——价值决定价格

一、新闻的价值与使用价值

我们首先要明白的是批判几乎是马克思精神的全部：批判书报检查制度，批判商业行为即产业化运营，也就是批判权力（前者）和资本（后者），也就是批判媒介产业的国家垄断和私人垄断。实际上共产主义不仅是反资本主义的，也是反国家的。因为一旦成为国家，就不可避免地出现国家对自由传播的干涉，因为它要维护自身的存在。

结合我国的国情，这里正在发生什么？资本不断地主动或被动地与权力结合。只有结合了权力，才能更稳定地获得超额利润；而权力也顺水推舟地结合资本，这样可以与资本分享超额利润。我们对此现象一定要有足够的警惕。

回到媒介经济学，我们采用马克思主义的分析方法来讨论媒介主要产品——新闻的价格如何决定。马克思主义政治经济学认为：商品的价格由价值决定，而需求和供给只是影响价格的次要力量。

1. 新闻的概念

新闻在英语中是 News。为什么英文把新闻称作 News？有两种解释：一说这是由北（North）、东（East）、西（West）、南（South）四个字的第一个字母拼起来的；一说是由新（New）这个词的意思引申出来的。综合这两种说法，News 就是新的、东南西北发生的事情，这就是新闻。新闻概念有广义与狭义之分。广义的新闻，是消息、通讯、特写、速写、报告文学、采访手记、群众来信等多种新闻文体的总称；狭义的新闻则专指消息。一般而言，新闻有如下特点："真实性"、"时效性"、"准确性"和"简明性"。

在我国新闻学术界，最权威的新闻定义，是 1943 年陆定一提出的，"新闻的定义，就是新近发生事实的报道"。新中国新闻事业的奠基人和开拓者范长江也对新闻下了一个定义，"新闻就是广大群众欲知、应知而未知的重要事实"。新闻界前辈、复旦大学教授王中引入传播学概念，把新闻定义为"新近变动的事实的传布"。另外，著名新闻理论家甘惜分教授把新闻定义为"报道或评述最新的重要事实以影响舆论的特殊手段"。

新闻具有时效性，同时，应该是比较重要的事实，也就是说：并非所有新近发生的事实都可以成为新闻。例如，一个普通人住进了医院可能不会成为新闻，一个时局动荡的国家的领导人住进医院却会引起人们的关注，因为这个事件可能导致该国政权的更迭，这个事实可能会成为新闻。同时，新闻也有一定的地域性，发生在某一个地区的重要事实在别的地区可能不会引起关注。因此，本书对新闻的定义是：新闻是对新近发生的、对某一特定社会（社区）成员有普遍影响的重要事实的报道。①

2. 价值和使用价值的概念

价值是凝结在商品中的无差别的人类一般劳动。价值只有在交换中才能得到实现。价值体现了物品的社会属性。

使用价值指商品的效用或物品对人的有用性。任何物品要想成为商品都必须具有可供人类使用的价值；反之，毫无使用价值的物品是

---

① 宋建武：《媒介经济学——原理及其在中国的实践》，中国人民大学出版社，2006 年版，第 25 页。

不会成为商品的。使用价值是物品的自然属性。马克思主义政治经济学认为，使用价值是由具体劳动创造的，并且具有质的不可比较性。比如人们不能说橡胶和香蕉哪一个使用价值更多。使用价值是价值的物质基础，和价值一起，构成了商品二重性。有些物品如农户生产的用于自己食用的粮食，只具有使用价值，但不具备价值。

商品具有价值和使用价值。商品的出售实际上是让渡商品的使用价值，如我生产出的衣服，但是不用来自己穿着保暖，而是为了卖给别人，获得一定的报酬，在这个卖的过程中，自己就让渡了使用价值，而占有价值。价值和使用价值不能同时占有。对于买家来说是通过买的过程占有了使用价值，而卖家则是占有了价值。

3. 新闻的价值和使用价值

根据马克思主义政治经济学的分析方法，新闻的价值就是凝结在报道活动中的劳动的总和。例如采访、写作、编辑、出版等活动都需要消耗劳动。

新闻的使用价值是指新闻的用途。新闻的使用价值至少包括以下两方面内容：

一方面，新闻具有消除不确定性的使用价值。新闻也是信息的一种，人们获取信息的重要目的之一就是为了获得选择与决策的依据。新闻也是一样。例如，通过对"三聚氰胺"事件的报道，消费者就可以作出决策，不再购买某些品牌的奶粉；通过对"美的"电饭锅的报道，消费者就认识到了商家的欺骗手段，从而作出自己的决策。

另一方面，新闻还有隐含的捕获受众注意力的使用价值。因为新闻对于消费者具有使用价值，当消费者消费也即阅听新闻时，媒体便捕获了消费者的注意力。当媒体借助大众传播工具将新闻传递给大量、广泛的受众时，媒体就捕获了大量的注意力。而注意力对于需要做广告的组织或个人具有使用价值，媒体将这种使用价值让渡给组织或个人，并获得收入。

此外，新闻的使用价值还有共享性和时效性等特征。一条新闻，可以为无数人所阅听也不会带来内容的减少，这与一般商品不同。同时，新闻作为信息商品，时效性很强，无须赘言。

在讨论新闻的价值与使用价值时，应该明确以下几点：

第一，新闻的价值是指凝结在报道活动中的劳动：即对事实的报道，包括采访、写作、编辑、校对、印刷、制作、信号发射等。这样，可能会得到这样的结果：一条新闻价值很小，但使用价值很大。例如，两位国家领导人签署了一项关于两国边境问题的重要协议，作为新闻，其使用价值很大，而新闻媒体在这个报道过程中所耗费的劳动量却并不大，与一条普通新闻相比，其价值量并不更大。

第二，我们经常说一个新闻"价值"很大，实际上是在说它的使用价值，或者说是商业价值。例如，我们可以说"发现外星人"这条新闻价值很大，其含义可能是指其使用价值，即这条新闻能够吸引很多人的注意；当然也可能是指其商业价值，但并不是指其真正的"价值"。其真正的"价值"（即获得与报道该新闻所消耗的劳动）可能很小。这实际上是价值与使用价值的混淆，也是日常用语和术语的混淆。

二、广告服务的经济性质

由上一节可知：新闻的价值要远远低于其使用价值，也就是说，新闻的价格是比较低的。一张报纸上可能有数十条重要新闻，但一张报纸多少钱？也许不到 1 元钱，更不要说免费报纸了。那么媒介如何获得收入来弥补成本？由上一章我们已经知道，媒介主要通过提供广告服务来获取收入。

注意，我们这里谈的是广告服务，而非广告本身。媒介为广告主提供广告服务，广告主向媒介支付广告费，因此广告主是广告服务的消费者。当然，广告主会将广告费计入自己产品的生产成本，加在价格之中，由购买其商品的消费者最终买单。例如，一种白酒如果不在电视上做广告，可能只卖每瓶 100 元，但如果酒商在电视上每年花费 500 万元做广告，假如每年销售 10 万瓶，那么该酒的价格可能就是 150 元。

广告本身作为信息具有外部影响，但广告服务作为商品而言是排他的、是私人物品。某媒体在特定时间的特定广告版面和广告时段，都只能提供给某一个广告主，通常的办法是招标。

延伸阅读1

中央电视台2010年黄金资源广告招标竞购大会[①]

2009年11月18日，中央电视台进行了2010年黄金资源广告招标竞购大会。晚9时14分，央视广告部主任夏洪波公布：中标总额为109.6645亿元，创下16年来的新高，比2008年92.562亿元增长18.47%。《每日经济新闻》记者获悉，其中，郎酒集团以3330万元斩获首标，并以1.1099亿元拿下《2010年"我最喜爱的春节联欢晚会节目"评选活动》独家冠名权；蒙牛以2.039亿元中上半年特约剧场；纳爱斯以1.285亿元拿下下半年电视剧特约剧场；而《新闻联播》后标版则由中信银行以1.46亿元拿下。受"轮胎特保案"影响较大的杭州中策橡胶有限公司，也以4720万元高价拿下《新闻联播》后黄金段位第一单元。

11月18日的招标表现出以下几大特点：建材家具行业增长迅猛；在新兴行业中，建材行业广告投放增幅最快达到200%，汽车以及相关行业增长70%，家电增长80%；16家客户参与城市形象竞标；50家国外客户参加本次招标会，增长28%。

① 资料来源：《每日经济新闻》，2009年11月19日。

延伸阅读 2

从《伦敦报》倒闭看免费报业市场①

2006 年 9 月，《伦敦报》像火红的枫叶染红伦敦的夜空。2009 年 9 月，这份报纸犹如一颗流星又在伦敦的夜空消失。2009 年 9 月 18 日，当再次点击报纸网站，网页右侧的一行字令人眩目：This website is no longer updated（本网站从此不再更新）。凝视这行冷冷的文字，疑问丛生：免费报业是否有自己的未来？

一、免费报业市场的后发模式

在全球的免费报纸市场，如果按发行渠道划分，主要分为两种类型：一类是大报发行的免费报纸；另一类是独立经营的免费报纸。如果按出版时间划分，则主要表现为免费早报和免费晚报。世界免费报业或者以发行渠道为主，或者以出版时间为主，更多的是以两者的混合为主要模式。在英国伦敦的免费报业市场，习惯以出版时间划分为主，以渠道划分为辅。主要有两家免费早报《地铁报》和《金融早报》，两家免费晚报《伦敦之光》和《伦敦报》。2006 年 9 月 4 日，传媒大亨罗伯特·默多克创办的《伦敦报》正式发行，其网站也正式运行，标志着伦敦免费报纸大战白热化的开端。

从经济学的角度而论，后入者必须具备两个明显的优势，即差异化战略和成本领先战略才能超越先入者，主要可以采取避实就虚、细分市场、借势发展等操作手段。具体而言，《伦敦报》的竞争策略主要有以下几点：

1. 差异化的经营理念

在办报理念上，《伦敦报》避免免费报纸单纯依靠广告而牺牲新闻质量的思路，重视资金筹措与新闻专业主义的并重与平衡，争取与严肃大报平等的地位。在设计理念上，报纸追求地域风格与欧洲风格的

---

① 郜书锴：《免费报业市场的全面危机 ——从〈伦敦报〉倒闭看免费报业市场》，《新闻实践》2010 年第 1 期，略有删减。

和谐，突出一种传统与现代结合的多元文化价值观，对贫困地区读者、黑人读者和穆斯林读者的重视，充分反映了报纸的包容性和责任感。在受众理念上，报纸瞄准的是一个比较独特的市场，读者群既不是严肃报纸的读者，也不是传统小报的读者，而是那些从不读报的人；读者区域为其他报纸不屑的伦敦东、南、北的贫困区域。先进的办报理念很快激发了伦敦读者的读报热情，发行量迅速攀升至50万份，读者规模突破120万人，成为伦敦读者的首选报纸。

2. 精细化的编辑方针

在内容方面，报纸以硬新闻和体育新闻为特色，强化吸引眼球的社会名流新闻，重视高雅艺术的新闻比重，吸引了大批高端受众。同时，报纸也非常切合读者需要，常常以报道轶闻趣事和家长里短来吸引普通受众。在版式设计方面，报纸以耳目一新的欧式版式设计风格，从根本上改变了伦敦人长期以来形成的阅读习惯，迅速占领了伦敦报业市场的核心区域。在编辑理念方面，核心就是要积极报道伦敦社区生活，与读者进行全方位的互动，打破了记者和读者之间的种种障碍。

3. "免费"的广告模式

由于报纸本身是免费的，广告商当然也有免费的心理需求。于是，《伦敦报》在内文刊登广告的版面便免费提供给广告商，但广告商必须为头版的黄金版面付出更高的费用。具体的做法是把广告的形象或标语置于头版，而把广告的具体内容置于内版，这一盈利模式已经被伦敦的其他报纸模仿。当然，广告商看好的并非免费模式本身，而是广告精准销售所针对的消费人群。据权威统计，16~35岁的读者是对广告商最有吸引力的读者群，而这一年龄段的人群却令传统媒体望尘莫及。《伦敦报》正是把这一年龄段读者群作为目标受众，恰恰切合了广告商垂涎已久的投放目标。

二、免费报业市场的全面危机

和其他免费报纸一样，《伦敦报》的收入来源完全依赖广告，而广告的收益又直接受经济形势的制约。在走过三年多的历程之后，《伦敦报》终因经济原因被迫关闭。其中既有自身经营不善的内因，也有全球金融危机冲击这一外因。自金融危机从 2008 年秋季加剧以来，欧洲免费报纸发行量下降了 10% 以上，其他地区免费报纸的广告收入下降了 30% 以上，许多免费报纸不得不削减成本、寻求合并或停刊倒闭。

《伦敦报》虽然为应对经济危机进行了改版，但是在整个免费报纸行业步履维艰的情况下，报纸的表现难以达到预期目的。新闻集团首席执行官罗伯特·默多克下令在 2009 财年实施高达 40% 的减薪，以解决公司盈利下滑、股价下跌的问题。詹姆斯·默多克在一份声明中说，在过去 18 个月，新闻国际的战略一直是精简运营与核心投资，但新闻集团在英国的报业广告收益下降 14%，集团在全球的利润从7.86 亿美元减少到 4.66 亿美元。

在金融风暴的冲击下，免费报纸面临存亡危机固然受到外因的影响，但更为重要的还是自身的内因起作用，《伦敦报》的教训需要铭记：

1. 报纸以"纸"立命

在报纸发展史上，报纸主要分为三种类型：一是新闻纸，二是宣传纸，三是广告纸。这三种类型的报纸中，最具公信力的是新闻纸，也是报纸存在和发展的立命之本。无论是收费的报纸还是免费的报纸，其根本的目标是新闻为公共利益服务，推进社会发展和经济发展。与收费报纸相比，免费报纸因为没有发行收入，完全依赖广告收入作为经济来源，因此更有可能向广告商或资本屈服。

《伦敦报》在内容设计中，背离了当初的追求，迎合广告的用意十分明显，甚至让编辑部与广告部合在一起办公，这在新闻理念中已经跨过了"红线"。为了最大可能地争取广告，报纸对小报化的炒作伎俩也照用不误。《伦敦报》曾利用哈里王子战前遗书这一敏感话题进行炒作，虽然这一事件轰动了英伦三岛，但报纸的公信力和承诺打了折扣，甚至成为报纸失信于民的分水岭。伦敦地方法院 2007 年 5月做出认定，《伦敦报》以及相关媒体报道的哈里王子遗书纯系造谣伪造，完全缺乏任何事实依据，并且事实上已经给哈里王子本人、王室以及英国军方带来了极大的困扰。法院裁定英国王室对《伦敦报》编造哈里王子战前遗书的指控成立，要求报纸必须做出公开道歉并赔偿

20万英镑。

2. 报纸忌"娱"过度

媒体的娱乐化似乎成了救命稻草，从"童年的消失"到"娱乐至死"，人类几乎成为一个只会娱乐的物种，报纸媒体也难辞其咎。免费报纸似乎是剑走偏锋，既希望以专业主义走精英路线，又希望以娱乐主义走草根路线，表面完美的理想主义却无法解决经济带来的压力，或者把经济危机作为娱乐的作料，说它丧失了"报格"也许并无不当。

《伦敦报》刊登的两则笑话很娱乐。一则笑话说的是，金融城一个交易员说："现在真是比离婚都糟，我现在资产已经缩水过半，更糟糕的是我还有一个妻子（按英国法律，一旦离婚，资产的一半要分给女方）。"另一则笑话是，一个蒙面人用枪顶着一个银行出纳高喊："我不要你的现金，只要你们银行开始相互借钱。"

3. 报纸以"质"制胜

自报纸诞生以来，那些为民请命、为国请命的报纸，最终在历史的风云际遇中生存壮大。虽然《伦敦报》也以新闻专业主义的目标创办，但并没有在市场压力下坚持下来，而是滑向低俗化的泥沼而无法自拔，这或许是它最终倒闭的主要原因。《伦敦报》开辟的"约会"广告栏虽然大受上班族、红男绿女的喜爱，但这样的栏目充斥煽情的文字和夸张的图片。英国是一个讲绅士风度的国度，多数人还是讲究高雅趣味的。报纸上通常都是那些"痴情"男女在公交车站、地铁车厢、火车月台上惊鸿一瞥后，便希望在茫茫人海中再能与那位让自己怦然心动的她或他联系上，这类"寻人启事"式的街头广告无法不让具有"绅士风度"者敬而远之。

当然，《伦敦报》的倒闭还有两个策略上的原因。一是在宣布网络新闻不再免费之后，默多克决定主动关闭免费报纸，结束与联合报业的残酷竞争。有报道认为，默多克为内容收费找到了新的途径，关闭免费报纸就是为内容收费铺平道路。英国《独立报》援引媒介分析家的话说："默多克说'岂有此理'，新闻采集和新闻是有价值的，免费赠送是对新闻价值的贬低。"二是在广告锐减的形势下，默多克没有采取妥协立场。《伦敦报》拥有 60 人的新闻队伍，发行量 50 万份。当金融危机爆发导致广告锐减时，报社拒绝降低广告费，因而在与《伦敦之光》的竞争中错失良机。

三、免费报业市场是否有未来

英国虽有岛国独特的文化与传统，但作为一个典型的欧洲国家，它的报业市场与欧洲也是血脉相连的。"几乎在全欧洲，收费报纸的发行量在不断地下降。"荷兰学者派尔特·巴克说，"同时，经济状况的改善使得广告市场更加繁荣，免费报纸是利用这一优势的最佳途径"。免费报纸不与收费报纸争抢发行地点，它们凭借小报式样、故事简短和方便取阅的优点，在欧洲获得了可观的收益。据世界报业协会的统计，每天在欧洲发行的免费报纸有 1900 万份，在全世界发行的有 2800 万份。在过去 3 年内，欧洲的免费报纸发行量翻了一番，西班牙免费报纸发行量占到本国所有报纸发行量的一半以上，葡萄牙、丹麦和瑞典免费报纸发行量超过 3 成。世界报协分析师奥拉·艾尔丹说，以前收费报纸为了抵制免费报纸的威胁才发行免费报纸，但现在，他们也意识到免费报纸可以作为一项盈利手段。随着它们的加入，免费报纸必将迎来一个更加繁荣的新阶段，而免费报纸间的竞争也将日渐白热化。

在英国伦敦的免费报业市场上，竞争的白热化程度似乎毫不逊色。1999 年，英国每日邮报集团推出免费早报《地铁报》。为维持免费早报《地铁报》和《旗帜晚报》的市场份额，每日邮报集团又于 2006 年 8 月推出了免费晚报《伦敦之光》。2006 年 9 月，国际新闻的《伦敦报》登陆英国免费报业市场，而它的倒闭也标志着伦敦免费报业的鏖战落下帷幕。你死我活的拼杀之后，伦敦的免费报业市场暂时归于平静。那么，人们最大的疑问是免费报业到底是否拥有未来？

1. 与收费报纸相比，免费报纸是否有优势

任何商品一沾上"免费"二字总能吸引更多眼球，报纸、刊物也是如此。在英国伦敦等欧美报业市场，免费报纸在竞争淘汰之后将迈进新阶段。不过，免费报纸尚存诸多先天不足，也不可能彻底取代发展成熟的付费报纸，未来如何发展还是值得全球报业共同探讨的话题。

学者普遍认为，随着经济形势的好转，免费报纸必然迎来崭新的发展机遇，并有望成为这一机遇的最大赢家。而且，许多传统报纸在发行免费报纸中尝到了甜头，已将免费报纸视为新的利润增长点，欧美报业的整体状况显示出免费报纸已经迎来发展新阶段。

2. 与网络媒体比较，免费报纸是否有优势

由于数字媒体日益壮大特别是互联网加速普及，传统收费报纸市场不断被挤压，生存面临危机。为此，一些报业集团转而开发免费报纸，试图通过"免费"吸引读者、增加销量、占据市场份额，再由此吸引广告商投资，从广告收益中盈利。世界和伦敦的免费报纸就是在这样的背景下诞生的，这一选择与报纸网站免费的策略是一致的。2006 年，当《伦敦报》和《伦敦之光》诞生的时候，正是英国所有付费报纸电子化转型的关键年份。在英国这样一个成熟的报业市场中，面对互联网的压力和读者的流失，免费报纸的出现和竞争似乎并不是偶然。

3. 与传统报纸比较，免费报纸广告是否有优势

免费报纸的读者大多是一些赶地铁上下班的年轻人，而他们正是广告商最青睐的实力消费群体。因此，免费报纸独特的发行渠道、读者网络和广告吸引力，是收费报纸无法摧毁也无法复制的。在英国，免费报纸的读者群多是年轻人，这些人消费欲望强烈，潜力巨大。因此，《伦敦报》选择较为贫困的地区，并用电子地图追踪上班族的行踪，确保报纸派送员能够被安排在合适的位置，最大限度地向这些受广告商们青睐的目标对象派送免费报纸。显然，成本可控和总量可控是免费报纸相对于传统报纸的明显优势，报纸可以根据广告、发行的盈亏点，对发行量进行控制。

一番血拼之后，《伦敦报》退出竞争，伦敦免费报业市场真的会波澜不惊吗？据英国《独立报》报道，现在人们最关心的问题是，《伦敦之光》将会维持多久？从理论上讲，竞争对手倒闭了，《伦敦之光》应该有更多的广告收入，但问题是伦敦的市场是否还有广告客户？纯粹依靠广告的免费报纸的商业模式非常脆弱，市场的任何风吹草动都会带来动荡，更遑论经济衰退这样关键的时期。尽管免费报纸不可能同

时完全消失，关闭免费报纸的默多克坚信"新闻收费是未来不可逆转的方向"。据《卫报》报道，联合报业在免费报纸大战中大幅下跌，《伦敦之光》的破产关闭也不是没有可能。对手《伦敦报》在创办之时就有人提出反对，时任《太阳报》资深编辑的利贝卡·卫德果断认为，发行免费报纸可能损害付费报纸的发行量。显然，免费报纸的未来目前还是个谜。

第二节　西方经济学分析
——需求与供给决定价格

西方经济学认为，商品的价格由需求与供给决定，不存在价值概念。这是西方经济学与马克思主义政治经济学的一个重大区别。另外，本节讨论的是一般性的媒介产品的价格，如报纸的价格。本节先分析媒介产品的需求，再讨论媒介产品的供给，然后通过需求与供给的均衡得到均衡价格。

经济主体按功能可以分成两大类：需求方（买方）和供给方（卖方）。前者包括购买物品和服务的消费者，以及购买劳动力、资本和原材料用于生产商品和提供服务的厂商。后者包括出售商品和服务的厂商、出卖劳动力的工人、出租土地或出售矿物资源的资本拥有者以及提供资本的资本所有者。显然，经济生活中的大部分个体同时充当了买方和卖方两种角色。在经济学中，当买东西的时候，将其仅看做买方；而当卖东西的时候，又将其仅看做卖方。

需求方和供给方同时相互作用，形成市场。市场是在买方和卖方相互作用下确定一种或一系列商品价格的买方和卖方的集合。作为经济社会运行的基础，大多数经济决策都是在市场上作出的。因此，我们可以把市场看做买卖双方进行商品交换，确定价格的场所。亚当·斯密认为，个人的私利动机，在市场这只"看不见的手"的作用下，会导致最佳的经济成果。尽管市场存在缺陷，但有效地解决了"生产什么"、"如何生产"、"为谁生产"的问题。

一、需求

1. 什么是需求

商品的需求以消费者的货币购买力为前提，是有支付能力的需要，如果消费者对于商品只有购买的欲望而没有购买的能力，就不能构成需求。需求涉及商品的价格和购买数量两个变量。根据日常经验和常识可知，人们购买商品的数量随着商品的价格发生变化。例如，当订购一份报纸（比如说一年）的价格是 200 元时，可能会订出 10 万份；当价格下降为 150 元时，订购量可能会增加到 20 万份。因此，需求实际上反映的是消费者的购买数量和商品的价格之间的关系。

需求可以分为个人需求和市场需求。个别消费者或家庭对商品的需求量形成个人需求。个人的需求数量汇集成市场的需求量，厂商根据市场的需求数量进行生产，而个人不切实际的愿望和欲望是厂商不会考虑的。因此，个人需求是构成市场需求的基础，而市场需求是所有个人需求的加总。

2. 因素影响需求的因素

对于媒介产品而言，影响需求的因素很多，如价格、收入、相关商品的价格（替代品和互补品）、偏好、受众预期、受众可支配的时间、受教育程度、受众结构、国民经济发展水平等。

（1）商品的自身价格。一种商品的市场价格越高，人们愿意购买的数量就越少；相反，市场价格越低，人们愿意购买的数量就越多。因此，在其他条件相同的情况下，商品的市场价格与其需求数量之间存在着一定的关系，而且是一种反向的变动关系。

（2）消费者的偏好。当消费者对某种商品的偏好程度增强时，该商品的需求量就会增加；相反，偏好程度减弱，需求量就会减少。对于媒介产品而言，越来越多的消费者更愿意观看动态画面，而不是阅读纸上的文字，随着偏好的变化，报纸市场就逐渐萎缩。

（3）消费者的收入。对于大部分商品，当消费者的收入水平提高时，对商品的需求量就会增加；反之，当消费者的收入水平下降时，对商品的需求量就会减少。

（4）相关商品的价格。当商品本身的价格保持不变，而与其有关的相关商品的价格发生变化时，商品本身的需求量也会随之发生变化。例如，电视收视费用的下降会导致报纸订购量的下降，因为二者是可以替代的互替商品，是内容相近的两种报纸。另外，还有互相补充的商品，如 VCD 播放器与 VCD 光盘。前者价格下降，后者需求量增加。

（5）价格预期。当消费者预期商品的价格在未来会上升时，对该商品的需求量就会增加；反之，当消费者预期商品的价格在将来会下降时，对该商品的需求量就会减少。

（6）受众可支配的时间。随着收入的提高，空余时间的增加，人们会更多地追求闲暇，因此对媒介产品的需求也会增加。同样，受教育程度、受众结构、国民经济发展水平都会对媒介产品的需求产生影响。

问题思考

是否受教育程度越高，看电视时间越长呢？

根据调查，就电视剧而言，初中程度的受众看电视时间最长，高中教育以上看电视时间递减，初中以下也为递减。从中可以看到电视这种单向媒介在将来的趋势。

3. 需求曲线

为简便起见，我们假设其他因素都不变化，而把价格作为唯一影响需求的因素。这样可以得到价格与需求量之间的关系，如图 2-1 所示。在图 2-1 中，当报纸的订阅价格是 200 元时，订购量为 10 万份；当价格下降为 150 元时，订购量为 20 万份。当价格进一步下降时，订购量还会增加。

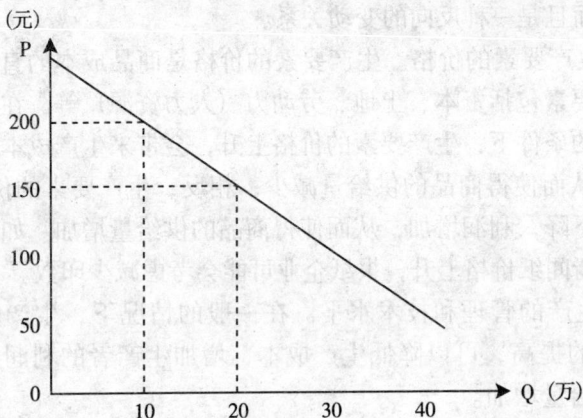

图 2-1 需求曲线

二、供给

1. 什么是供给

供给的主体是企业，在这里就是媒介企业即媒体。根据日常经验和常识可知，厂商生产商品的数量随着商品的价格发生变化。例如，当报纸的订购价格是 100 元每年时，某报业企业会生产 20 万份；当价格下降为 50 元每年时，该企业可能就会降低产量为 10 万份。因此，供给实际上反映的是厂商的供给数量和商品的价格之间的关系。

2. 影响供给的因素

供给数量是由许多因素共同决定的。其中主要的因素有：商品的自身价格、生产成本、生产的技术水平、相关商品的价格和生产者对未来的预期。

（1）商品的自身价格。在企业利润最大化的目标下，当其他条件不变时，如果商品的价格上升，厂商就会投入更多的资源用于该商品的生产，从而使其供给量增加；反之，厂商就会将生产资源用于其他价格较高的商品的生产中，从而使该商品的供给量减少。因此，在其他条件相同的情况下，商品的市场价格与其供给数量之间存在着一定的关系，而且是一种反向的变动关系。

（2）生产要素的价格。生产要素的价格是商品成本的直接影响因素。生产要素包括资本、土地、劳动力（人力资源）等。在其他影响因素不变的条件下，生产要素的价格上升，会带来生产成本上升，利润减少，从而使得商品的供给量减少；相反，生产要素的价格下降，生产成本下降，利润增加，从而使得商品的供给量增加。如果其他条件不变，新闻纸价格上升，报纸企业可能会考虑减少印数。

（3）生产的管理和技术水平。在一般的情况下，生产的管理和技术水平的提高，可以降低生产成本，增加生产者的利润，进而使厂商的供给量增加。

（4）相关商品的价格。商品之间的相对价格发生变化时，厂商会重新配置资源，从而影响商品的供给。这仍然取决于商品之间的关系，究竟是替代关系还是互补关系。

（5）厂商对未来价格的预期。如果厂商对未来的预期看好，预期商品的价格会上涨，厂商往往会扩大生产，增加供给量；如果生产者对未来的预期是悲观的，预期商品的价格会下降，厂商就会缩减生产，减少供给量。2000 年前后，人们认为建网站能赚钱，结果一哄而上，导致了网络泡沫的破灭。

3. 供给曲线

为简便起见，我们假设其他因素都不变化，而把价格作为唯一影响供给的因素。这样可以得到价格与供给量之间的关系，如图 2-2 所示。在图 2-2 中，当报纸的订阅价格是 50 元时，生产数量为 10 万份；当价格上升为 100 元时，生产数量为 20 万份。当价格进一步上升时，生产数量还会增加。

三、需求与供给的均衡

到目前为止，我们一直在孤立地研究供给和需求。我们知道在每一价格水平上，人们愿意购买和生产的数量。我们已经知道，在其他因素不变的条件下，消费者对于商品的需求量是其价格的函数，同

(元)

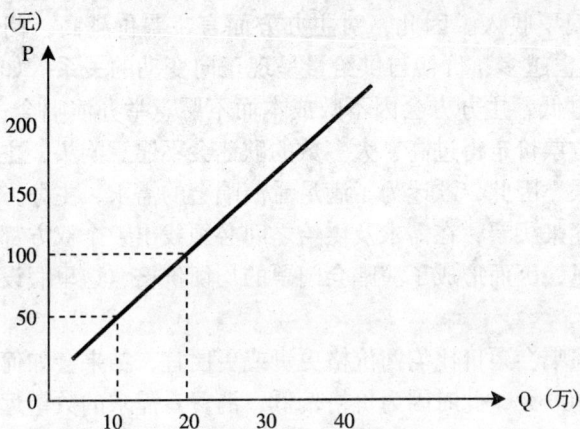

图 2–2 供给曲线

样，厂商愿意供给商品的数量也取决于其价格。当我们把市场的两个方面放在一起时，在市场竞争的过程中，供给和需求的力量相互作用，自动形成价格，当需求量与供给量相等时就会决定出该商品的市场价格，这个价格即是消费者愿意且能够支付的价格，同时也是厂商愿意提供的价格，称为均衡价格。由于这时需求量与供给量相等，所以称为均衡数量。这种需求量等于供给量的状态，称为市场均衡。此时买卖双方各得其所，两股力量互相平衡，都没有再改变的诱因，就是经济学上的均衡状态。

均衡是指经济事物中有关的变量在一定条件的相互作用下所达到的一种相对静止的状态。而经济学的研究就是找到这些均衡状态。均衡有多种：局部均衡和一般均衡。前者是指单个市场或部分市场的供求与价格之间的关系，后者是指一个经济社会中所有市场的供求与价格之间的关系。但市场是如何达到所谓的均衡呢？可由以下演唱会门票为例进行阐述。

唱片公司邀请世界知名的女歌手玛丽亚·凯丽办演唱会，以歌迷对门票的需求而言，票价越低，购买的意愿（需求量）就会提高，价格与需求量呈现反方向变动的关系。主办方如果将票价定得很高，并找到很大的场地或增加演出的场次，以容纳更多入场观众，就可以获取更多的门票收入。因此，对主办方而言，票价越高，门票发行量（供给量）也越多，价格与供给量呈现正向变动的关系。如果歌迷要求的票价过低，主办方会因不敷成本而不愿意举办演唱会；相对地，如果主办方票价定得过高，大多数的歌迷会不愿意购买，主办方的收入反而有限。因此，歌迷为了满足看演唱会的需求，主办方也为了吸引更多歌迷来买票，在需求及供给之间必须找出一个双方都能接受的价格与数量，因而形成了演唱会门票的均衡价格（这里假设均衡价格是 200 元）。

如果演唱会票价比均衡价格更贵或更便宜，结果会如何呢？假设票价降为 100 元，此时因为价格偏低，消费者需求的数量远超过主办方提供的数量，形成供不应求的现象，因而造成价格的上涨。这时没买到票的人为了要目睹偶像风采，不得不花高于 100 元的价钱去买黄牛票。直到消费者因价格提高使需求量逐渐减少，或者主办方为了满足原先买不到票的观众而增加门票供给量，最终趋向均衡价格。

反之，当票价定为 400 元的高价，会使表演场地出现大量空位，由于供过于求，主办方不得不降价出售，或以打折、赠送纪念品的方式来吸引观众。消费者也因为感觉门票变便宜了而增加购买量。经过如此调整，供需间的差额逐步缩小，趋向最后的均衡价格（见图 2-3）。

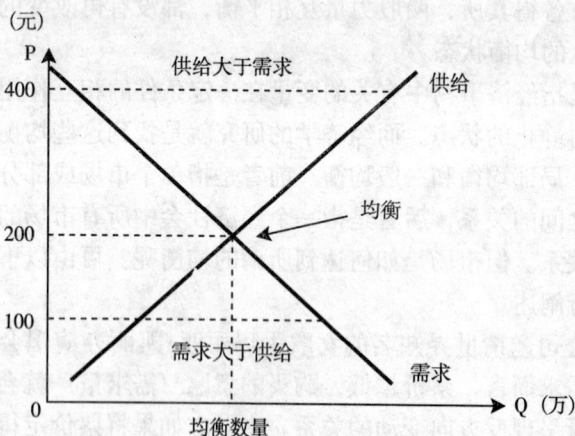

图 2-3　演唱会的均衡价格

市场均衡 市场均衡是指市场中某种商品的供给和需求达到一致，商品的价格和产量达到相对静止，不在变化的状态，也被称为市场出清的状态。

再举一例，现在假设有一份报纸，报纸的需求和供给同样与价格密切相关。设纵轴代表一年的订购价格，横轴代表订阅份数。我们也可以用图形的方法来表示市场的均衡，如图2-4所示。

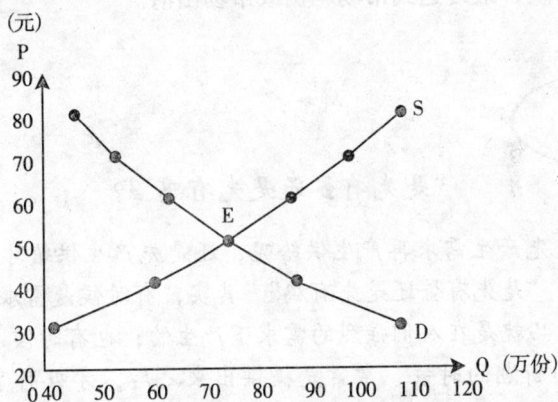

图2-4 均衡价格与均衡产量

在图2-4中，假定D曲线为市场的需求曲线，S曲线为市场的供给曲线。需求曲线D和供给曲线S相交于E点，E点为均衡点。E点对应的价格为均衡价格，与E点对应的产量为均衡产量，该产量既是需求量，又是产量。在均衡点E，均衡价格为50元，均衡数量为75万份。显然，在均衡价格50元的水平，消费者的购买量和生产者的销售量是相等的，都为75万份。因此，这种状态是一种使买卖双方都感到满意并愿意持续下去的均衡状态。

当市场的实际价格高于均衡价格时，比如为70元，报纸的需求量为54万份，供给量为98万份。显然，供给量大于需求量，出现过剩或超额供给，从而使价格下降。价格的这种下降，一方面会使消费者的需求量增加；另一方面又会使厂商的供给量减少。这样，商品的超额供给就会减少。而减少的超额供给使价格再下降，价格下降又使超额供给再减少，价格继续下降……一直下降到均衡价格 50 元的水平，同时，商品的需求量逐步地由 54 万份增加为 75 万份，商品的供给量逐步地由 98 万份减少为 75 万份，从而实现供求量相等的均衡数量 75 万份。相反，当市场的实际价格低于均衡价格时，就会出现商品短缺或超额需求，从而使价格上升，并一直上升到均衡价格为止。由此可见，当市场上的实际价格偏离均衡价格时，市场上总存在着变化的力量，最终达到市场均衡或市场出清。

问题思考

"是先有蛋还是先有鸡"[1]？

　　究竟是先产生需求再产生供给呢，还是先产生供给才产生需求？这有点像问"是先有蛋还是先有鸡"。其实，有时候是需求带动供给，很多的新产品就是在人们强烈的需求下产生的；也有时候是供给诱导需求，比如新潮的时装，常常是提供出来之后，才吸引了人们的目光，引发了人们的需求。

　　事实上，在某一种商品的价格决定中，供给与需求就像一把剪刀的两个刀片，作用是不分彼此共同决定一种商品的价格；同时，价格又像一只无形的手在市场经济中自发地调节需求、调节供给，调节的最后结果使市场达到了均衡——社会资源配置合理。

　　需求是提供产品的动力，供给是满足需求的前提。比如要兴办教育，是因为存在大量的对"教育"产品有需求的人，而有了"教育"产品的供给，才能满足"教育"产品的需求。如果想上学的都能上学，教育资源得到充分利用，也就达到了教育市场的供求平衡。

---

① 梁小民：《微观经济学纵横谈》，上海三联书店，2000 年版。

四、供求均衡的变化

市场上的供给量和需求量并非一成不变，如在股票价格暴涨的时候，《中国证券报》或其他证券类报纸的需求会增加；随着人们收入的增加，对电视频道的需求也会增加；同样，随着收入的增加，越来越多的人成为"网民"。需求以及供给的变动会导致商品均衡价格的变动。

1. 需求变动带来的均衡价格的变化

由于供需双方共同决定了均衡价格，因此供需因素的改变会使均衡价格随之变动。除了产品本身的价格会影响需求量变动以外，还有哪些非价格影响的因素也会改变需求量？这些由价格以外的因素引起的需求量的变动，称为需求的变动。消费者的收入及替代物品的价格变动时会影响需求量。另外，消费者偏好以及习俗、广告等也会改变需求量。例如在"哈日"风、"哈韩"风的影响下，消费者会增加收看日、韩电视剧的时间（且不说这些电视剧质量如何），而这些电视频道的收视率就会提高，虽然消费者收看电视的成本在短期内没有增加，但该频道的广告价格在逐步提高。而人们对未来的预期，包含对未来价格及未来收入的预期，也会对均衡价格产生影响。例如，当某家媒介上市公司发布产业利多消息，很多人预期未来一周该股票会上涨而选择在目前股价下进场买入，这就使得市场对该股票的需求增加，同时，也因预期将获利，需求量可能随价格上涨而提升。由此，我们可以归纳出：需求增加的结果会使均衡价格与均衡数量同时增加；反之，需求减少也会使均衡价格与均衡数量同时减少。

2. 供给变动带来的均衡价格的变化

除了需求因素的改变会影响均衡价格外，供给因素的改变也会影响均衡价格。这种不是因为产品本身价格而引起的供给量的变动，就称为供给的变动。与企业有最直接关系的是生产成本。例如，生产原料或其他生产要素的价格上涨，使得企业的生产成本提高、供给量减少，如果要维持同样的生产数量，企业会要求比较高的售价，假设市场需求仍然不变，则均衡价格会上涨。但生产技术的提升可以降低生产成本、增加供给量，因此在市场需求没有改变的情况下，均衡价格会下跌。例如，当新闻纸的价格飞涨，报纸的印刷成本会上升，在其他条件不变的条件下会使报纸企业减少供给量，使得报纸价格上升。此外，当消费者"预期"产品价格上升，因而抢购会造成缺货的现象；企业也会基于囤积居奇的心理，想在未来价格上涨时大赚一笔，而刻意减少目前的供给量。由此可知，供给增加时，会使均衡价格下跌、均衡数量增加；反之，供给减少则会使均衡价格上涨、均衡数量减少。

3. 供需同时变动带来的均衡价格的变化

如果需求与供给同时变动，会使均衡价格与数量如何改变呢？如电视机产业，随着人们收入的增加，人们对电视机的需求量在逐步增加；同时，随着科技的发展，电视机的供给数量也在增加。在电视机的供需同时增加的情况下，供需的均衡数量一定会增加，然而不一定会使得价格上升或下跌。只有当消费者需求增加的幅度小于供给增加的幅度才有可能造成电视机价格下跌；同样，只有当消费者需求增加的幅度大于供给增加的幅度才有可能造成电视机价格上涨。因此供需同时变动下，需求与供给哪个变动的幅度较大，哪个将会对均衡价格产生直接的影响。这种由供需双方互动的结果，会使市场发挥资源最佳配置的经济效率，就称为市场机制或价格机制。

第三节 弹性

假如一家报纸为了扩大自己的销售份额，采取了降价的策略，比如说将价格下降10%，那么，它能够实现自己的目的吗？一般来讲，价格下降后，对于报纸的需求量会增加，但需求量增加多少，以及降价后总收入是否会发生变化，都需要分析。

为此，我们引入弹性概念，主要包括需求的价格弹性、需求的收入弹性、需求的交叉弹性和供给价格弹性四种。

一、需求的价格弹性

需求的价格弹性指商品的需求量对其价格变动的反映程度，表示在一定时期内当商品的价格变化百分之一时所引起的商品的需求量变化的百分比。一般用 e_d 表示需求价格弹性。其公式为：

$$e_d = -\frac{dQ}{Q} \Big/ \frac{dP}{P} = -\frac{dQ}{dP} \cdot \frac{P}{Q} \tag{1}$$

或：

$$e_d = \frac{\Delta Q}{Q} \Big/ \frac{\Delta P}{P} = \frac{\Delta Q}{\Delta P} \cdot \frac{P}{Q} \tag{2}$$

"(1)"称为点弹性，"(2)"称为弧弹性。"(1)"、"(2)"式前有负号，是因为价格与需求量通常反向变化，加负号使弹性为正。点弹性和弧弹性的计算如图 2-5 和图 2-6 所示。

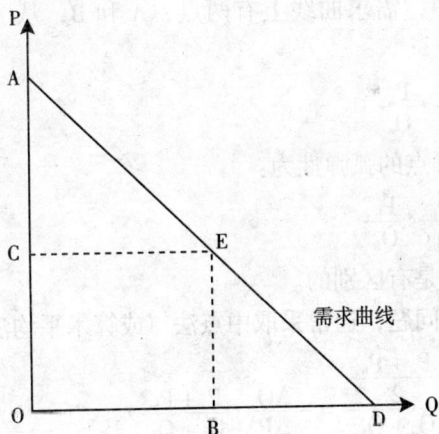

图 2-5　点弹性

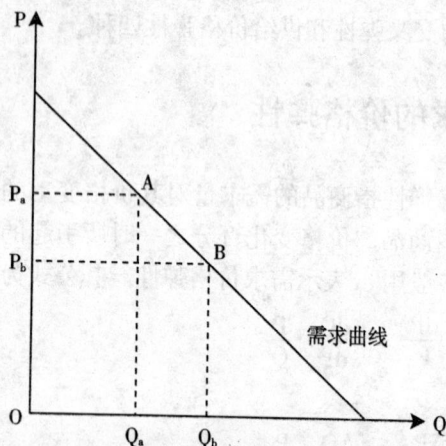

图 2-6 弧弹性

在图 2-5 中，E 点的弹性为：

$$e_d = \frac{dQ}{dp} \Big/ \frac{Q}{P} = \frac{OD}{OA} \cdot \frac{OC}{OB} = \frac{BD}{BE} \cdot \frac{OC}{OB} = \frac{BD}{OB} = \frac{DE}{AE} = \frac{OC}{AC}$$

在图 2-6 中，需求曲线上有两点，A 和 B，从 A 点到 B 点的弧弹性为：

$$e_d = \frac{Q_b - Q_a}{P_b - P_a} \cdot \frac{P_a}{Q_a}$$

从 B 点到 A 点的弧弹性为：

$$e_d = -\frac{Q_a - Q_b}{P_a - P_b} \cdot \frac{P_b}{Q_b}$$

两者的数值是有区别的。

为解决这个问题，通常采取中点法（或算术平均法）：

$$e_d = -\frac{\Delta Q}{\Delta P} \cdot \frac{\dfrac{P_a + P_b}{2}}{\dfrac{Q_a + Q_b}{2}} = -\frac{\Delta Q}{\Delta P} \cdot \frac{P_a + P_b}{Q_a + Q_b}$$

需求价格弹性分为五种类型：富有弹性、缺乏弹性、单位弹性、完全弹性和完全无弹性，也即弹性大于 1、弹性小于 1、弹性等于 1、弹性为无穷大和弹性为 0。在线性需求曲线上的点弹性有一个特征：

在曲线上的点的位置越高，相应的点弹性就越大；反之越小，如图
2-5 所示。在曲线的中点，弹性等于 1；在中点与需求曲线的 A 点之
间，弹性大于 1，并渐渐增大，在 A 点等于无穷大；在中点与 B 点
之间，弹性小于 1，并逐渐变小，在 B 点等于 0。

影响需求价格弹性的因素有以下三方面：

第一，商品的可替代性。一种商品的可替代品越多，该商品的
需求价格弹性也就越大。一个城市有数家报纸，这些报纸就互为替
代品。

第二，用于购买该商品的支出在总支出中所占的比重。一种商品
的花费占收入的比例越大，需求价格越大。买一台电视机在人们的总
支出中所占比例不大，需求价格弹性较小。买一套房子却要耗费人们
多年的积蓄，因而房子的需求价格弹性较大。

第三，对生活的重要程度。一种商品越重要，其需求价格弹性就
越小。食盐的价格由每斤 2 元上升至每斤 3 元对食盐需求量影响不
大，因而食盐的需求价格弹性较小。

二、需求的收入弹性

需求的收入弹性是指商品的需求量（Q）的变动对于消费者收入
量（M）变动的反应程度，用 e_M 表示。当收入增加时，针对某商品的
需求量可能增加，也可能下降。需求的收入弹性表示如下：

$$e_M = \lim_{\Delta M \to 0} \frac{\Delta Q}{\Delta M} \cdot \frac{M}{Q} = \frac{dQ}{dM} \cdot \frac{M}{Q}$$

如果需求的收入弹性大于 0，则表示该商品为正常物品，如面粉；
如果需求的收入弹性小于 0，则为劣等物品，如黑白电视机；
如果需求的收入弹性大于 1，则为奢侈品，如电影票；
如果需求的收入弹性大于 0 小于 1，则为必需品，如食物。

三、需求的交叉弹性

需求的交叉弹性主要是衡量其他商品价格变动引起需求量的变动程度。当其他商品价格变动1%，使需求量变动2%，则需求的交叉弹性就是2。需求的交叉弹性系数的符号取决于所考察的两种商品的相关关系。同时，商品之间关系的密切程度可通过交叉弹性系数来衡量。X商品和Y商品之间的需求交叉弹性可以表示为：

$$e_{XY} = \lim_{\Delta P_Y \to 0} \frac{\dfrac{\Delta Q_X}{Q_X}}{\dfrac{\Delta P_Y}{P_Y}} = \frac{\dfrac{dQ_X}{Q_X}}{\dfrac{dP_Y}{P_Y}} = \frac{dQ_X}{dP_Y} \cdot \frac{P_Y}{Q_X}$$

商品之间的相关关系可以分为替代关系和互补关系两种。简单地说，如果两种商品之间可以互相代替以满足消费者的某种欲望，则称这两种商品之间存在着替代关系，这两种商品互为替代品。

若两种商品之间存在着替代关系，则一种商品的价格与它的替代品的需求量之间成同方向的变动，相应的需求的交叉弹性系数为正值。例如，当台式电脑的价格上升时，人们自然会在减少台式电脑的购买量的同时，增加对台式电脑的替代品如笔记本电脑的购买量。若两种商品之间存在着互补关系，则一种商品的价格与它的互补品的需求量之间成反方向的变动，相应的需求的交叉弹性系数为负值。例如，当电脑硬件的价格上升时，人们会减少对电脑硬件的需求量，这样，作为电脑硬件的互补品软件的需求量也会因此而下降。若两种商品之间不存在相关关系，则意味着其中任何一种商品的需求量都不会对另一种商品的价格变动作出反应，此时，需求的交叉弹性系数为零。

反过来，我们可以根据两种商品之间的需求的交叉弹性系数的符号，来判断两种商品之间的相关关系。若两种商品的需求的交叉弹性系数为正值，则两种商品之间为替代关系。若为负值，则两种商品之间为互补关系。若为零，这两种商品之间无相关关系。

四、供给价格弹性

供给的价格弹性指商品的供给量对其价格变动的反应程度，表示在一定时期内当商品的价格变化百分之一时所引起的商品的供给量变化的百分比。一般用表示需求价格弹性。其公式为：

$$e_s = \frac{dQ}{Q} \bigg/ \frac{dP}{P} = \frac{dQ}{dP} \cdot \frac{P}{Q} \tag{3}$$

注意"(3)"和"(1)"的区别。"(1)"式前有负号，是因为价格与需求量通常反向变化，加负号使弹性为正。而"(3)"式表示价格与供给量通常同向变化，无须加负号。

影响供给价格弹性的因素有如下两方面：

一是企业扩张生产的能力。在价格提高后，如果企业能够很快扩张生产，增加产量，那么供给价格弹性就较大；反之较小。

二是时间的长短。一般在短时期内，厂商只能在固定的厂房设备下增加产量，因而供给量的变动有限，这时供给弹性就小。在长期内，厂商能够通过调整规模来扩大产量，这时供给弹性将大于同种商品在短期内的供给弹性。

五、弹性与销售收入

在实际的经济生活中，有的厂商提高自己的产品价格，能使自己的销售收入得到提高，而有的厂商提高自己的产品价格，却反而使自己的销售收入减少了。这意味着，提高产品价格会出现"谷贱伤农"或"薄利多销"两种不同的结果。

"谷贱伤农"是经济学的一个经典问题。农民粮食收割后到底能卖多少钱取决于产量和粮价两个因素的乘积。但这两个变量是反向变动的，价格越低，需求量越大；价格越高，需求量越小。另外，粮食是一种必需品，缺乏弹性，其需求量对价格的变化不是很敏感。当粮价下跌时，对粮食的需求量会增加，但增加得不是很多。这样，当粮食大幅增产后，由于粮食需求缺少弹性，只有在农民大幅降低粮价后才能将手中的粮食卖出，这就意味着，在粮食丰收时往往粮价要大幅下跌。而且粮价下跌的百分比超过粮食增产的百分比，就会出现增产不增收甚至减收的状况，这就是"谷贱伤农"。

高档消费品的需求价格弹性与粮食不同。高档消费品的可替代性强，与中低档消费品一般可以相互替代，对消费者来说，高档消费品并不是必需的。而且，高档消费品的价格普遍较高，在消费者预算总支出中所占的比重很大。这些共同决定了高档消费品的需求对价格是富有弹性的。因此，当高档消费品降价时，其需求量会大幅上升，引起销售总收入的增长，出现"薄利多销"的情况。

以降价促销来增加销售收入的做法，涉及商品的需求价格弹性与厂商的总收益之间的相互关系。表 2-1 说明了商品的需求价格弹性和厂商的总收益之间的关系，是记住价格弹性的要诀。

表 2-1　需求的价格弹性和总收益的关系

需求价格弹性	种类	价格变动	需求变动	总收益变动
$|E_d| > 1$	富有弹性	上升	下降更多	减少
$|E_d| < 1$	缺乏弹性	上升	下降较少	增加

以报纸需求为例，我们假设其弹性为 3，即意味着假如其价格增加 1%，则需求量下降 3%。一份报纸的初始价格为一年 100 元，订购量为 1000 份，则总收益为 10 万元；如果价格增加到一年 110 元，增加了 10%，而订购量将下降 30%，即 700 份，总收益为 7.7 万元。可以发现，由于报纸富于弹性，当价格上升时，由于需求量下降得更多，将导致总收益下降。

如果价格下降到一年 90 元，下降了 10%，而订购量将增加 30%，即 1300 份，总收益为 11.7 万元。可以发现，由于报纸富于弹性，当价格下降时，由于需求量增加得更多，将导致总收益增加。也就是说，报纸价格应该下降以获得更多的收益。这也是近年来报纸价格越来越低的一个重要原因。

最后，我们来分析一下不同媒介商品的需求价格弹性。

我国报纸的需求价格弹性较大。原因主要在于：很多报纸的风格雷同，产品缺乏差异性；报纸的替代品非常多，人们可以从其他渠道浏览新闻；同时，报纸并非生活必需品，即使在城市中，读报人群占城市总人口的比例也不超过10%；目前，免费报纸还没有普及，而我国居民消费能力较低，对报纸的需求也较低。

电视的需求价格弹性较小。原因在于：收看电视对消费者的文化水平几乎没有要求，一个人即使没有阅读能力，仍然可以观看电视；同时，我国电视在家庭中的普及率在90%以上，电视的需求与电视收视费用之间相关性很小。当然，这并不意味着我国有线电视的收视价格是合理的。

在我国，无线广播的需求价格弹性较小。主要因为收听者主要为低收入阶层，因此无线广播价格也极低，在生活总支出中所占比例极低。而杂志和音像制品的需求价格弹性较大，主要是因为它们非生活必需品。同时，由于收入水平较低，人们不愿花钱去购买这些"奢侈品"。我国电影市场的萎靡不振与此有关。

延伸阅读 3

供给弹性：彩电由短缺到过剩①

20世纪80年代初，彩电相当紧俏，有人就是靠"倒彩电"发了财。尽管国家控制着价格，但与当时的收入水平相比，价格还相当高。买彩电凭票，据说有的彩电厂把彩电票作为奖金发给工人，每张票卖到好几百元。20世纪90年代后，彩电供求趋于平衡，再以后彩电就卖不出去了，爆发了降价风潮，拉开了中国价格战的序幕。

20世纪80年代随着人们收入普遍增加，彩电成为首选的奢侈品，能买得起1200元左右一台14英寸彩电的人相当多，于是彩电需求剧

---

① 梁小民：《微观经济学纵横谈》，上海三联书店，2000年版。

增。当时彩电价格仍受到严格控制（记得在一次价格风波中，当时有关领导曾保证彩电不涨价），所以，无法用调高价格来抑制需求。彩电生产受到生产能力的制约，供给无法迅速增加，这就产生过度需求或供给不足，为"倒彩电"和彩电票变成货币创造了条件。这告诉我们，像彩电这样的产品在需求迅速增加、价格上升（或变相价格上升）时，供给是无法立即大量增加的。

彩电的短缺刺激了国内各地引进彩电生产线，建设彩电厂。彩电业在全国开花，除西藏外各省市都有了彩电厂。这就促使彩电市场走向均衡，甚至很快又走向过剩。这个过程说明在需求增加、价格（或变相的价格）上升后，供给的变动是与时间长短相关的。我们可以用供给弹性的概念来说明这一点。

某一种物品供给弹性的大小与生产所需生产要素与技术相关。所以，不同行业产品的供给弹性是不同的。一般来说，所用设备先进、生产规模一旦确定就不易改变的重工、化工、电子、汽车等行业的产品往往供给缺乏弹性，需求增加时，供给难以马上增加，需求减少时，供给也难以马上减少。彩电的情况就是这样。20世纪80年代彩电需求激增时，彩电厂受生产规模限制，难以很快增加，但20世纪90年代后供大于求时，彩电产量也难以大幅度减少。正因为如此，这些行业要确定一个最优规模。规模小会失去赚钱的机会，规模大又会形成生产能力过剩。彩电业现在的困境正在于当年遍地"开花"，生产能力过剩。这种产品缺乏供给弹性，产量减少不易，剩下的一条路只有降价"煮豆燃豆萁"了。

对同一种产品来说，供给弹性也不是一成不变的，而与时间长短相关。对许多产品来说，当需求与价格变动时，供给变动的可能性很小。例如，即使彩电涨价100%，在很短时期内，产量也难以增加，因为设备与生产能力是固定的，原料与人力也难以增加，除了把库存投入市场外，供给变动不大。这就是说在即期内，供给弹性几乎是零。在短期内，尽管设备与生产能力不能变，但可增加原料与劳动，产量还是可以增加的，这时供给缺乏弹性，但比即期时大。长期中，设备与生产能力可以根据市场需求与价格预期来调整，供给是富有弹性的。从 20 世纪 80 年代到 20 世纪 90 年代，彩电由短缺走向平衡正是供给弹性随时间而加大的过程。至于以后的过剩局面则是在调整长期生产能力时预期失误的恶果。

一般来说，企业在投资时要根据长期市场需求和行业规模经济特点确定最优规模。短期中要根据暂时的市场变动做出反应。在做出这种决策时一定要考虑到供给弹性这个因素。彩电市场就是没有考虑到这一点，以致现在彩电产量难以随价格下降而减少。恐怕除了开拓国外市场增加需求之外，难以迅速改变彩电市场过剩的局面。

延伸阅读 4

马克思认为价格由价值决定，价值由社会必要劳动时间决定，而需求和供给只是现象，价值才是本质。马克思认为利润是现象，而剩余价值才是本质。西方经济学认为，不存在价值，只有价格，而价格由供给和需求决定。但我们看需求和供给函数，发现这两个函数又包含价格这个自变量，实际上，西方经济学的观点是：价格、需求和供给同时互相决定。由于西方经济学只看现象，不看本质，因而被马克思批判为"庸俗经济学"。

抛去意识形态的影响，这里"现象"与"本质"的争论其实是以黑格尔为代表的德国哲学（不包括康德）和英美哲学的争论，也是"唯名论"和"唯实论"的争论。这涉及哲学中最古老而又最基本的问题之一，即所谓的"共相"问题。这是一个纯粹形而上学的认识论问题（《历史主义贫困论》，卡尔·波普尔著，何林、赵平译，中国社会科学出版社，1998 年版，第 26 页）。假如，一个人认为只有现象，而不存在本质，那么就没有任何可争论的余地。因为他的哲学系统中没有"本质"这个概念，只有现象，没有共相。只有一匹一匹的马，而没有马。这也是我们从小被教育"主观唯心主义是错误的"的原因。

马克思主义政治经济学的哲学基础是德国古典哲学（不包括康德），而德国古典哲学属于决定论或唯实论；西方经济学的哲学基础是英美哲学，属于现象论或唯名论。两种哲学观点的不同源于对世界的不同认识和思考，难分优劣。而之所以形成不同的认识论，其原因很复杂，也许与不同地域的人们的思维方式有关。

内容提要

● 根据马克思主义政治经济学的分析方法，新闻的价值就是凝结在报道活动中的劳动的总和。

● 新闻的使用价值是指新闻的用途。新闻可以消除不确定性，可以捕获受众的注意力。

● 需求反映消费者的购买数量和商品的价格之间的关系。价格、收入、相关商品的价格（替代品和互补品）、偏好、受众预期、受众可支配的时间、受教育程度、受众结构、国民经济发展水平等都可以影响需求。

● 供给反映厂商的供给数量和商品的价格之间的关系。商品的自身价格、生产成本、生产的技术水平、相关商品的价格和生产者对未来的预期等因素影响供给。

● 不同媒介产品的需求价格弹性不同。我国报纸、杂志和音像制品的需求价格弹性较大，电视与无线广播的需求价格弹性较小。

关键概念

价值　使用价值　需求　供给　需求价格弹性

复习题

1. 如何理解新闻的价值与使用价值？
2. 哪些因素影响需求？
3. 哪些因素影响供给？
4. 如何理解供求均衡？

第三章 媒介需求分析

第一节 媒介的变化
——从传播工具到用户终端

美国学者哈罗德·拉斯维尔于 1948 年在《传播在社会中的结构与功能》一文中首次提出了构成传播过程的五种基本要素，并按照一定结构顺序将它们排列，形成了后来人们称为"5W 模式"或"拉斯维尔程式"的过程模式。这五个 W 分别是英语中五个疑问代词的第一个字母，即 Who say what to whom through what channel to get what effect，其意义是：谁通过什么渠道向谁说了什么并取得了什么效果，实际上就是个人或组织机构通过什么媒介对其他人或组织传递了什么信息并获得什么反馈。5W 模式表明传播过程是一个目的性行为过程，具有企图影响受众的目的。因此他所定义的传播过程是一种说服过程，其间的五个环节正是传播活动得以发生的精髓。

传播的主体"Who"就是"个人或组织机构"，这是传播的第一要素。传播必须明确主体，这是由于传播的目的和责任所决定的。传播的目的是向受众传播新闻或提供某种服务信息或者是广告。当受众接受到这一信息后需要了解这是谁提供的。

传播的客体"What"即"讯息"（或"信息"），这是传播的第二要素。信息具体是指思想观念、感情、态度等，这里的信息不是泛指任何方面的信息，而是限于传播者所"诉求"的信息。"诉求"就是

"意欲传播"或意欲告诉受众的意思。传播者只有把诉求的信息传播给受众，才能实现传播的目的。

传播的第三要素"What channel"即"媒介"——信息所通过的渠道。传播媒介把信息转化为适当的符号形式，只有经过这种转换才可能实现跨越时空的传播。这里适当的符号形式，是指传播通过特定的媒介或渠道，把信息变成文字、图像或语言等符号形式，被传播对象所接受。由于选择了不同的媒介和渠道，则信息也就会随之相应地改变，或者变成文字或者变成图像。

传播的第四要素——传播的对象"Whom"即"其他人或组织"，是指受传者，也就是信息的接受者或称为受众，这是传播的第四要素。传播总是针对一定对象进行的。没有对象的传播是毫无意义的，即使传播者不能具体确定接受其广告信息的人在哪里，人数有多少，是哪些人，但这并不妨碍传播是针对某些人来进行的。事实上，传播者在开始发起传播活动时，总是以预想中的信息接受者为目标的。

传播的第五要素"What effect"即反馈，是指传播活动不仅是一个信息传播者向接受者发出信息的过程，还包括信息的接受以及由接受者作为反应的反馈过程在内，是传播、接受、反馈活动的总和。这就是传播活动不应被看成是一个单向的直线性的传播，而是由接受者和反馈信息构成的一个不断循环、发展、深化的连续而又完整的过程。

值得注意的是，"5W 模式"认为传播是说服过程，对这一点必须给予充分而深刻的理解。它提示我们必须警惕媒介的力量，虽然媒介是一个庞杂的混合体，但它们从整体上看是一个控制者。虽然媒介可能不是最终的控制者，或者并不像一个准备拿着装满信息的针筒向我们脑袋注射的"上帝"，但是媒介的作用仍然值得严肃对待。也就是说，即使媒介本身不控制我们，某些人或机构也可能通过控制媒介来控制我们。

当然，随着时代的变化，媒介也在变化。部分媒介正在由单一走向多元、从内容提供者转向平台提供者、从专业的信息传播平台转向多样化用户终端平台。技术的变化可能会带来媒介实质性的变化。

一、媒介整合：从多媒介到跨平台

单一媒介是指报纸、广播、电视等单一媒体机构；多媒介整合是指报纸、广播、电视、计算机互联网等互相渗透成为多媒介集团。

用户终端形态是指传统媒介与其他购物、金融等平台相结合，即媒介由信息广播工具转向用户平台。

进入 21 世纪以来，媒介的形态发生了翻天覆地的变化。变化有如下两个方向：一是由内容提供者转向平台提供者，媒介真正成为传播的"工具"，而不再是传播的主体。二是功能多样化，媒介已经逐步由单一媒介转变为多媒介整合形态，再进一步转变为用户终端平台形态，如图 3-1 所示。

虽然媒介向多功能用户终端平台的转向是趋势，但实现起来尚需时日，媒介更为本质的变化是由内容提供者转向平台提供者，这种过渡促使用户生产模式的出现。

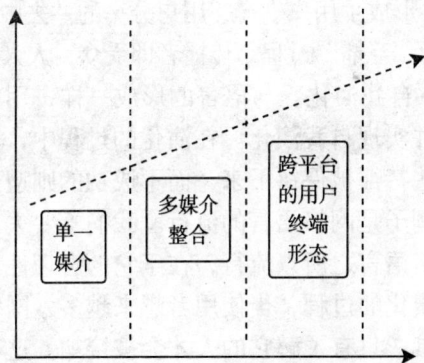

图 3-1　媒介整合的变化趋势

二、用户生产模式

传统观念认为新闻工作是一种职业，其内容就是新闻信息的采集、整理、加工和扩散。也就是说，信息是由新闻专业人士提供的。而用户生产模式的观念则相反，其核心理念是：用户生产、用户分享。信息传播的主动权掌握在普通大众手里，如时下流行的博客、微博、播客、贴吧、RSS、维基等平台。我们仔细观察这些传播形式就可以发现：它们传递的信息并没有经过新闻专业人士的采集、整理、加工和扩散而直接为用户所分享，新闻专业人士所提供的仅是一个平台或一个工具。这是一个巨大的不同。

1. 用户生产模式的特征

（1）用户生产、用户分享。与传统媒介中专业团队主导内容生产的模式不同，博客、播客、贴吧、RSS、维基等平台将信息传播权还给了普通大众，为个体提供了信息生产、积累、共享和传播的独立空间，形成个人信息管理的自媒体。无数个体可以相对自由地将信息面向其他个体发布，形成了用户生产、用户分享的"去中心化"机制。传统的传播过程变为"互播"过程。传播者即受众，人人都是"记者"。

（2）自组织、自我演化。与语言的形成一样，用户生产内容也以自组织为中心，并实现自我演化。在演化的过程中，成功的用户、组织模式，甚至某些特征被保留下来，而不成功的则遭到淘汰。在这方面最有说服力的例子是网络语言的流行。我们不要去攻击网络语言的浅薄和庸俗，网络语言之所以流行，在于它的合理性。网络语言的形成也是一个自我演化的过程，当使用者越来越多，网络语言就成为一种身份识别的工具，只有了解它的人才会被接纳。这和所有学科中的专业术语一样，都通过规定某些专门用语来显示群体成员和非成员之间的区别。

（3）社群化、部落化。用户生产模式并不是没有秩序的无规则生长，相反，它总是以社群、部落或类似的方式存在。微小社群或部落存在的合理性何在？一是根据"六度分隔理论"（即要结识一位陌生的朋友，最多通过六个朋友就可以达到目的）和"150"法则（人们通常保持紧密联系的人数不会超过 150 人），小规模社群完全可以构成世界性的社会性网络，而且小规模社群或类似的组织有可能是唯一合理的方式。二是人们追求身份认同的需要，即使在虚拟社会，人们同样需要身份认同，于是社群和部落就应运而生。

（4）免费与开源。以维基百科为例，它在短短几年里收录的信息条目已经远远超过了《大英百科全书》。维基百科是一个自由、免费、内容开放的百科全书协作计划，参与者来自世界各地，任何人都可以编辑维基百科中的任何文章及条目。

维基百科开始于 2001 年 1 月 15 日，创始人是 Jimmy Wales，Larry Sanger，以及几个热爱英语词汇的参与者。2004 年 3 月，已经大约有 6000 名活跃的参与者编写了 50 种语言的 60 万条条目。每天都有来自世界各地的许多参与者进行数千次的编辑和创建新条目。中文维基百科正式开始于 2002 年 10 月，目前已经有超过 30 万条条目。

2. 用户生产模式出现的原因

（1）消费者权利主体意识的觉醒。受众是什么？新闻传播理论认为受众可以是社会群体成员、市场或权利主体。在网络时代，把受众称为大众已经不再可行，因为消费者（即受众）权利主体意识已经觉醒，他们怀疑一切，相信自己，而这直接导致了信息消费模式的变化。曾经，人们依赖和坚信传统媒体。但随着时代的发展，人们要求新闻信息多样化、精确化、细致化甚至个人化。传统的宏大叙事无法满足人们的需求，宏大叙事所阐述的内容即使非常重要，也与消费者本人几乎无关。在传统模式下，消费者所要求的在场感、参与感无法得到满足。随着消费者消费模式的变化，传统的专业媒体（包括新闻网站）所提供的新闻不能满足消费者的需要，因此，消费者开始自己做新闻、自己传播信息。

（2）后现代社会开放性和封闭性之间的矛盾。在后工业社会存在着开放性和封闭性的矛盾。一方面，社会的开放性使得社会交往和信息传播在某种程度上都是自由的，社会阶层之间的流动也更为频繁，人们拥有比过去时代更多的选择；另一方面，后现代社会又极其封闭，其封闭性主要来自于以下几个方面：一是人际交往虽然更加自由但仅限于表面，每个人对自由的强烈主张导致了进一步加深交往的困难，在家庭、家族等传统伦理体系带来的交往网络逐渐解体以后，人们并没有找到替代品从而陷入茫然无助的境地，而通过自己做新闻、传播新闻，人们的自我价值感可以得到一定程度的满足。二是现实世界的冷酷性和复杂性导致人们产生强烈的恐惧心理，人们宁愿寻求虚拟世界来寻求安慰。虚拟世界看似增加了开放性，实际上只是把人们固定在电脑前面。三是社会分工的加深带来的异化程度也在加强，人们很难理解专业以外的东西，即便是再专业的编辑也难以覆盖所有的知识范围，而用户是千差万别的，他们在自己的领域里就是专家。

（3）媒体经营方式的转变。目前的时代是供给过剩的时代，新闻信息产品市场也是如此。随着媒体竞争激烈程度的加强，传统媒体仅靠规模经济和范围经济已经很难持续稳定地获取垄断利润。为此，媒体必须进行创新以适应和逐渐引领用户的需求。创新可以分为技术和观念两个层面。相比之下，观念的创新更为重要，技术则为观念提供支持。Web 2.0 甚至 Web 3.0 技术的出现都是如此。

延伸阅读 1

Web 2.0 与 Web 3.0

Web 2.0 是相对 Web 1.0 的新的一类互联网应用的统称。Web 1.0 的主要特点在于用户通过浏览器获取信息。Web 2.0 则更注重用户的交互作用，用户既是网站内容的浏览者，也是网站内容的制造者。所谓网站内容的制造者是说互联网上的每一个用户不再仅是互联网的读者，同时，也成为互联网的作者；不再仅是在互联网上冲浪，同时，也成为波浪制造者；在模式上由单纯的"读"向"写"以及"共同建设"发展；由被动地接收互联网信息向主动创造互联网信息发展，从而更加人性化。

Web 3.0 最早由比尔·盖茨于 2005 年提出，然后迅速传播开来。从技术上讲，Web 3.0 的诞生源于语义网。互联网创始人英国科学家 Tim Berners-Lee 对语义网定义如下："语义网是一个网，它包含了文档或文档的一部分，描述了事物间的明显关系，且包含语义信息，以利于机器的自动处理。"在此基础上发展的 Web 3.0 可以根据用户的需要直接给出可供选择的多种结果。目前，关于 Web 3.0 的定义并没有一致的意见。有人认为 Web 3.0 就是语义网，我们认为这是其狭义定义。伯里昂·索尼斯（Brian Solis）则认为 Web 3.0 结合了不同思想来描述互联网的功能及影响，因此将沿着几个不同的方向进化。这些进化包括将网络转变成为一个数据库，各种非浏览器应用程序可以获取网络内容，使网络朝着人工智能技术、语义网、地理空间或 3D 空间等方向发展。索尼斯将各种网络技术的进步都归结为 Web 3.0，这是其广义定义。

综合现有的文献，Web 3.0 是这样一种网络，其网站内的信息可以直接和其他网站相关信息进行交互，能通过第三方信息平台同时对多家网站的信息进行整合使用；用户在互联网上拥有自己的数据，并能在不同网站上使用；完全基于 Web，用浏览器即可以实现复杂的系统程序才具有的功能。简单地说，Web 3.0 就是基于用户需求的智能过滤器和多元化需求满足平台。

现有的文献普遍认为，Web 2.0 以博客、贴吧、TAG、SNS、RSS和维基等应用为核心，改变了传统的互联网阅读模式，向互动创造信息迈进，把内容生产开放给用户，实现人与人交互，共同创造内容。而 Web 3.0 则引入了智能搜索、智能网络和虚拟现实技术等，将改变现有的互联网应用模式。

资料来源：作者整理。

3. 用户生产模式的社会功能

（1）用户可以实现满足感和成就感。在信息爆炸的今天，几乎所有的人都被各种"噪声"所淹没。虽然传统媒介提供了很多渠道，但单个人在庞大而强大的社会面前没有话语权。如何表达自己？在某种程度上实现自己？博客、播客、贴吧、RSS、维基等平台客观上提供了这样的机会。虽然不能畅所欲言，但总算可以发出自己的声音。

（2）缓解紧张感和解除寂寞。有调查显示，80%以上接受调查的人承认业余时间在网上度过。前文有述，后工业社会存在着开放性和封闭性的矛盾，人们的工作方式、居住方式等因素加剧了人们的紧张感和寂寞感。为什么大量成年人也参与网上聊天？现实生活虽然真实但并不可靠，虚拟世界固然虚拟却让人放心。通过参与用户生产，用户本身的寂寞和紧张得到一定程度的释放。

（3）可以实现对传统网站的改造。传统网站的交流模式仍然是单向的，阅读者仅是在阅读，或者仅是发表评论，阅读者不是信息的主体。但在用户生产模式思想的启发下，传统网站经过改造也可以实现双向、多向交流，并能够实现许多意想不到的功能。例如，人民网"强国社区"、烟台胶东在线网站的"网上民声"栏目、湖南的红网论坛等。

延伸阅读2

胶东在线"网上民声"栏目的功能[1]

"网上民声"是烟台胶东在线网站2003年5月在国内首创的市民与机关对话的栏目，6年来，"网上民声"栏目获得了巨大的成功。参与网上互动交流的政府部门从开通初期的28个增加到现在的94个，几乎涵盖了烟台市所有政府部门及中央、省属驻烟台的热点"窗口"单位，并且延伸到县市区政府部门和窗口单位。烟台市委、市政府已将"网上民声"栏目作为职能部门与群众联系沟通的一条重要舆情收集分析渠道和工作渠道。2009年，该栏目获得中国新闻奖网站类一等奖。

"网上民声"是一个多种形态合成的大型栏目，为了保证这一平

---

[1] 资料来源：作者整理。

台的效力不断提升，创办6年来进行了5次大型改版，为的就是把功能做得更强大、更完善，使问题的解决力度更大、处结质量更高。早期"网上民声"仅有对话部门、对话台几个栏目，后来逐步增加了对话台反馈报道、问题查询、问题回复率统计、满意度统计等多个栏目，2009年5月26日推出新版，栏目数量达到22个，着重解决了由以往单纯的追求回复率转而重视回复时效与问题处结情况。为此，新版在每条问题后面均显示回复时间，以便广大网民进行更好的监督；在首页上实时显示最新回复问题，便于让网民随时了解自己所提问题的处理进度；并设置了处结通报和已解决问题两个子栏目，督促部门把对网民投诉的处理落到实处。另外，强化了网民对热点问题的交流讨论功能，同时，还与烟台电视台、《烟台广播电视报》联手为广大网民呈现一档"台报网互动"组合栏目，3家媒体优势互补，力求多渠道多形式解决网民反映的问题。目前，该栏目已成为政府机关了解社情民意的重要渠道和为民服务的重要途径；还成为群众反映问题、解决疑难、寻求帮助的便捷通道；搭建起了政府和群众的"连心桥"，有力地保障了人民群众的知情权、参与权和监督权。

其基本工作流程如下：

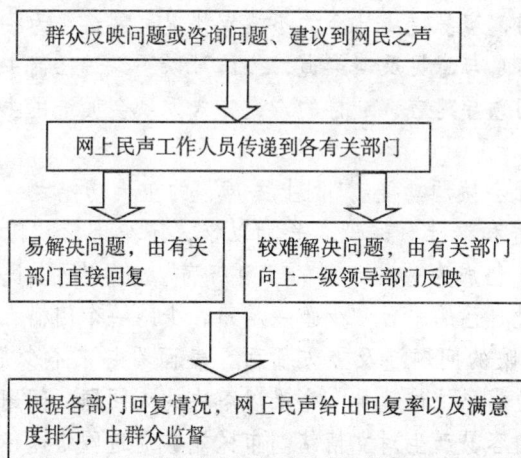

图3-2　"网上民声"解决问题流程

我们认为，"网上民声"至少实现了以下社会功能：

第一，民主参与功能。"网上民声"中群众所提的问题中很大一部分关乎社会热点，而群众对这些问题的意见表达对于这些问题的解决起到了不可替代的作用，这充分体现了推进大众民主参与社会建设的作用。6年来，烟台市民已通过"网上民声"给政府部门提出建议4.6万条，平均一天就有21条。例如，2005年，很多人在"网上民声"呼吁开通呼和浩特航线，这超出了机场方面的设想，但一番调研之后，他们发现客源非常多，随即应网民的需求，呼和浩特航线开通，客源出奇得多，航班每天两个架次，上座率达95%以上。

从一般意义上讲，公民通过网络对政府的政策法规等发表意见，提出建议，可以如实反映，避免有关部门的层层控制和"把关"，这些"控制和把关"往往会影响问题的解决。例如，对于城市改造与拆迁过程中出现的一些矛盾：政府、开发商与居民之间的利益纠葛、新城建设与文物保护等，按照传统的方式反映问题，往往比较耗时费事，待意见层层上报批示后再解决，可能文物古迹也已破坏殆尽。我国的宪法和法律明确保障公民享有言论、出版、结社、集会、游行等自由，以及建议、批评、申诉、控告、检举等权利，但实行起来却相对比较困难，尤其是一些大型的集会、游行等，更有可能被居心叵测之人煽动利用，容易造成社会的不稳定状况。网络作为一种工具，提供了便捷的信息与意见反馈渠道，公民可以不经过任何中间环节而向当地有关部门领导建言，这样的沟通方式无疑会促进民主参与的良性发展。

第二，社会协调功能。"网上民声"的重大功能之一就是缓解社会矛盾，促进和谐社会建设。长期以来，不少部门"门难进、脸难看、事难办"已成为一种典型的"政府病"，但"网上民声"决心让广大市民通过自己的平台"少跑一趟路、少跨一个门槛、少走一趟程序"。市民反映的问题涉及方方面面，表面看起来不少是生活小事，但在普通市民那里往往就是一个难以解决的大问题。问题解决不了或解决不当，便容易产生对立情绪。市民能够通过网络途径将有待解决的切身问题反映到有关部门，然后得到有关部门的及时答复和处理，就可以使大量矛盾化解在基层，有效促进社会和谐稳定。因此，所有参与"网上民声"的94个单位，均制定了相应的制度，在答复问题、解决问题方面，要做到"领导到位、人员到位、职责到位"，"答复问题要求实事求是、认真细致、耐心诚恳，不得敷衍塞责、推诿应付、冷淡生硬。对解释不清楚、答复问题不认真、解决问题不彻底、造成群众反感，在社会上造成负面影响的，要追究单位领导的责任。有人将"网上民声"比作"第二信访局"，其实从它开创的网上听取、网下落实的模式来看，无疑要比目前信访来得更为有效。

第三，电子政务功能。电子政府、电子政务建设，其目的是建立起更有效率的行政流程，为公众提供更广泛、更便捷的信息及服务。其技术内涵是运用信息技术、通信技术及互联网技术等，打破行政机关的部门界限，实现政府机关间、部门间及政府与社会各界间畅通无阻的沟通，并依据公众的需求、公众可以使用的形式、公众要求的时间及地点，为公众提供各种不同的服务选择。美国学者托马斯·萨斯曼指出公众期望电子政府能具备以下四大好处：①公众对政府更具监督和追究责任的能力。②帮助政府机构更有力和有效地履行使命。③带来更便利的政府服务。④更方便公众获取政府信息。

严格来讲，电子政务属于政府自身的建设，而非媒体的功能。但历史和实践是丰富的，"网上民声"的事例证明：媒体完全可以通过自己的努力实现对电子政务建设的推进。一般地说，"网上民声"是从媒体角度推进政府电子政务建设，极端地说，"网上民声"是对政府电子政务的某种替代。

第四，排气阀功能。社会如同大锅炉，气压太高时要通过排气阀排气。社会学家刘易斯·科塞形象地把"排气阀"应用于社会学，指出：社会存在着矛盾和冲突，而对于这些矛盾和冲突，社会主体会产生一些不满情绪，如果长期得不到释放，使这种情绪不断堆积，便会产生许多社会问题。一个社会，需要设置一类经常化的、制度化的通道，以实现不同社会主体之间的沟通，以及不满情绪的发泄，它将保障社会运转的安全，及时排泄累积的不满情绪，有利于社会的稳定。

大众传媒作为一种信息和意见平台，可以起到这样一种作用。也正是在这个意义上，传媒被形象地喻为"社会的排气阀"。社会转型时期，社会动员与实际所获之间必然存在差距，矛盾增多，很多不满的情绪会通过众多个人行为表现出来。在信息高度发达的网络时代，更多的人通过互联网表达自我。人们越来越倾向于把现实中的不满情绪发泄出来，自行减轻压力和痛苦。在"网上民声"的实践中，并不是所有网民反映的问题都得到了完全、彻底的解决。即使没有满意的答复或解决，网民的意见至少得到了表达，情绪得到了发泄，"网上民声"作为"排气阀"的作用已经实现。

"网上民声"与一般的以受众为中心的用户生产模式仍有不同。后者仅关注受众情绪、思想、爱好等的偏重于感情类的表达，而"网上民声"所要解决的是民生问题，注意"民声"与"民生"是谐音，这正反映了该栏目创办者的初衷：不仅要民众发出声音，还要解决其实际问题。

"网上民声"的成功为地方新闻网站的发展提供了启示。众所周知，网站的关注度就是网站的生命。那么，怎么才能让网民关注本地的网站？概括起来，就是要实现网站的本地化、本土化，本着为本地网民服务的宗旨，增强本地网民的归属感。"网上民声"完全实现了网站的本土化，体现了为本地网民服务的宗旨，也加强了本地网民的归属感。很多烟台市民反映说，一打开电脑就先看一看胶东在线，看一看"网上民声"。"网上民声"为胶东在线带来了鲜明的地方特色，增加了其互动性，大大提高了网民的黏着度。

第二节　受众地位与媒介产品设计

一、受众地位的变化

20 世纪 70 年代以前，传播学学者多关注研究媒介如何影响受众。

20 世纪 30 年代开始流行的理论主要是"子弹论"。其理论来源是本能心理学的刺激——反应模式。

"子弹论"是指人体被子弹击中后，会引起直接快速地反应，媒介的信息就像是子弹，能迅速左右人们的态度和意见。因此该理论又称魔弹论、靶子论、皮下注射论，是强效果阶段的代表性理论。它的基本思想就是大众传播具有强大的传播效果，其情形犹如子弹（大众传播媒介的信息）射向坐以待毙的靶子（受众）。表明大众传播媒介具有无法抵抗的传播效力，受众只是被动地接受信息的刺激。

20 世纪 40 年代后，开始流行"传播流"。"传播流"指的是大众传播媒介发出的信息和影响，经过各种中间环节"流"向传播对象的社会过程。"传播流"可以区分为"信息流"和"影响流"，前者可以是一级的，即媒介信息可以直接抵达一般受众；后者是多级的，即媒介的影响需要经过各种意见领袖这个中介才能对一般受众发生作用。"传播流"研究强调人际传播在大众传播过程中所起的作用，揭示了传播效果形成过程中的众多制约因素环节，对否定早期"子弹论"的传播观起了重要作用。

该学派的主要理论观点强调大众传播效果和影响的有限性，又被称为"有限效果理论"，也被称为经验学派。

20 世纪 70 年代以后，出现了"使用与满足论"、"沉默螺旋"、"知沟理论"，等等。

"使用与满足理论"站在受众的立场上，通过分析受众对媒介的使用动机和获得需求满足来考察大众传播给人类带来的心理和行为上的效用。同传统的信息如何作用受众的思路不同，它强调受众的作用，突出受众的地位。该理论认为受众通过对媒介的积极使用，从而制约着媒介传播的过程，并指出使用媒介完全基于个人的需求和愿望。实际上，使用与满足理论是一种经济学理论。

"沉默的螺旋"是指人们在表达自己想法和观点的时候，如果看到自己赞同的观点，并且受到广泛欢迎，就会积极参与进来，这类观点越发大胆地发表和扩散；而发觉某一观点无人或很少有人理会（有时会有群起而攻之的遭遇），即使自己赞同它，也会保持沉默。意见一方的沉默造成另一方意见的增势，如此循环往复，便形成一方的声音越来越强大，另一方越来越沉默下去的螺旋发展过程。

"沉默的螺旋"理论基于这样一个假设：大多数个人会力图避免由于单独持有某些态度和信念而产生的孤立。因为害怕孤立，他便不太愿意把自己的观点说出来。其实，这种认识几乎是东西方"人人心中所有"的情况，尤其是亲身经历过"文革"造势的中国人对此体会也更深。但德国社会学家伊丽莎白内尔-纽曼教授基于以上认识，提出了假设：占支配地位的或日益得到支持的意见就会愈加得势，另一方则越来越失去支持的声音。这样，一方表述而另一方沉默的倾向便开始了一个螺旋过程，这个过程不断把一种意见确立为主要意见。如果这个过程有大众媒介参与，螺旋往往形成得更快，也更明显。

"知沟理论"的基本观点是：在现代信息社会里，由于社会经济地位高者通常能比社会经济低者更快、更有效地获得和利用信息，因而，大众传播媒介传送的信息越多，这两者之间的信息格差和知识格差也就越有扩大的趋势。也就是说，现存的贫富分化的经济结构决定了信息社会中必然存在两种人，一种是信息富有阶层；一种是信息贫困阶层。由于经济贫困者在已有知识的存储量上、在获得最新传播技术等方面处于明显劣势，随着时间推移他们与富有者之间的信息格差必然越来越大，而信息格差必然会变成知识格差，知识格差最初表现为学龄前教育程度的差异，进而表现在校学习成绩的差异和高等教育升学率上的差异，最终会表现为职业、收入和社会地位上的差异。信息格差和经济格差理论认为，现代资本主义社会大众传播的内容和形式更有利于经济富有阶层，而不利于贫困阶层。因而大众传播越普及，传达的信息越多，两者之间在信息、知识和社会地位上的差距就越大，而不会缩小。

无论"使用与满足论"、"沉默螺旋"和"知沟理论"，实际上都遵循同样的思想：受众不再是一块无个性的铁板。"使用与满足论"反映了消费者的选择，是一种效用论；"沉默螺旋"是一种社会学理论，反映了群体的分化；"知沟理论"把人群分为若干阶层，不同的阶层会有不同的前途。

从经济学角度看，为什么会出现这种研究的转向？它实际上反映了供给与需求的变化，20世纪30年代以前属于需求旺盛供给相对不足的时代，而第二次世界大战以后，资本主义世界已经进入了供给过剩的时代，消费者获得了选择的机会，因而在传播理论中受众的地位逐渐提高。

二、媒介产品设计要考虑的因素

1.影响消费者选择的要素

实际上，设计媒介产品只有一个原则，就是生产人们需要的东西。那么，哪些因素影响受众的阅听动机呢？我们认为，影响受众阅听动机的因素很多，但其中比较重要的应该包括重要性、利益相关性、情感体验、信息量、悬念与戏剧性、互动和参与程度、权威性和可读性等。

（1）重要性。以电视新闻为例。文化层次较高的观众或许关注国际和国内重大新闻，其他观众或许更关注本地新闻。但"奥运会开幕"这一类新闻无疑将吸引大多数观众的注意。

（2）利益相关性。一个媒介产品所传递的信息尽管重要，但是若与受众没有较大的利益相关性，阅听率也会降低。例如，一则关于南方某地发生水灾的电视报道可能不会引起北方观众的注意。

（3）情感体验。以电视剧为例，人们之所以喜欢看某一个电视剧，很大程度上是因为它能唤起观众的情感体验，或者说"通感"。国人大都爱看帝王剧，虽然内容乏善可陈，就是因为人人都想做皇帝。

（4）信息量。在知识类栏目中，信息量至关重要。例如，寻医问药、养生之道、艺术品收藏之类的节目近年来大受欢迎，是因为这些节目传递了受众急需了解的信息。

（5）悬念与戏剧性。一些科学类、知识类的内容如果引入悬念和戏剧性，将更加引人入胜，如美国的《国家地理频道》和中国的《走近科学》。不过，相比之下，前者更加自然，后者有"装神弄鬼"的嫌疑。

（6）互动和参与程度。"超级女声"尽管是从国外模仿而来，但仍然得到了很多人（盲目）的欢迎，其中一个原因就是广大无名的观众可以投票，观众的投票甚至可以决定选手的晋级与否。观众们狂热地参与，因为他们总算是发现了自己的"力量"。

（7）权威性和可读性。作为新闻类内容，必须有足够的权威性，同时，还不应该高高在上，而应该有广泛的可读性。《新闻联播》之所以收视率极高，与它的权威性有关。

2. 市场细分

市场细分（Market Segmentation）是企业根据消费者需求的不同，把整个市场划分成不同的消费者群的过程。其客观基础是消费者需求的异质性。进行市场细分的主要依据是异质市场中需求一致的顾客群，实质就是在异质市场中求同质。市场细分的目标是为了聚合，即在需求不同的市场中把需求相同的消费者聚合到一起。这一概念的提出，对于企业的发展具有重要的促进作用。

市场细分分为调查阶段、分析阶段、细分阶段。其中细分阶段包括地理细分、人口细分、心理细分、行为细分等。地理细分包括国家、地区、城市、农村、气候、地形等因素；人口细分包括年龄、性别、职业、收入、教育、家庭人口、家庭类型、家庭生命周期、国籍、民族、宗教、社会阶层；心理细分包括社会阶层、生活方式、个性、价值观等因素；行为细分包括时机、使用者地位、产品使用率、忠诚度、态度等因素。

市场细分技术在不断演化，价值观和生活形态也被引入（Value and Lifestyle，VALS）。价值观和生活形态可以简单分为不同的类别，针对不同的类别可以有不同的产品设计定位：①激进、冒险——保守、稳妥；②组织至上——个人或家庭至上；③理想主义——实用主义；④现代、国际主义——传统、本土主义。

对我国的媒介行业来说，市场细分技术与应用仍然处于初级阶段。随着改革的深入以及市场竞争的加剧，我国传媒市场的细分化运作必将得到长足的发展。

延伸阅读 3

中国传媒市场的细分化运作①

所谓媒介市场细分，是指媒介按照一定的分类标准（人口、地理、受众心理、受众行为）把传媒可进入的市场分割为若干个具有受众相似的欲望和需求的分市场或子市场，以用来确定传媒市场目标的过程。简言之，媒介市场细分就是对受众的科学认识和把握，它是设计制作一切有卖点的媒介产品，进而实现一定的传播目的的前提和基础。

综观我国媒介产业经营的历程，就是市场细分观念逐渐形成，占据媒介经营中心视野的过程。

报业。报业早在 20 世纪 80 年代就开始产业经营尝试，但真正历史性地从整体上改变了中国报业结构，并使报业形成一个迅速扩展的产业的是都市报的崛起，都市报的成功便是通过地域化、市民化寻求到最具潜力的细分市场，进而找到了自己的发展空间。这之后新一轮的报业市场化变革以报业集团的规模扩张为标志，而这种扩张又是以抢占细分市场的形式表现出来的，其中成熟的案例首推南方报业，它旗下各子报分别占据了国内财经投资类、文化新闻类、生活消费类、体育娱乐类报纸等细分市场的领先者位置。2003 年以来的报业市场走势，诸如《东方早报》开办、《南方日报》改版等，更进一步表明报业竞争将在读者目标市场细分上，以差异性定位的形式展开。

期刊业。如果我们拿最近五年的广告经营额数据来做分析的话，就会发现期刊广告经营额的增长速度已经超过了报纸和电视，也继续领先于广播，与之相适应的是，中国杂志越来越走向细分市场、小众化的道路，追求独特品牌价值，深度开发包含不同特质和市场价值的受众资源，其市场细分程度位居四大媒介之首。

---

① 欧阳宏生、梁英：《中国传媒市场的细分化运作》，《当代传播》2005 年第 6 期。

广电业。20世纪末才实行"财政断奶"的广电业，可以说是最后进入市场大潮中的媒介，但随之而来的白热化竞争使它也迅速向分众化与专业化方向发展，以频道（频率）专业化和节目内容的专题化和对象化为特征，特色竞争成为广电业的主要竞争策略。各地广播电台重点打造面向特定受众市场的交通台、音乐台，使其成为主要的创收来源。电视在窄播、品牌建设、媒介定位、打造核心竞争力中，有一批"标新立异"者脱颖而出，比如湖南卫视、安徽卫视、浙江卫视、海南卫视等，它们通过聚焦目标市场，从一家独大的中央电视台手中抢下了相当大的市场份额。2003年，数字电视、付费电视被正式列入广电业发展的日程，这意味着频道专业化的进一步向前推进，也意味着广电媒介市场的细分将更加深入。

网络业。在经过了互联网冰河期后，各网络内容提供商纷纷给出了自己的定位，所涵盖的内容由过去的"多而浅"转化为现在的"专而深"，它们不再为了简单增加点击率去传播信息，而是开始注重受众需求市场的作用，出现了专门的新闻网、游戏网、女性网、旅游网等专业网站以及不可计数的"小众"网站。在发现和挖掘细分市场的同时，网络媒介的盈利边界、盈利能力都有所扩大和增强。

总之，媒介市场成熟发展的过程就是市场细分与深化的过程。媒介产业的布局、结构也是在不断拆分市场以及对这种市场需求的满足中形成的。随着媒介产业运作的深入、市场作用的增强、竞争的加剧，一家媒体能否获得成功，能在多大程度上获得成功，一个决定性的前提条件就是，是否进行了市场细分及其适应的定位。市场细分化运作已成为中国媒体生存竞争及发展的基本策略，成为媒介市场化的必然结果和必由之路。

第三节　如何扩展媒介接触点

一、媒介接触点

媒介接触点（Touch Point）就是把相关信息传递给受众或潜在消费者的过程和场景。其分析方法是，根据消费者生活形态、心理状况和企业营销模式，从时间、地点、功能和情景 4 个维度考察，发现接触点，在合适的时间、合适的地点、向合适的观众传递合适的信息，提高媒介的到达率和展露频次。简言之，就是增加媒介与消费者接触的机会。

从目前来看，随着媒介形态和消费者生活方式的多样化，媒介接触点的空间与时间分布逐步呈离散化趋势。以电视为例，传统概念认为，18：30~22：30 是电视媒介接触消费者的主要时间，地点位于家庭中的客厅或卧室，在功能上处于随意状态，情景属于家庭休闲。为争夺这块空间，电视媒介往往放弃最大偏好定位，而采取最小厌恶定位，其结果就是越来越多的节目走向大众化和娱乐化，千篇一律，节目雷同。因为没有哪个媒介敢于标新立异以防收视率下降。

实际上，媒介应该重新考虑和设计媒介接触点，以发现新的机会。我们可以把一个普通工薪族的一天进行如下分割：

早晨 7 点起床—30 分钟准备早餐—乘公共汽车、地铁或自驾上班—等待电梯—上午工作，中间上两次卫生间—在单位午餐—下午下班后乘公共汽车、地铁或自驾到超市购物—回家—准备晚餐—晚饭后看电视—晚 11 时睡觉。

可以发现，上、下班途中的公共汽车、地铁、电梯间、超市，在单位午餐时甚至卫生间都是媒介与消费者潜在的接触点。传统电视媒介仅开发了"在家收看"的接触点，而购物场所、公共汽车、地铁、出租车、电梯间、写字楼等都可以开发成新的接触点。

延伸阅读 4

不同职业群体的媒介接触点①

我们可以把中等收入及以上的人群按职业大致分为 5 种，分别为机关、事业单位干部，医生、教师，企业、公司中高层管理者，商业、服务业、制造业一般员工，个体户。表 3-1 是五大职业群体的媒体使用倾向。

表 3-1　五大职业群体的媒体使用倾向

媒介	项目	机关、事业单位干部	医生、教师	企业、公司中高层管理者	商业、服务业、制造业一般员工	个体户
报纸	日到达率（%）	84.1	87.1	82.6	68.3	81.1
	平均每周阅读时间（小时）	7.4	6.5	6.7	6.7	6.3
杂志	日到达率（%）	81.4	90.2	86.2	85.4	69.2
	平均每周阅读时间（小时）	4.8	4.9	5.2	5.3	5.0
广播	日到达率（%）	36.4	31.6	44.3	25.6	22.3
	平均每周收听时间（小时）	5.2	5.0	5.6	5.4	6.1
电视	日到达率（%）	88.3	92.5	91.1	87.7	91.7
	平均每周收看时间（小时）	16.0	16.8	16.4	17.0	19.0
网络	日到达率（%）	64.9	58.3	65.1	53.9	29.7
	平均每周上网时间（小时）	12.4	11.4	13.3	12.4	10.7
影院	月到达率（%）	29.4	30.0	30.5	32.9	13.8

资料来源："中国新富市场与媒体研究"（2005）。

---

① 资料来源：《基于接触点研究的整合营销传播策略》，《市场研究》网络版 2008 年第 6 期。

机关、事业单位干部接触各类媒体的比例都较高，但对报纸的倾向性更为突出，他们是各职业群体中读报时间最长的。医生、教师广泛接触各类媒体，他们中接触报纸、杂志和电视的比例最高，但是平均每周接触各类媒体的时间均不高。企业、公司中高层管理者中每天收听广播和上网的比例均高于其他职业群体，平均每周使用互联网时间也最长。商业、服务业、制造业一般职工的媒体使用特征体现在杂志和电影院上，他们是各职业群体中平均每周阅读杂志时间最长的，也是过去一个月去电影院看电影的比例最高的。个体户接触各类媒体者的比例相对偏低，尤其是互联网，个体户中每天上网者所占比例仅为29.7%，不到企业、公司中高层管理者的一半，个体户对电视的使用倾向很突出，每天收看电视者所占比例仅次于医生、教师，平均每周收看时间居各职业群体之首。个体户中每天收听广播者所占比例很低，但是他们平均每周的收听时间却是最长的。

五大职业群体每天花费在路上的时间均超过一个小时，他们接触户外媒体的比例也很高。接触户外媒体的类型与他们的出行方式和工作场所有显著的相关性。表3-2为五大职业群体的户外媒体接触情况。

表3-2 五大职业群体的户外媒体接触

项目 \ 职业群体	机关、事业单位干部	医生、教师	企业、公司中高层管理者	商业、服务业、制造业一般员工	个体户
所有户外广告周到达率（%）	99.6	99.9	99.7	100.0	99.6
出租车广告周到达率（%）	24.3	26.4	34.1	28.1	28.4
公共汽车广告周到达率（%）	74.7	82.3	73.8	78.0	83.8
写字楼液晶电视广告周到达率（%）	23.1	29.9	39.3	32.6	26.5
地铁、轻轨广告周到达率（%）	24.4	24.3	24.7	22.5	19.2

资料来源："中国新富市场与媒体研究"（2005）。

我们再以公司高管为例，分析其所有可能的接触点以及媒介的营销策略。从这一群体的媒体接触点来看，互联网的使用几乎从上午9点到深夜12点，贯穿全天，这与企业、公司中高层管理者依赖网络的工作习惯有关。网络的使用始终伴随着工作、休闲的全过程，因此不可能完全是有意注意。由于超过 50% 的人依赖小汽车作为交通工具，因此需要自己驾驶时，他们收听广播仅是一种伴随的媒介接触，这和目光所触及的户外广告一样，都处于无意注意的状态。即便无须自驾车，在街头，广播的收听效果也大打折扣，在赶路的过程中，人们对于户外广告的关注度也有限。因此，上、下班路途中接触的广播、户外广告等媒体，不适合用来承载过多信息，也不适合做理性诉求。

报纸的阅读高峰分别是上午上班时和晚上回家后，这两个时段相对而言是大脑较为兴奋、信息吸收状态好的时候，而报纸又需要调动眼睛和大脑，读报的过程不能再调动眼睛去做别的，因此处于有意注意状态。在这种状态下，信息量大、复杂、理性的信息可以通过报纸广告或内容来传播。表 3-3 分析了公司高管一天的全部媒介接触点。

表 3-3 公司高管的全部媒介接触点

时间	媒介接触点	接触状态分析
上午 6：00~7：59	广播	无意注意或有意注意
	户外广告	无意注意
上午 8：00~8：59	广播	无意注意或有意注意
	报纸	有意注意，与户外广告互斥
	户外广告	无意注意，与报纸互斥
上午 9：00~11：59	报纸	有意注意，与户外广告互斥
	互联网	无意注意或有意注意
中午 12：00~12：59	报纸	有意注意，与杂志互斥
	互联网	无意注意或有意注意
	杂志	有意注意，与报纸互斥
下午 1：00~4：59	互联网	无意注意或有意注意
下午 5：00~6：59	互联网	无意注意或有意注意
	户外广告	无意注意，与读报互斥
	广播	无意注意或有意注意
晚上 7：00~7：59	电视	无意注意或有意注意
	报纸	有意注意
	互联网	无意注意或有意注意

时间	媒介接触点	接触状态分析
晚上 8：00~8：59	电视	无意注意或有意注意
	互联网	无意注意或有意注意
晚上 9：00~10：59	电视	无意注意或有意注意
	互联网	无意注意或有意注意
	杂志	有意注意
晚上 11：00~11：59	电视	无意注意或有意注意
	互联网	无意注意或有意注意

杂志与中午和晚饭后的闲暇时间紧密联系，这些时间段同时也是互联网、电视等媒体的接触高峰时段，因此尽管杂志和报纸一样阅读时需要有意注意，但是杂志的阅读注意力会被牵扯。杂志这一接触点是否运用到传播计划中，需要根据产品的性质来确定，对杂志类型也需要结合品牌的形象来加以挑选。电视集中在晚上，几乎完全处于伴随收看的状态，如果不能以特别的东西吸引注意力，电视和广播一样也不适合用于大信息量的传播。不过，电视作为渗透率最高的媒体，在品牌的传播中仍然占有独特的优势。

互联网是企业、公司中高层管理者几乎全天候接触的媒体，并且互联网有别于其他媒体的特点在于信息传播的互动性，因此，互联网可以作为最主要的接触点。在进一步研究这一群体的互联网使用特征后，发现有以下三点值得注意：一是这一群体使用互联网最多的活动是收发电子邮件和搜索信息。二是这一群体是所有职业群体中网络购物比例最高的。三是该群体中使用互联网搜索信息者的网络购物比例显著高于不使用信息搜索功能者。根据这些网络使用特点，可以围绕网络搜索功能来制定整合营销的传播策略。以厂家网站为主要的传播平台，整合产品形象展示和功能介绍、产品在线购物以及收集反馈意见的系统等，把品牌形象的塑造与展示、销售和客户管理集成起来，形成新型的整合营销传播体系。报纸和电视等媒体的报道或广告则在宣传产品的同时，注意抛出关键词，吸引处于网络伴随接触状态的人们上网搜索，从而有效地传递产品信息和品牌形象。

二、提升展露频次

展露频次就是受众接触到媒介的次数。媒介接触点设计实际上仍然是平面的，通过引入展露频次概念，我们可以将平面的接触点拓展为立体的接触点。

我们仍旧以电视为例，在传统接触点模式下，只要消费者关闭电视或换频道，某个节目的信息就无法到达。另外，随着人均收视时间的下降，传统单一接触点模式下的电视媒体竞争进入"你增我减"的份额竞争阶段或者说零和博弈阶段。但是，通过重新设计和整合接触点，电视媒体可以充分利用受众行为方式和生活规律中出现的各种可能接触点，有效提高展露频次和到达率，实现快速增长。

以电视节目"超级女声"为例，"超级女声"的前身是"超级男声"。而"超级男声"的创意则是策划者根据欧美著名的选秀栏目"流行偶像"、"美国偶像"而来的。不同的是，"超男"、"超女"加上了"海选"部分，这也正是该节目最吸引观众的地方。

该节目的接触点不仅在于传统媒介，我们可以发现该节目的接触点包括电视、电台、报刊、网站、路牌（户外广告）、传单、海报、路演、超市、商场等，可以称为全方位接触、立体式接触。并不是所有人都看过"超级女声"，但几乎所有人都知道"超级女声"。因为人们不仅可以在湖南卫视接触到节目信息，也可以在平面媒体、互联网、路牌和其他电视频道等媒体接触节目信息。更为重要的联合路演和销售终端促销活动将"超级女声"的节目接触点从媒体大幅度延伸到现实生活。五大赛区 32 个城市的路演（分赛区比赛）吸引了很多受众的目光，印有"超级女声"比赛信息的数亿盒"蒙牛酸酸乳"投放到各个销售终端后，使得受众在超市、商场等购物点也可以了解这场大型平民选秀电视活动的信息。各个接触点的整合提高了"超级女声"的信息展露频率，逐步强化了受众的节目认知和参与兴趣，形成了累计效应。自开播之后，收视率逐步提升，到总决赛阶段，全国 102 个城市的收视份额高达 7.8%，湖南省和长沙市的收视份额分别达到了 17.1% 和 18.5%。

同时，湖南卫视、蒙牛集团、广告商实现了"三赢"，其中值得寻味的是印有"超级女声"比赛信息的数亿盒"蒙牛酸酸乳"。我们不禁要问：究竟是"超级女声"为"蒙牛酸酸乳"做广告？还是"蒙牛酸酸乳"为"超级女声"做广告？实际上，这个答案并不重要，重要的是这是一次消费品制造企业与媒介的"完美"结合，也让我们认识到：凡是能够到达消费者的介质、凡是能被广泛接触的任何东西都可以成为媒介。

"超级女声"模仿成功以后，各大电视媒体开始了疯狂的再模仿，选秀节目层出不穷。知名学者谢耘耕认为：这是一种模仿——创新模式。[①] 但对西方电视节目的模仿一定要注意文化的相容性，即电视节目在模仿国外节目的同时，必须予以适当的本土化，以免"水土不服"。

三、填补消费者身边所有的空隙——缝隙拓展

这一小节我们介绍缝隙拓展，简言之就是包围消费者。

从目前来看，传统媒介都出现了变化的趋势。电视趋向移动化，楼宇电视、卖场电视、医院电视、休闲场所电视、美容美发场所电视等新兴电视媒体开始出现。

报业也开始开发新的接触点。《解放日报》推出了以四"I"为关键字的系列新媒介品牌，I-news（手机报）、I-mook（数码杂志，mook 为 magazine 与 book 的结合）、I-paper（电子报纸）和 I-street（公共新闻屏幕）分别覆盖上、下班途中，家庭，办公室及商务休闲场所和商业中心，提高了报纸的到达率。

电影市场也是这样，一部电影的票房不仅取决于内容的好坏，还取决于宣传攻势的力量。以电影《无极》为例，该片在制作过程中，就已经开始了宣传造势。前后电视广告费 400 万元，在 CCTV 各频道

---

① 谢耘耕、戴晔：《模仿创新：电视创新的另一种战略》，《中国广播影视》第 377 期。

的黄金时段滚动播出不同版本，达到家喻户晓的目的。路牌、车身广告费百万元，画册、海报、喷绘、挂历等宣传品费用百万元。这样的宣传攻势直接促使《无极》上映 3 天后的首周末全国票房达到了 7452 万元人民币。

　　无论是接触点理论、展露频次，还是缝隙拓展理论，都是建立在心理学和统计学基础之上的一种经验分析。经济学假设人是理性的，但实际上未必是。如果人们都是理性的，那么就不需要广告，也不需要市场营销。就购买决策来说，消费者并不是在比较了全部商品的品牌后再去决定是否购买，很多购买行为要受到非理性因素的影响，这就为市场营销提供了空间。目前，各种涉及传播的营销理论的出现揭示了一个现象，即我国的整体经济结构逐步进入垄断竞争市场或寡头竞争市场。

延伸阅读 5

营销理论的变革及与营销与媒介之间的关系①

　　自从 20 世纪 50 年代美国的杰瑞·麦卡锡创立了 4P 营销理论，奠定了现代营销理论的基础，世界的市场营销理论就得到了丰富的发展，20 世纪 80 年美国的劳特朋在 4P 的基础上，提出 4C 营销理论，美国营销大师唐·舒尔茨在 4C 的基础上提出 4R 理论，并进一步总结提出了整合营销传播理论（Integrated Marketing Communications, IMC）。

　　随着中国企业在 20 世纪 90 年代陆续进入现代营销阶段，以上这些理论陆续传入到中国大陆，而最为普及的，当然是 4P、4C、IMC 三大理论。这三大理论是以时间为先后，对前面理论的升级和丰富，其基础是 4P 理论。

---

　　① 常永胜：《20 世纪市场营销理论的变革与进展》，《南方经济》2000 年第 7 期。

一、4P 营销理论

（1）企业能提供什么样的产品（Product）。它包括能够提供给市场被人们使用和消费并满足人们某种需要的任何东西，如有形产品、服务、人员、组织、观念或它们的组合。

（2）企业销售的价格（Price）。它是指顾客购买产品时的价格，包括折扣、支付期限等。价格或价格决策，关系到企业的利润、成本补偿以及是否有利于产品销售、促销等问题。

（3）企业在什么渠道销售（Place）。所谓销售渠道，是指在商品从生产企业流转到消费者手上的全过程中所经历的各个环节和推动力量之和。

（4）企业对产品的推广促销（Promotion）。促销是公司或机构用以向目标市场通报自己的产品、服务、形象和理念，说服和提醒他们对公司产品和机构本身信任、支持和注意的任何沟通形式。广告、宣传推广、人员推销、销售促进是一个机构促销组合的四大要素。

4P 理论为企业的营销提供了一个基础框架。不过，4P 是站在企业立场上的，而不是客户的立场，这远远不能满足在以客户为导向的市场需要。由此又出现了 4C 理论。

二、4C 营销理论是对 4P 营销理论的升级

（1）要从产品（Product）上升级到关注消费者的需求（Consumer），只有需求得到满足才会产生消费和销售。

（2）要从产品销售价格（Price）升级到消费者的心理接受成本（Cost），只有产品价格接近到消费者的心理价格才会产生消费。

（3）在渠道上要关注提供足够方便的销售地点（Convenience），而不是从企业的角度如何容易分销。

（4）要从企业单向的促销（Promotion）转向与消费者进行沟通（Communication），要把信息足够地传导向消费者。

4C 的理论框架完全站在了消费者的角度来要求企业建立营销模式，说明消费者需要的是产品的功能、低成本、方便购买和顺畅的沟通。

三、4R 营销理论与 IMC 整合营销传播

20 世纪 80 年代后期，为了研究如何将企业产品信息更有效地传达给消费者，美国营销大师唐·舒尔茨又提出和发展了 4R 营销思想和 IMC 整合营销传播理论。4R 分别指代 Relevance（要与消费者建立关联）、Reaction（要提高对市场的快速反应）、Relationship（要与消费者建立一种互动的关系）和 Reward（要保持企业得到市场长期回报的能力）。它认为，随着市场的发展，企业需要从更高层次上以更有效的方式在企业与顾客之间建立起有别于传统的新型的主动性关系。

IMC 整合营销传播是指企业在经营过程中，以由外而内的战略观点为基础，为了与利害关系者进行有效的沟通，以营销传播管理者为主体所展开的传播战略。IMC 的核心思想是，以整合企业内外部所有资源为手段，再造企业的生产行为与市场行为，充分调动一切积极因素以实现企业统一的传播目标。IMC 从广告心理学入手，强调与顾客进行多方面的接触，并通过接触点向消费者传播一致的清晰的企业形象。其关键词是统一。

四、4A 营销理论

4A 营销理论是对 4P 和 4C 营销理论的再一次升华，它的核心精髓是强调对产品的引导和创新（Ahead），强调对产品和品牌的溢价、升值（Appreciation），强调分销和购买方式的合适、恰当（Appropriate），强调与消费者建立激发、共鸣（Arouse）。

（1）它更强调产品的引导性、创新性（Ahead）。它注重产品本身，也注重消费者的需求；但它更强调产品的引导性和创新性，强调以一种强势的产品创新引导消费、引导潮流趋势。

（2）它更强调产品和品牌在消费者心里的溢价性和增值性（Appreciation）。它要求产品价格与成本的平衡、与消费者心理价位的平衡，但它更强调要引导消费者的心理价位调整，提升消费者心理价值观感，提升品牌和产品在消费者心目中的价值形象。

（3）它更强调购买场所的合适性和恰当性（Appropriate）。它要求渠道建设的方便可控，以便消费者购买方便，但并不是越多越好，而是要创新地引领一种时尚而又节约高效的购买方式，从而让消费甘愿

以一种并不过度方便而又能让品牌企业承担得了的渠道模式解决购买方式问题。

（4）它更强调消费的需求激发和共鸣唤起（Arouse）。它要求企业要强势推介产品的功能性和卖点，同时，要与消费者心理形成有效沟通，但仅宣告和沟通只是解决了双方交流的管道，并不能解决最终购买问题，要解决最终购买问题，还必须激发消费需求，与消费者建立心理共鸣，这种共鸣和激发足以把品牌宣传和沟通内容在消费者心里自动产生消费欲望。

五、营销理论的变革与媒介的传播

可以发现，从4P到4C、从4R到IMC再到4A，媒介的传播功能越来越得到重视。在4P理论中，媒介的功能仅是推广促销，其目的在于将产品销售出去，而非在消费者心目中树立该品牌的形象。在4C理论中，促销变成了交流，注意了如何把信息足够地传导向消费者。在4R及IMC理论中，传播已经成为一种战略，要求传播者具有强大的应变能力和灵活的营销策略，它传递的不仅是产品，还是品牌或企业本身。在4A理论中，心理学因素更加明显，传播的力量渗透到了各个环节。传播本身就是营销，营销就是传播。

案例讨论

江南春的成功之路

江南春，分众传媒创始人，董事局主席兼首席执行官。

分众传媒以中国都市人群为核心目标人群，覆盖中国最广泛的高收入群体，以独创的商业模式，媒体传播的分众性、生动性赢得了业界的高度认同。2005年7月，分众传媒成功登陆美国纳斯达克，成为海外上市的中国纯广告传媒第一股，并以1.72亿美元的募资额创造了当时的IPO纪录。2007年12月24日，分众传媒正式被计入纳斯达克100指数，成为第一个被计入纳斯达克100指数的中国广告传媒股。

一、第一桶金

江南春 1991 考入华东师范大学中文系。1992 年任学生会主席不久，上海电影学院属下一家广告公司到学生会招聘兼职、"拉广告"。为还外债，他便前往应聘。第一个客户是汇联商厦，给了 1500 块让他作影视广告策划。第一单的成功，让原本准备只干一个月的江南春打消了回校过惬意生活的念头，把学生会的工作放下，全身心干广告，沿着淮海路"扫"商厦。1993 年，江南春所在的广告公司一年收入 400 万元，其中 150 万元来自江南春的贡献。

江南春随即动了自己创业的念头。1994 年，还是大三学生的江南春和几个合作伙伴成立了永怡广告公司，自任总经理。自称是"苦出身"的江南春特别能折腾，他可以为争取到短短 15 分钟的见面等候七八个小时。大学还没毕业，江南春就已经成为学生中少见的百万富翁了。到 1998 年，永怡已经占据了 95% 以上的上海 IT 领域广告代理市场，营业额达到 6000 万~7000 万元人民币，到了 2001 年，收入达到了 1.5 亿元。

二、真正的创业

然而在广告代理业辛苦打拼七八年的江南春，却痛苦地意识到一点：在广告产业的价值链中，广告代理公司处于最下游，是最脆弱的一环，赚很少的钱，付出最多的劳动。作为其广告客户和好朋友的陈天桥的一席话，更触动了江南春转型的念头：为什么非要一直在广告代理的战术层面上反复纠缠，不跳到产业的战略层面上去做一些事情呢？

迷茫中的江南春，连续几天在上海"汉源书屋"思索，得出了公车理论：与其跳上挤满人的巴士，一番大打出手，好不容易获得狭窄的立足之地，不如寻找无人的巴士扬长而去。他的新目标就是商业楼宇液晶电视联播网。这是一个巨大的空白市场——直击月收入 3000 元以上的"三高"（高收入、高学历、高消费）人群，他们在每天至少 4 次等候电梯的短暂时间中，几乎强制性地观看广告。而成本只有传统电视广告的 1/10。

三、融资

几个月后，江南春成立了分众传媒，开始了"跑马圈楼"。一开始，自言生性谨慎保守的江南春还只想在自有资金基础上滚动式开发，但投资商却已经主动找上门来了。2003 年 5 月，与分众传媒同在一幢大厦，而且就在对门的著名风险投资基金软银的负责人余蔚突然造访，表示愿意提供投资。仅 3 个小时，双方就达成了投资的基本框架。此后，UCI 维众投资、英国 3I 公司等风险投资也闻风而来。

2004 年 11 月 16 日，分众传媒控股有限公司与 UCI 维众投资、美国高盛公司和英国 3I 公司在人民大会堂召开新闻发布会，宣布 UCI、高盛及 3I 共同投资 3000 万美元入股分众传媒。2005 年 7 月 13 日，分众传媒在美国纳斯达克成功上市，股票代码：FMCN。

四、兼并

分众传媒以 3.25 亿美元的价格合并中国第二大楼宇视频媒体运营商——聚众传媒 Target Media，后者放弃了上市（也是得到了美国一家凯雷风险投资公司的资金）。分众传媒从而以 75 个城市的覆盖度进一步巩固了在该领域的领导地位。自合并之日至 2006 年 3 月底，公司在分众、聚众两个品牌原有的楼宇联播平台基础上将该网络划分为更加精细分众化的几个频道，包括中国商务楼宇联播网、中国领袖人士联播网、中国商旅人士联播网、中国时尚人士联播网等。请问：

（1）江南春在发展过程中一共使用了哪些资本运作方式？

（2）你认为江南春成功之路上的关键点是什么？

（3）江南春的经历对你有什么启示？

内容提要

● 进入 21 世纪以来，媒介的形态发生了翻天覆地的变化。变化有以下两个方向：一是由内容提供者转向平台提供者，媒介真正成为传播的"工具"，而不再是传播的主体。二是功能多样化，媒介已经逐步由单一媒介转变为多媒介整合形态，再进一步转变为用户终端平台形态。

● 用户生产模式的核心理念是：用户生产、用户分享。信息传播的主动掌握在普通大众手里。

● "使用与满足论"、"沉默螺旋"和"知沟理论",都遵循同样的思想:受众不再是一块无个性的铁板,受众的力量不能再被忽视。实际上受众不再是受众,而是起决定作用的需求方。

● 媒介接触点 (Touch Point) 方法从时间、地点、功能和情景4个维度展开考察,在合适的时间、合适的地点、向合适的观众传递合适的信息,提高媒介的到达率和展露频次。

关键概念

5W 模式　媒介接触点　用户生产模式　市场细分

复习题

1. 如何理解 5W 模式?

2. 为什么会出现用户生产模式?

3. 哪些因素影响消费者对媒介的选择?

4. 在传播学理论中,受众的地位是如何变化的,原因何在?

第四章 媒介企业的生产、成本与规模

第一节 媒介企业的生产

从本质上看，媒介企业的生产与其他企业的生产没有什么不同。唯一不同的是媒介企业同时生产两种有关联的商品——信息服务和广告服务，而且两种商品的销售是有关联的：一种商品销售量的增加会带来另外一种商品销售量的增加。为方便起见，我们将这两种商品统称为信息商品。

一、生产函数

从企业角度看，企业生产的目的是满足社会需求，获取高额利润；从经济学理论上讲，企业生产的目的是以最优资源配置满足社会需求。它涉及生产要素的合理选择和投入的最佳组合问题。

企业投入生产要素主要是获取自己想要的产出，反过来，生产要素投入的组合与数量和它所能生产出来的产量之间存在着一定的依存关系。生产要素的投入与产出之间的关系，在经济学中用生产函数表示。准确地讲，生产函数是表示在生产技术状况给定的条件下，生产要素的投入量与产品的最大产量之间的函数关系。一般记为：

$$Q = f(X_1, X_2, X_3, \cdots, X_m)$$

式中，X_1，X_2，X_3，…，X_m 代表各种生产要素投入品，如土地、资本、劳动力等的数量，Q 代表任一既定数量的投入品在给定技术条件下所生产出来的产品（如报纸的份数）的最大产量。所以生产函数的投入和产出都是指物质数量，而不是用货币表现的价值。任何生产函数都是以一定时期内的生产技术水平为前提的。因此，一旦出现生产技术进步，以致一定量投入会产出更多产量，或者既定产量所需投入比以前减少，则表现成新的生产函数。

按照各要素在生产函数中作用的不同，可以将企业分为以下 4 类：劳动密集型企业、资本密集型企业、技术密集型企业和知识（智慧）密集型企业。

劳动密集型企业是指生产需要大量的劳动力，也就是说产品成本中活劳动量消耗占比重较大的企业，又称为劳动集约型企业。在劳动密集型企业里平均每个工人的劳动装备不高，比如纺织企业、一般性服务企业、食品企业、日用百货等轻工企业等。

资本密集型企业是指单位劳动力占有资金量（或资产量、资本）较多的企业，又称资金密集型企业。在大多数情况下，它同时又是技术密集型企业。电力、冶金、航天、石化、电子等企业，都属于资金密集型企业。电力企业是最典型的资金（资产、资本）密集型企业。

技术密集型企业是指技术装备程度比较高，所需劳动力或手工操作的人数比较少，产品成本中技术含量消耗占比重较大的企业。技术密集型企业与资本密集型企业有重叠之处。

知识（智慧）密集型企业是指在生产过程中，对技术和智力要素依赖大大超过对其他生产要素依赖的企业。有的学者认为知识（智慧）密集型产业等同于技术密集型企业，本书认为它们有所区别，技术侧重于生产的工艺或手段，而知识（智慧）侧重于人的智力在生产中的作用（如"创意"）。

对于媒介企业来讲，随着技术的进步，媒介企业生产的自动化程度越来越高，在其生产函数中，普通劳动力的作用越来越不明显，资本（包括机器、设备）的作用越来越大，同时，人力资本（高级人才）的贡献也明显增加。以电视媒介为例，生产一个收视率高的节目主要靠什么？不是靠普通劳动力，也不仅靠高科技的演播设备，主要靠主创人员的智慧来实现。因此媒介企业经历了早期的劳动密集、资本密集，目前已经走向技术密集并主要向知识密集甚至是人才密集方向发展。

为了论述简便，我们在下面假定投入的要素只有两种，即资本（K）、劳动（L），生产出一种产品（Q）。这样，生产函数可记为：Q = f(K，L)。其中，劳动包括普通劳动力，也包括高级人才。

另外，生产函数可以分为短期生产函数和长期生产函数。短期内生产者来不及调整所有生产要素，所有生产要素中至少有一种生产要素投入是固定不变的，而长期内可以调整所有要素。长期和短期是相对的，一个大型传媒企业调整规模可能需要几年时间，而一个小型杂志社调整规模只需要几周时间。

生产函数一般可分为以下两种类型：一是固定比例生产函数，二是可变比例生产函数。如果生产一种产品使用的 L 与 K 的组合比例是固定不变的，就是说，要扩大（或缩减）产量，L 与 K 必须同比例增加（或减少）。例如，生产 100 单位的产量需要投入 2 单位的资本和 3 单位劳动；若将产出水平扩大为原来的 2 倍，即生产 200 单位，则资本和劳动投入也需要扩大为原来的 2 倍，即投入 4 单位的资本和 6 单位的劳动。但大多数产品的生产，劳动与资本的组合比例是可以变动的。这样的生产函数称为可变比例的生产函数。媒介企业的生产函数属于可变比例生产函数。

二、短期生产

短期内假设资本数量不变，于是可以从生产函数中隐去资本数量，生产函数可以简写为 Q = f(L)。现在介绍如下概念：

总产量（Total Product，TP_L），是指与一定的可变要素劳动的投入量相对应的最大产量。

平均产量（Average Product，AP_L），是指平均每一单位可变要素劳动的投入量所生产的产量。平均产量等于总产量/劳动量。

边际产量（Marginal Product，MP_L），是指变动一单位可变要素劳动的投入量所引起的产量的变动量。边际产量等于总产量对可变要素劳动的导数。总产量、平均产量、边际产量的变化见表4-1。

表4-1 生产要素投入与产出之间的关系

劳动量（L）	劳动的总产量（TP_L）	劳动的平均产量（AP_L）	劳动的边际产量（MP_L）
0	0	0	0
1	8	8	8
2	20	10	12
3	36	12	16
4	48	12	12
5	55	11	7
6	60	10	5
7	60	60/7	0
8	56	7	-4

根据表4-1做出相关曲线，如图4-1所示。图形的横轴表示劳动力，纵轴表示产量。

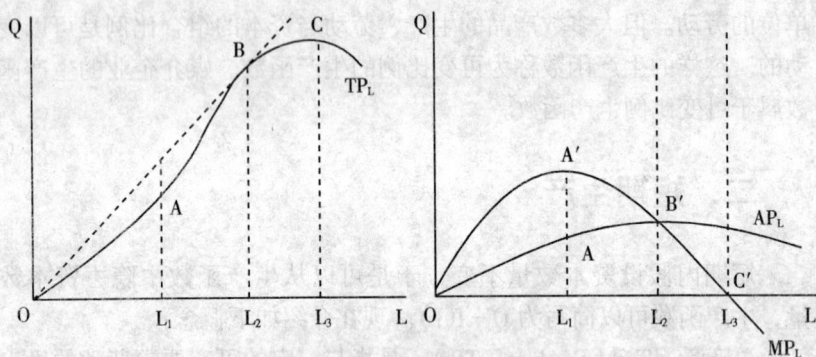

图4-1 短期产量曲线关系

从表4-1和图4-1可以发现：这三条曲线的形态特征都是先呈上升趋势，达到最高值后，再呈下降趋势。

（1）总产量上任一点的切线的斜率就是边际产量的值。在 A 点以前，边际产量增加，相应地，在 A′点以前，总产量增加得越来越快（斜率增加）；在 A 点以后，边际产量减少，相应地，在 A′点以后，总产量增加得越来越慢（斜率递减）。在 C 点以前，边际产量为正；在 C′点以前，总产量上升；在 C 点以后，边际产量为负；在 C′点以后，总产量下降。在 C 点，边际产量为 0，相应地，在 C′点，总产量最大。

（2）当边际产量大于平均产量（$MP_L > AP_l$），平均产量不断递增（图 4-1 的 AP_L 曲线的 OB′段），表现为 MP_L 曲线位于 AP_L 曲线的上方，MP_L 曲线将 AP_L 曲线拉上。

（3）当边际产量小于平均产量（$MP_L < AP_l$），平均产量不断递减。表现为 MP_L 曲线位于 AP_L 曲线的下方，MP_L 曲线将 AP_L 曲线拉下。

（4）边际产量和平均产量相交于平均产量的最大值。在平均产量从递增转为递减的转折点 B，即平均产量处于不增不减的点，这意味着边际产量等于平均产量（$MP_L = AP_l$），这在图形上表现为这两条曲线相交于 AP_L 曲线的最高点 B。它也表示投入劳动为 L_2 时，平均产量达到极大值。

我们注意到边际产量即使一开始增加，但最终递减甚至为负数，这是因为在生产中存在边际报酬递减规律。（对于一种可变要素的生产函数来说，边际产量表现出先上升后下降的特征，这一特征称为边际报酬递减规律，也叫做边际产量递减规律或边际收益递减规律。）

当两种（或两种以上）生产要素相结合生产一种产品时，若一种要素可以变动，其余要素固定不变，则随着可变要素增加，可变要素的边际产量函数一般经历以下两个阶段：

首先，可变要素边际产量递增阶段。如表 4-1，当投入劳动从 0 逐渐增为 3 个单位时，投入劳动每增加 1 个单位引起的总产量的增加量从 0 递增为 16。在这个阶段，边际产量出现递增现象的原因可以归结为固定要素的配合比例不恰当，即固定要素相对太多，而可变要素相对不足，因而增加使用可变要素可以使每增加一个单位的可变要素所增加的产量递增。

其次，可变要素边际产量递减阶段。当可变要素的数目逐渐增加到了足以使固定要素得到最有效的利用后，继续增加可变要素，意味着在固定要素与可变要素的组合比例中，可变要素相对过多，而固定要素则相对不足，这时继续增加可变要素（固定要素不变）虽然可以使总产量增加，但总产量的增加量则出现递减现象。当可变要素增加到一定限度以后，再继续增加可变要素，反而会引起总产量减少，即边际产量成为负数。

根据图 4-1，可以把生产分为三个阶段。在第一个阶段，从原点到 L_2，总产量始终在增加，平均产量达到最大值，边际产量为正，生产者会推进到第二阶段，即从 L_2 到 L_3。在第三阶段即 L_3 以后，总产量开始下降。平均产量下降，边际产量为负。有理性的生产者会缩小生产规模，退回到第二阶段。第二阶段是企业的最佳选择。

三、长期生产

从长期来看，生产要素都是可变的，如生产一定数量的一种产品，需要使用资本（K）与劳动（L）两种生产要素，生产函数恢复到 $Q = f(K, L)$。在长期，存在规模报酬和规模经济的不同情况。

规模报酬（Returns to Scale）是指在其他条件不变的情况下，企业内部各种生产要素按相同比例变化时所带来的产量变化。企业的规模报酬变化可以分规模报酬递增、规模报酬不变和规模报酬递减三种情况。产量增加的比例大于生产要素增加的比例，这种情形叫做规模报酬递增。

例如，一家报社雇佣 10 个工人及一台印刷机，一天生产出 1 万份报纸。如果资本和劳动都增加 1 倍，20 个工人和两台印刷机，生产出 3 万份报纸，这叫规模报酬递增；如果资本和劳动都增加 1 倍，20 个工人和两台印刷机，生产出 1.5 万份报纸，这叫规模报酬递减；如果资本和劳动都增加 1 倍，20 个工人和两台印刷机，生产出 2 万份报纸，这叫规模报酬不变。

与之相关的概念还有规模经济和规模不经济。规模经济

（Economic of Scale）是指产量增加的倍数大于成本增加的比例，规模不经济是指产量增加的倍数小于成本增加的比例。规模经济不要求要素比例不变，而规模报酬则要求要素比例不变。规模报酬递增是规模经济的一种特例，同理，规模报酬递减也是规模不经济的一种特例。

第二节　媒介成本

媒介的生产需要消耗成本。那么，什么是成本？一般而言，企业对所购买的生产要素的货币支出就是成本，如雇佣工人的工资、购买设备所花的费用等。在介绍媒介企业的各种成本之前，我们首先要明白一个概念——机会成本，机会成本是指生产者所放弃的使用相同的生产要素在其他生产用途中所得到的最高收入。

假如你手头有些钱并有以下 3 种选择：①办一份报纸，每年利润 10 万元；②办一份杂志，每年利润 8 万元；③办一个网站，每年利润 12 万元。那么，你办一份报纸报纸的机会成本很明显是 12 万元。实践证明，当机会成本超过你当前选择所产生的利润时，你当前的选择就是错误的。

显成本即厂商的会计成本，即实际为购买生产要素所支付的货币。

隐成本即厂商所拥有的用于生产过程的那些生产要素的总价格，如厂商自己支付给自己的工资、使用自己的房屋应留出的房租等。

此外，还有利润的概念，经济学所说的利润是指经济利润，即总收益和总成本的差额，也叫超额利润。会计利润是指总收益减去显成本；正常利润是指厂商对自有生产要素的报酬，实际上就是隐成本。

当总收益等于显成本加隐成本时，经济利润为 0。此时，会计利润等于正常利润，但两者都大于 0。

假设你办一份报纸，每年收益 10 万元，雇佣工人、原料、房租、水电、设备等成本为 6 万元，再假设如果你不去自己经营报纸而被别人雇佣，每年可以得到工资 4 万元。此时，你的会计利润为总收益 10

万元减去显成本 6 万元等于 4 万元，但经济利润为 0，因为还要扣除掉自己应该支付给自己的工资。4 万元也是你的正常利润。在一个竞争完全的市场里，原则上任何人都只能获得正常利润，超额利润为 0。

同样，假设你办一份报纸，每年收益 10 万元，雇佣工人、原料、房租、水电、设备等成本为 6 万元，再假设如果你不去自己经营报纸而被别人雇佣，每年可以得到工资 5 万元。此时，你的会计利润为总收益 10 万元减去显成本 6 万元等于 4 万元，但经济利润为多少呢？为-1 万元，也就是说，你不应该自己办报纸，而应该给别人打工。

一、短期成本

在短期内生产者来不及调整所有生产要素，而在长期内可以调整所有要素。在短期内不变的要素通常是厂房、机器、设备等资本要素，可以变化的要素通常是劳动力。

总不变成本 (Total Fixed Cost, TFC) 是指在短期内厂商为生产一定量的产品对不变生产要素所支付的总成本，如建筑物等资本设备。它的函数是一条直线。TFC 中有些可以回收，有些不可以回收，不可以回收的称为沉没成本 (Sunk Cost)。

总可变成本 (Total Variable Cost, TVC) 是指在短期内厂商为生产一定量的产品对可变生产要素所支付的总成本，如图 4-2 所示。TVC 是产量的函数，在开始时为 0，然后逐渐增加。

总成本 (Total Cost, TC) 是指在短期内厂商为生产一定量的产品对全部生产要素所支付的总成本，它等于总不变成本和总可变成本之和，相当于从 TFC 与纵轴相交的点出发的一条向右上倾斜的曲线。

TC(Q) = TFC + TVC(Q)

TFC、TVC 和 TC 曲线如图 4-2 所示。

平均不变成本 (Average Fixed Cost, AFC) 是指在短期内厂商平均生产一单位的产品所消耗的不变成本，随着产量的增加，平均不变成本越来越小。

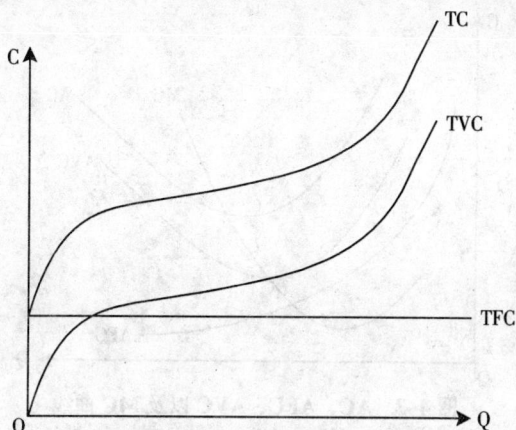

图 4-2 TFC、TVC 和 TC 曲线

AFC = TFC/Q

平均可变成本（Average Variable Cost，AVC）是指在短期内厂商平均生产一单位的产品所消耗的可变成本。

AVC = TVC/Q。

平均总成本（Average Cost，AC）是指在短期内厂商平均生产一单位的产品所消耗的全部成本，平均总成本等于平均不变成本与平均可变成本之和。

AC(Q) = TC/Q = AFC(Q) + AVC(Q)

边际成本（Marginal Cost，MC）是指厂商在短期内增加一单位产量时所增加的总成本。

$$MC = \Delta TC(Q)/\Delta Q = \lim_{\Delta Q \to 0} \frac{\Delta TC}{\Delta Q} = \frac{dTC}{dQ}$$

它是相应总产量 TC 曲线和 TVC 曲线的斜率。

AC、AVC、AFC 以及 MC 的曲线如图 4-3 所示。

以上各曲线特征如下：

（1）TC 的斜率与 TVC 的斜率始终相同。

（2）AVC、AC 和 MC 都呈 U 形的特征：先递减，达到最小点以后再增加。

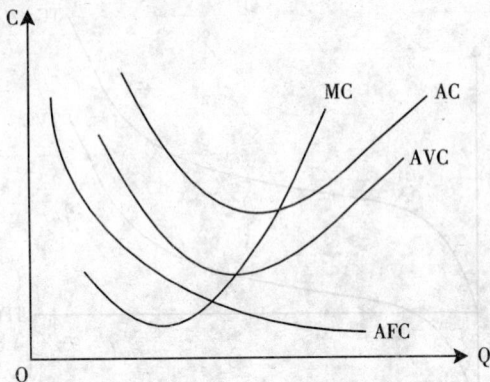

图4-3 AC、AFC、AVC 以及 MC 曲线

（3）随着产量的增加，TFC 不变，TVC 增加，TC 增加。

（4）AFC 始终在下降，AVC 和 AC 都是先下降后上升。MC 也是先下降后上升，并通过 TVC 和 AC 的最低点。

案例讨论

沉淀成本与看电影的经济学

假若你认为《三枪拍案惊奇》的电影票价值 50 元，而其实际票价是 40 元。有一天你花费 40 元买了一张电影票去看《三枪拍案惊奇》，进电影院验票时，你才发现电影票丢了。请问：

（1）在这种情形下，你应该再买一张电影票继续看电影呢，还是马上回家？

（2）当你买完电影票后，你看这场电影的沉淀成本是多少？

（3）看电影的机会成本是多少？

我们在做出决策时必须考虑机会成本，可以忽略与之相应的沉淀成本。"覆水难收"，或者"过去的事就让它过去吧！"，这些谚语含有理性决策的深刻道理。当成本已经发生而且无法收回时，这种成本叫做沉淀成本。由于它是无法收回的，因而不会影响经济主体（如企业、个人）的决策。

二、长期成本

在这里我们要明白，在长期内由于所有要素都是可变的，不再有可变成本与不变成本之分。因此，在长期内只有长期总成本（LTC）、长期平均成本（LAC）和长期边际成本（LMC）三种。长期总成本曲线从零出发，形状类似于短期成本曲线。

$$LAC = LTC/Q$$

$$LMC = \Delta LTC(Q)/\Delta Q = \lim_{\Delta Q \to 0} \frac{\Delta LTC}{\Delta Q} = \frac{dLTC}{dQ}$$

假如有无数条短期平均成本曲线，那么长期平均成本曲线就是这些短期成本曲线的包络线，与每一条短期平均成本曲线相切，代表在每一产量水平上的可以实现的最小的平均成本，呈现先下降后上升的 U 形。

长期平均成本曲线为什么呈 U 形？这是由生产的规模经济和规模不经济来决定的。

什么是规模经济？在生产刚刚开始扩张的阶段，厂商扩大生产规模使得经济效益得到提高，叫规模经济，又叫内在经济，即产量增加的倍数大于成本增加的比例，此时长期平均成本曲线下降。什么是规模不经济？当生产扩大到一定规模以后，继续扩大规模会使经济效益下降，叫规模不经济，又叫内在不经济，即产量增加的倍数小于成本增加的比例，此时长期平均成本曲线上升。在长期平均成本曲线的最低点，就是企业的最佳生产点，也是企业的最佳规模。

当存在规模经济时，LAC = TC/Q，当 TC 增加 K 倍，但 Q 增加的倍数大于 K 倍时，LAC 下降。当存在规模不经济时，LAC = TC/Q，当 TC 增加 K 倍，但 Q 增加的倍数小于 K 倍时，LAC 上升。

长期平均成本曲线的位置由外在经济和外在不经济来决定。企业外在经济是由于厂商的生产活动所依赖的外界环境得到改善而产生的。

相反，如果厂商的生产活动所依赖的外界环境恶化了，则是企业的外在不经济。外在经济的具体表现是：行业规模扩大，给个别厂商带来产量与收益的增加。外在经济的标准例子是果园旁边的蜜蜂养殖场。蜜蜂在果园里四处飞舞采集花蜜，不仅使养殖者得到收益，而且也为果树传播了花粉，从而提高了果园的产量。

如果存在外在经济，则长期平均成本曲线向下移动；如果存在外在不经济，则长期平均成本曲线向上移动。长期边际成本也是先下降后上升，并穿过长期平均成本曲线的最低点，如图4-4所示。

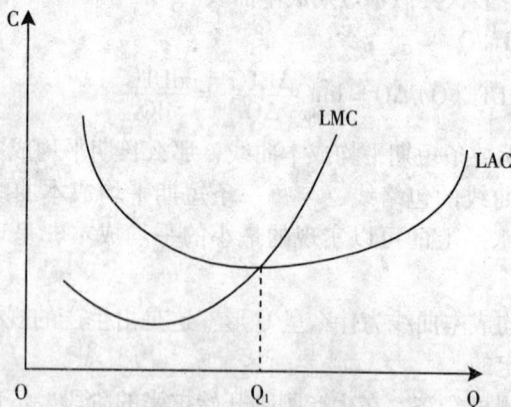

图4-4　长期平均成本与长期边际成本

在图4-4的Q_1之前，存在规模经济；在Q_1之后，存在规模不经济。

思考　如果国家对媒介企业实行减税政策，那么这属于外在经济还是外在不经济？媒介企业的长期平均成本会如何移动？

第三节　媒介企业产生的原因

为什么会存在媒介企业？为什么媒介企业要雇佣采编人员为自己写稿而不是直接从市场上购买稿件？当然，我们也可以问：为什么会存在企业？

在 1937 年以前，人们总是把企业当做一个黑箱，一边是投入，另一边是产出，从来没有人去问企业为什么会存在的问题。当然这个问题的背后是另外几个稍大一些的问题：为什么不是所有的交易都通过市场来进行，为什么不是一个超级庞大的企业来代替所有的市场？企业的规模是怎样确定的？

我们将诺贝尔经济学奖获得者罗纳德·科斯在 1937 年发表的经典论文《企业的性质》作为研究这个问题的开端。科斯认为市场交易虽然是可行的，但不可避免地存在交易成本，而企业的出现可以降低交易成本，它是对市场的一种替代。

交易成本（Transaction Cost）可以看成是围绕交易契约所产生的成本，也指买卖过程中所花费的全部时间和货币成本，包括传播信息、广告、与市场有关的运输以及谈判、协商、签约、合约执行的监督等活动所费的成本。交易成本可以分为以下两类：一类是签约时交易双方面临的偶然因素所带来的损失；另一类是签订契约、监督和执行契约所花费的成本。第一类成本也许可以通过保险来适当避免，但第二类成本是无法避免的。

一笔交易，既可以通过市场的组织形式来进行，也可以通过企业的组织形式来进行。企业之所以存在，或者说，企业和市场之所以并存，是因为有的交易在企业内部进行成本更小，而有的交易在市场进行成本更小。

市场有哪些优势呢？

假设你办报纸，那么你需要印刷机，你是选择购买一台印刷机呢还是去生产一台印刷机？答案很简单，你肯定去买而不是去生产。生产印刷机的企业是专业化的公司，它知道很多人需要印刷机，因此印刷机产量很大，也存在规模经济，从而印刷机的成本相对较低，假如你自己生产，那么为生产一台印刷机所需要的设备在生产完毕后怎么办？毕竟你要办报纸而不是办印刷机厂。

另外，生产印刷机的企业不止一家，你可以货比三家，挑选到性能价格比最为合适的机器，这是市场竞争带来的好处。

企业拥有哪些优势呢？

同样，假设你办报纸，那么你需要印刷报纸，你是选择购买一台印刷机呢还是将报纸交给专业印刷公司去做？如果你的报纸印刷量并不多也不频繁，而且也没有特别的要求，如果专业印刷公司能够保证按时提供你所需要的产品，那么应该交给它去做；但如果你的印刷量很大且很频繁，比如说办一份日报，那你就应该自己购买一台或更多的印刷机以保证按时印出你所需要的报纸并保证它们的质量。

再者，即使你与专业印刷公司签订了契约，可是它在约定的时间没有交货，怎么办？惩罚是没有用的，消费者在当天看不到报纸对于企业来讲是个灾难，但如果拥有自己的印刷厂就可以避免这一点，你可以派人或亲自监督，保证按时提供高质量的产品。这一点可以理解为企业的出现能降低求诸市场而带来的交易成本。

还是同样，假设你办报纸，那么你需要印刷报纸，但你要印刷的报纸的颜色非常特殊，与所有其他报纸的颜色都不一样。这时候，你很难在市场上找到专业的印刷公司来接受这项业务，原因很简单，你需要专门的设备，印刷企业不会为你这一家企业而去购买专门的设备，这叫做专用性资产，你只能自己购买。市场与企业的比较如表4-2所示。

表4-2　市场与企业的比较

市场的优势	规模经济、低成本	竞争导致的效率	稳定的供给
企业的优势	保证质量	拥有专用性资产	降低交易成本

我们设想两个极端：一个极端是社会中所有交易都被一个企业所囊括，没有市场，实际上整个经济是一个大企业（类似于以前的计划经济），所有产品的生产都属于一个企业，如果这个经济体比较大，那么这种方式注定要失败，也已经证明是失败的。因为你根本不可能了解到所有产品需求的细节从而安排生产，另外，过于庞大的企业会导致呈几何数量级增长的协调成本。另一个极端是所有生产都由一个个单个的人来完成，此时，市场呈现细碎化，而每一笔交易都要签订、监督、执行契约，这会导致交易成本太高而令人不能接受。

根据科斯的理论，企业是对市场的替代，企业的规模应该扩张到这样一点，即在这一点上再多增加一次内部交易所花费的成本与通过市场进行交易的成本相等。

当然科斯的理论只是一种抽象，没有人仅根据这一理论就可以确定企业的规模。企业的规模大小可以通过详细的探讨在理论上确定，但仍然是理论而已，现实中确定企业规模的途径只有经验法和试错法。

第四节 决定媒介企业边界的因素

媒介企业存在并决定媒介企业边界的因素有以下三种：一是规模经济；二是范围经济；三是交易成本。

一、规模经济

前文已述及规模经济的概念。当存在规模经济时，长期平均成本曲线下降。当存在规模不经济时，长期平均成本曲线上升。长期平均成本的最低点是媒介企业的有效规模点。导致规模经济产生的因素如下：

1. 专业化与分工

从亚当·斯密开始，人们认识到分工可以提高效率。规模越大的企业，其分工也必然更细。大的媒介企业可以采取更细的分工，从而促使效率提高。

2. 学习效应

学习效应指的是越是经常地执行一项任务，每次所需的时间就越少。你写第一份稿件时可能需要几天时间，但当你成为名记者之后就能做到倚马可待了。一般来说，随着产量的增加，企业员工技能的熟练程度增加，工作效率得到提高。

第一个因素和第二个因素可以称为产品专门经济。

3. 密集存货经济

我们还是以报社为例，假设有两家报业企业，一家只有1份报纸，另一家拥有5家子报。假设这些报纸都是日报，日常发行量都是10万份，但高峰需求是15万份。对于小企业来讲，就必须保证有每天15万份的新闻纸存货以应付不测之需。但对于大企业来讲，就没有必要保证每天75万份的新闻纸存货，因为不是所有报纸都会在同时达到高峰需求，也许每天60万份就足够了。显然，就新闻纸成本来说，大企业的平均成本要更低。企业规模越大，存货的不确定性或风险就会更低。这叫密集存货经济。

4. 规模的扩大更能发挥要素的潜力

有些要素必须在产量较大时才能完全发挥潜力。例如，一台印刷机可以每天印1000份报纸，但同样可以每天印1万份报纸，甚至更多。劳动力也是这样，同样规模的采编人员，可以满足发行量20万份的单一报刊的稿件需求，也可以满足发行量100万份的单一报刊的稿件需求。

5. 适当的规模可以降低管理成本

一个10人的企业也许需要1个管理人员，但是一个1000人的企业并不需要100个管理人员，也许20个就够了。一个10人的企业也许需要1个会计，一个1000人的企业也许只要10个会计。同样，还有保安、后勤、运输等部门都具备挖掘规模经济的潜力。

要区分规模经济与规模报酬。经济学认为：当所有要素都增加相同比例时，如果产量增加的比例大于各种要素增加的比例，叫规模报酬递增；如果产量增加的比例小于各种要素增加的比例规模报酬递减，如果产量增加的比例等于各种要素增加的比例，叫规模报酬不变。显然，规模报酬要求"所有要素都增加相同比例"，而规模经济无此要求，规模经济包括规模报酬递增，后者是前者的一种特例。

如何衡量规模经济？

我们设 $S = AC/MC$，如果 $S > 1$，就存在规模经济；如果 $S < 1$，就存在规模不经济。

回到图 4-3，可以发现，当平均成本大于边际成本时，平均成本下降；当平均成本小于边际成本时，平均成本上升。这是为什么？我们可以想象一个班同学的平均身高为 1.7 米，此时，一位新同学加入，身高为 1.8 米。请问，该班的平均身高增加还是减少？当然会增加。同理，如果新加入的同学身高为 1.6 米，那么该班的平均身高就会减少。也就是说，当边际量大于平均量时，平均量增加；当边际量小于平均量时，平均量减少。

当 $S > 1$，也就是 MC 小于 AC 的阶段，此时平均成本下降，存在规模经济；当 $S < 1$，也就是 MC 大于 AC 的阶段，此时平均成本增加，存在规模不经济。

也可以用成本—产量弹性（EC）来度量规模经济。

$$EC = (\Delta C/C)/(\Delta Q/Q)$$

EC 表示产量变化 1%时，成本变化的百分比。当 EC 大于 1，则存在规模不经济；当 EC 小于 1，则存在规模经济；当 EC 等于 1，则产量与成本同比变化。

EC 与 S 实际上是互为倒数的：

$$EC = (\Delta C/C)/(\Delta Q/Q) = (\Delta C/\Delta Q)/(C/Q) = MC/AC$$

二、范围经济

范围经济（Economies of Scope）指由厂商的范围而非规模带来的经济效益，即当同时生产两种产品的费用低于分别生产每种产品时，所存在的状况就被称为范围经济。只要把两种或更多的产品合并在一起生产比分开来生产的成本低，就会存在范围经济。对于媒介企业来讲，既出版报纸、期刊，也拥有广播、电视、电影、互联网并不是没有理论基础的。一般来讲，同时经营一家网站和一个电视台的成本要低于分别由两个所有者单独经营一家网站和一个电视台的成本。以收音机为例，显而易见，一个企业生产两个型号的收音机要比只生产一个型号的收音机要经济得多。

同样，当同时生产两种产品的费用高于分别生产每种产品时，所存在的状况就被称为范围不经济。

1. 导致范围经济产生的因素

（1）要素的多种使用价值。生产要素具有多种功能，可用来生产不同产品，因此提高生产要素的利用率，就可以节约成本。采编人员所编写的新闻稿件既可以用于报纸，也可以用于电视、网络媒体；印刷机既可以印刷报纸，也可以印刷杂志。

（2）发挥管理者的效率。企业扩大经营范围，增加其他产品和业务时，可以充分利用既有的管理知识、管理经验和人员来对其进行管理，而不必增加新的投入。

（3）节约交易费用。节约交易费用在纵向一体化中表现得尤为明显，沿纵向一体化的产业链进行多产品生产时，企业可以减少在购买原材料和零部件、中间产品以及出售自己成品中的交易活动，即以内部市场代替外部市场，从而节约交易费用，如钢铁企业可以兼并铁矿石生产企业。

2. 衡量范围经济的方法

我们用 C（X）、C（Y）表示单独生产 X、Y 所消耗的成本，用 C（X+Y）表示联合生产 X、Y 所消耗的成本。

当 $(C(X)+C(Y))/C(X+Y)>1$ 时，存在范围经济；

当 $(C(X)+C(Y))/C(X+Y)<1$ 时，存在范围不经济；

当 $(C(X)+C(Y))/C(X+Y)=1$ 时，联合生产与单独生产没有区别。

三、交易成本

如果交易不存在成本，则一切都可以通过市场来进行。但实际上是存在交易成本的。交易成本的概念前文有述，简言之就是双方交易过程中高于价格的成本。其范围包括搜寻费用、谈判费用、签订契约的费用、监督的费用、违约惩罚的费用等。

1. 交易成本或者交易费用的理论假设

承认交易成本或者交易费用的存在，实际上就等于修改了经济学关于"人是理性的"假设。交易成本或者交易费用理论认为：人只具有有限理性（人不是万能的）；另外，人们有机会主义的缺陷（人不是完美的）。

有限理性（Bounded Rationality）的概念由阿罗提出，他认为有限理性就是人的行为"是有意识地理性的，但这种理性又是有限的"。一是环境是复杂的，在非个人交换形式中，人们面临的是一个复杂的、不确定的世界，而且交易越多，不确定性就越大，信息也就越不完全。二是人对环境的计算能力和认识能力是有限的，人不可能无所不知。人们不能预测自然界，也不能预测所有其他人的行为。这从一个方面说明契约是不可能完美无缺的。

机会主义相对容易理解，人们总有欺骗和不诚实的动机。

2. 交易费用或者交易成本的范围

（1）搜寻成本（Searching Cost）。搜寻成本包括寻找最适交易对象的成本及寻找交易标的物的成本。媒介企业寻找采编人员、经营人员要付出搜寻成本。

（2）协议成本（Negotiating Cost）。协议成本指交易双方为消除歧见所进行谈判与协商的成本。媒介企业找到合适的采编人员、经营人员并不是结束，还要根据他们各自的素质确定报酬，以保证他们不会随时"跳槽"。

（3）订约成本（Contracting Cost）。订约成本是指当双方达成共识而进行交易时，签订契约所投入的成本。

（4）监督成本（Monitoring Cost）。监督成本指契约签订后，监督对方是否依约执行的成本。所有的契约仅是停留在纸面上的，监督的成本不可能节省，对于大企业来讲，这部分成本可能会相当高。

（5）违约成本（Enforcement Cost）。违约成本指契约签订后，当交易一方违约时，另一方为激励契约之履行所花费的成本。违背约定，固然可以加以惩罚，但违背契约给守约方带来的直接损失实际上是无法避免的。一个直接的例子是交通事故，假如一辆汽车违反交通规则而撞到了行人，导致后者残疾，即使有足够的赔偿也不能挽回残疾的事实。

3. 影响交易成本的主要因素

（1）资产专用性。所投资的资产本身不具市场流通性，或者契约一旦终止，投资于资产上的成本难以回收或转换使用用途，称为资产专用性，这一点类似于沉没成本。资产专用性包括地点专用性、有形资产用途的专用性、人力资本专用性、特定投资、品牌资本等。其中有形资产用途的专用性是指某一有形资产仅应用于某企业，转为其他用途时该资产价值会降低；人力资本专用性是指为了专门的用途而形成的人力资本，改变用途后价值也会降低。

（2）不确定性的大小。它指交易过程中各种风险的发生概率。由于人类有限理性的限制使得面对未来的情况时，人们无法完全事先预测。加上交易过程买卖双方常发生交易信息不对称的情况，交易双方因此通过契约来保障自身的利益。

（3）交易频率。交易的频率越高，相对的管理成本与议价成本也升高。交易频率的升高使得企业将该交易的经济活动内部化以节省企业的交易成本。这样可以解释报社通常拥有自己的印刷厂，而杂志社却常常将印刷业务外包。

对交易而言，有以下四种处理（或治理）方式：

市场治理。即通过市场完成交易。

多方治理。通过签订合同和引入中介，如建筑合同中的技术机构、会计审核、法律顾问等，保证交易的完成。

双方治理。没有第三方介入，交易双方通过签订长期交易合同来维持交易。

统一治理。交易活动在一个统一的组织中按照事先的计划安排来完成，即一体化或内部化，就是在企业内部进行交易。

对于标准化交易（不存在资产专用性），无论交易频率高或低，都应该采取市场治理方式。

对于具备资产高度专用性的交易，无论是偶然的还是经常的交易，都应该采取统一治理结构的方式，因为资产的专用性越强，其用途就越单一，资产的沉没可能性也就越大，交易过程中任何的波动和不确定性都将给交易双方带来重大损失，故只能采取一体化的治理方式。

当交易涉及中等程度的资产专用性时，偶然的交易可能会以多方治理的方式出现，因为此时，资产一旦投入后就很难再改变用途。所以以某种相对固定的合同来对双方的行为进行约束，甚至某些中介力量的介入可以确保合同的执行；如果是经常的交易，双方彼此了解，就不需要第三方介入，可以以双方治理的合同方式进行，即采用长期契约方式。

不同的交易活动，要求建立与之相适应的不同的治理结构。用复杂的治理结构来解决简单交易所导致的成本会太高，而用简单的治理结构来解决复杂的交易问题则会使事情一团糟。理想的治理结构应该是能够节约交易成本的结构。资产专用性、交易频率与治理方式的选择如表4-3所示。

表4-3　资产专用性、交易频率与治理方式的选择

		交易频率	治理方式
资产专用性	高度专用	较高	统一治理
	中等专用	较高	双方治理
	无	较高	市场治理
	高度专用	较低	统一治理
	中等专用	较低	多方治理
	无	较低	市场治理

第五节　如何确定媒介最优边界

媒介企业的规模不是越大越好，媒介企业的规模要受到以下若干因素的制约：一是边际收益递减规律；二是规模经济和范围经济的制约因素；三是媒介企业的组织成本。

一、边际收益递减规律

边际收益递减规律又称边际报酬递减规律、边际产量递减规律，是指在其他条件不变的情况下，如果一种投入要素连续地等量增加，增加到一定产值后，所提供的产品的增量就会下降，即可变要素的边际产量会递减。对于一种可变要素的生产函数来说，边际产量表现出先上升后下降的规律。

边际产量（Marginal Product，MP）与边际成本的变动是反向的。

当只有一种要素投入，比如说劳动 L。边际产量是总产量（Total Product，TP）对劳动的导数，即

$$MP = dTP/dL = dQ/dL$$

同样，当只有一种要素投入时间，比如说劳动，那么全部成本就是总工资，而总工资等于工资率（w）与劳动量（L）的乘积，即

w·L。工资率 w 是不变的。

MC = dTC/dQ = d(w·L)/dQ = w·dL/dQ = w/(dQ/dL) = w/MP

可以看出，边际成本与边际产量互为倒数。

边际产量或边际收益先增加然后递减，与之对应的是边际成本先递减后递增。在图 4-5 中，Q_2 之前边际产量或边际收益增加，边际成本递减；在 Q_2 之后边际产量或边际收益减少，边际成本递增。

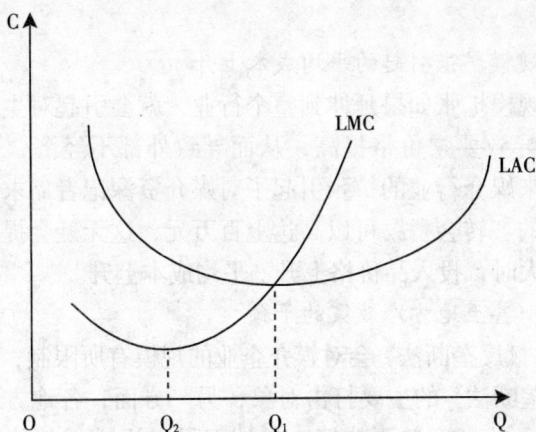

图 4-5 边际成本与平均成本

在 Q_2 之前的边际成本递减阶段，平均成本也是下降的，这时存在规模经济，企业应该继续扩张。

在 Q_2 之后到 Q_1 阶段，虽然边际成本递增，或者说边际产量或边际收益减少，但平均成本仍然下降，这时仍然存在规模经济，企业应该继续扩张。

在 Q_1 之后，无论边际成本还是平均成本都在增加，这时存在规模不经济，说明企业的规模太大了，应该适当缩小。

二、规模经济与范围经济的制约因素

1. 预期收益率

企业的扩张是建立在可以盈利的基础之上的，如果扩张后不能盈利，企业就不会扩大规模。众所周知。农村的有线电视是一个巨大的空白市场，但是有线电视运营商并不急于占领就是考虑到能否盈利的问题。

2. 行业规模扩张引起的平均成本上升

企业的规模扩张如果延伸到整个行业，就会引起对生产要素的需求的增加，导致要素价格提高，从而导致外部不经济，平均成本上升。近几年来媒介行业的扩张引起了对媒介资深记者需求的增加，一位"名记"的"转会费"可以高达上百万元，这无疑会提高企业的成本。规模扩大时，投入品价格上升，平均成本上升。

3. 国家（甚至地方）政策的干预

一方面，《反垄断法》会对媒介企业的规模有所限制，其中，横向兼并是《反垄断法》的主要打击对象；另一方面，各地方政府对外省媒介企业进入的态度并不热情，各地卫星电视进入其他省份的难度很大。

三、媒介企业的组织成本

媒介企业运行的成本随着企业规模的扩大将会以几何级数增加。这些成本包括排他性成本、沟通—协调成本、服从成本和委托—代理成本等。这些成本的增加会限制企业的规模。

1. 排他性成本

企业要保证自己的物资资产和人力资源为自己所用，就要支付排他性成本，包括支付保卫人员、保安设施、财产登记、人事档案保管等的费用。

2. 沟通—协调成本

随着企业规模的扩大以及专业化程度的提高，"隧道视野"问题将会非常突出，每个人只了解自己的工作，对别人的工作毫不理解、毫不关心。这将大大增加沟通—协调成本。

3. 服从成本

一方面，媒介企业要证明主管部门的命令在这里得到了落实；另一方面，企业的员工要证明自己按照企业的目标行事。

4. 委托—代理成本

全体股东是委托人，董事会是代理人；董事会是委托人，总经理是代理人；总经理是委托人，部门经理是代理人；部门经理是委托人，业务主管是代理人……以此类推，要保证委托人与代理人的利益一致，就必须制定制度、建立监督机制等。企业管理层次越多，这些成本就越高。

第六节　媒介盈利模式：立体化整合

一、媒介广告经营

对于当前我国的媒介企业而言，广告收入无疑是主要盈利模式，但是，近几年来广告收入的增加深度呈现减缓趋势。以 2006 年为例，报纸、期刊、电视台、电台四大传统媒介广告收入比 2005 年增加约 18%，与 2005 年相比，增加速度明显下降。广告收入增速下降使得媒介企业重新思考究竟如何来完善自身的盈利模式。

目前，对于媒介企业来讲，短期内以广告收入为主要盈利模式的现实无法改变，那么，媒介企业究竟应该如何发掘广告资源，或者说，媒介企业广告收入究竟受何种因素影响？

我们认为，媒介的广告收入至少受以下因素影响：

第一，受众规模与结构。受众规模与结构直接决定了广告的到达率，中央电视台的广告价格极高，就是因为其庞大的受众规模。

第二，媒介品牌形象。品牌实际上就是一个符号，广大消费者事实上并不了解广告中产品的真实价值，他们所了解的仅是品牌，这是人性中有限理性导致的必然结果。

第三，广告资源整合。在市场竞争愈加激烈的今天，广告新资源的开发至关重要。直投广告、夹报广告、电子广告等形式的发展为广告新资源的开发提供了思路。

第四，客户关系管理。良好的客户关系是企业发展的关键，不能仅把客户当做"提款机"。客户是上帝，客户永远不是手段，而是目的。

第五，广告价格体系管理。如建立广告招标竞购等价格机制。

第六，线下营销。

延伸阅读

根据中国互联网络信息中心（CNNIC）2008年1月17日发布的《第21次中国互联网络发展状况统计报告》显示，中国网民的网络应用使用率排序依次是：网络音乐、即时通信、网络影视、网络新闻、搜索引擎、网络游戏和电子邮件。

根据这项统计，也许我们可以找到一种模式，将数字媒体功能进行有序开发。腾讯公司也许能给我们以启发。2007年3月21日，腾讯科技有限公司发布了自己的2006年度财务报告，全年收入28亿元，比2005年增长近100%，而全年的盈利为10.6亿元，同比增长幅度为120%。腾讯公司由于最先抢占中国网络即时通信市场，QQ注册用户数量已经有几个亿，活跃用户在5000万左右。腾讯由此形成了最核心的竞争力——客户端渠道的垄断性地位。腾讯每横向拓展一个新的盈利阵地，无须太多创新，无须太多市场推广投入，仅是凭借客户渠道的垄断性优势这一点，就能获得令竞争对手羡慕不已的丰厚回报。目前，腾讯的主要盈利分为三部分，即互联网增值服务、移动及通信增值服务和网络广告，其中无线增值服务部分一直占公司营收总额的55%~75%。目前，腾讯依托渠道优势，在门户网站业务上也风光无限，尤其是其"迷你首页"由于和QQ捆绑弹出，获得了极高的点击率。由于在新媒体各盈利点的巨大成功，腾讯甚至有可能赢得新媒体的垄断地位。[①]

二、广告经营与社群营销

传统的广告经营策略不大关心市场的细分，而社群营销恰恰相反。社群营销追求精确与互动，以提高到达率和投放效果。后者是基于人文统计细分指标，按照年龄、性别、收入、职业、文化程度、民族甚至价值观等将消费者分为不同的群体而展开各自有区别的营销策略。例如，针对90后的年轻人，就要以新奇、时尚、与众不同的广告理念来吸引他们。

例如，在Web 2.0社区化的趋势下，用户会自觉或不自觉地把自己的生活行为、价值观呈现在社区化的Web 2.0服务中，为真正意义上的社群营销提供了可能。通过提供强参与性、高互动性和主题特定性的网络服务，构建具有心理和行为归属感的互联网平台，Web 2.0的发展形成了具有心理和行为联系的虚拟社群。个人喜好与用户体验也开始真正成为市场细分的标准。市场细分的标准不再仅限于传统意义上市场营销专家们一再强调的收入或地域等人口统计特征，Web 2.0的网络社群的盛行正在使地域概念变得越来越模糊；同时，也为媒介企业投放广告提供了准则。

社群营销的优势在于隐藏了广大消费者所厌恶的商业行为，"社群"的行为包括广告都被看成是自然的；同时，社群营销增加了媒介与消费者的互动与交流，某些产品或媒介本身可以通过"口碑"或"鼠碑"迅速传播。

---

① 资料来源：www.100xwcb.com，2010年5月14日。

传统媒介在社群营销方面并非全无优势，因为它们积累了很多消费者数据库，可以对社群营销进行细分。这些数据库非常重要，应该得到充分利用。

三、"二八法则"与"长尾模式"

所谓"二八法则"，就是少数业务贡献了主要的收入，而多数业务贡献了次要的收入。早在1897年，意大利经济学家帕累托在对19世纪英国人的财富和收益模式进行研究时，提出了举世闻名的"二八法则"。虽然帕累托研究的初衷是应用于商业方面，但后来"二八法则"却对人们的日常生活起到了重要指导作用。"二八法则"是指：一个较小的诱因、投入或努力，往往可以产生较大的结果、产出或酬劳。几乎在所有的事物上，导致事物的最终结果的都可能只归因于少数的原因、投入和努力，而其他大部分的工作只能带来微小的影响。

对媒介企业来说，2005年广告收入占其总收入的70%左右，这是对"二八法则"的充分体现。但是，新兴媒体的利益模式已经逐步从"二八法则"转向"长尾模式"。

"长尾模式"理论是网络时代兴起的一种新理论，由美国人克里斯·安德森提出。长尾模式认为，由于成本和效率的因素，过去人们只能关注重要的人或重要的事，如果用正态分布曲线来描绘这些人或事，人们只能关注曲线的"头部"，而将处于曲线"尾部"、需要更多的精力和成本才能关注到的大多数人或事忽略。例如，在销售产品时，厂商关注的是少数几个所谓"VIP"客户，无暇顾及数量上占大多数的普通消费者。而在网络时代，由于关注的成本大大降低，人们有可能以很低的成本关注正态分布曲线的尾部，关注尾部产生的总体效益甚至会超过头部。例如，有些规模很大的网络广告商如Google，它没有一个大客户，收入完全来自被其他广告商忽略的中小企业。安德森认为，网络时代是关注"长尾"、发挥"长尾"效益的时代。

"长尾模式"是市场需求细碎化和多样化的必然结果。

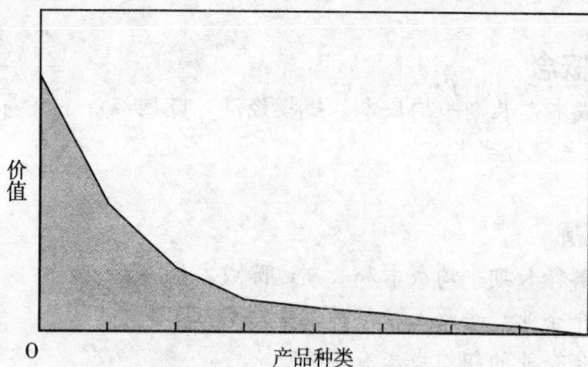

图4-6 "长尾"盈利模式

在图4-6中，20%的主流产品提供了50%以上的利润，但不可忽视的其他产品也提供了另外50%的利润。"长尾"的多样性应该引起重视。

内容提要

● 媒介成本有多种：机会成本、显成本、隐成本。在短期内有以下七种成本：总不变成本、总可变成本、总成本、平均可变成本、平均不变成本、平均成本以及边际成本。在长期内有以下三种成本：长期总成本、长期平均成本和长期边际成本。

● 长期平均成本曲线呈先下降后上升的U形。长期平均成本曲线的形状是由生产的规模经济和规模不经济来决定的，长期平均成本曲线的位置由外在经济和外在不经济决定。

● 导致媒介企业存在并决定媒介企业边界的因素有以下三个：一是规模经济；二是范围经济；三是交易成本。

● 企业的规模不是越大越好，媒介企业的规模要受到以下若干因素的制约：一是边际收益递减规律；二是规模经济和范围经济的制约因素；三是企业的组织成本。

● 媒介企业在经营中，一要重新设计广告经营策略；二要注重社群营销；三要关注"长尾模式"。

关键概念

机会成本　长期平均成本　规模经济　范围经济　交易成本　社群营销　"长尾模式"

复习题

1. 请解释长期平均成本和长期边际成本的关系。

2. 媒介企业广告收入受何种因素影响?

3. 媒介企业的组织成本有哪些?

4. 广州日报报业集团放弃了委托邮局发行的方式而采取了自办发行的方式,这是为什么?

5. 为什么很多媒介企业逐步走向后勤社会化?

6. 哪些因素限制了媒介企业的规模?

第五章　完全竞争媒介市场

在现实中根本不存在完全竞争的媒介市场，事实上，任何产品的完全竞争市场都是不存在的。但是，完全竞争的媒介市场可以给我们提供一个完美的标准，以便我国媒介产业进行改革。因此，针对完全竞争的媒介市场的讨论是有意义的。

第一节　市场与市场结构

案例讨论 1

老张的玉米地产量为 1 吨，收获后他去市场销售，发现市场价格是 1000 元一吨。老张的玉米会卖多少钱？假如老张的玉米地获得了丰收，产量变为了 2 吨，他的收入是多少？假如那一年风调雨顺，所有农民的玉米都丰收了，玉米的价格会不会变化？

案例讨论 2

2008 年 12 月 13 日，烟台市区有线电视数字化整体转换工作已正式启动。据了解，烟台市这次"整体转换"主要在市区，包括市内五区的城区，基本收视费由每月 13 元提高到 26 元，可收看 68 套基本电视节目。在整体转换区域内不愿意收看数字电视节目的老用户，可免费收看 6 套模拟电视节目（中央 1 套、山东卫视、烟台 1 套~4 套）。

2010 年上半年烟台将全部完成市区 40 万用户的整转工作。

13 日上午，烟台市区有线电视数字化整体转换在芝罘区进德小区正式启动。基本收视维护费第一终端（主机）为每月 26 元，市民可以收看 68 套基本电视节目。据了解，"整体转换"是通过增加电视节目和提供信息服务，提高基本收视维护费，免费为用户安装普及型数字电视机顶盒，分区分片由模拟向数字化转换，实现用户家庭有线电视数字化，最终推动城市整体实现有线电视数字化。①

　　根据这两个案例，我们可以发现两种市场的不同。在案例讨论 1 中老张对价格没有任何影响力，无论他个人的玉米产量增加或减少。而在案例讨论 2 中有线电视运营企业却可以影响价格。其原因在于市场结构的不同，前者是竞争性市场，后者是垄断市场。

　　简单地说，市场就是买卖商品（或劳务）的交易场所和地点。随着时代的发展，市场被赋予了新的意义，如它既可以指有形的市场，如农贸市场，也可以指无形的、用现代化通信工具进行交易的接洽点，如股票市场或外汇市场。股票和外汇可以进行网上交易，无须具体的地点。

　　除了日常所见的人们购买商品或劳务的市场外，还存在一个通常被忽略的市场——要素市场。劳动、资本和土地是基本的生产要素，这些要素在要素市场内交易。大学生毕业后要去招聘会寻找工作，招聘会就是一个劳动市场；企业去银行借钱，银行就是一个资本市场；各级政府常常对土地进行拍卖，这告诉我们存在一个土地市场。

　　根据市场结构的不同，商品市场可以分为多种类型。农产品市场与有线电视市场分别代表了完全竞争市场和垄断市场两种类型。完全竞争也可以简称为竞争市场，其本质特征是指在该市场中的厂商非常多；垄断市场则相反，该市场中的厂商只有一个。我们还可以找到别的类型：如报纸市场和石油市场。报纸市场中的厂商数量也很多，这一点类似于完全竞争，但一旦你忠诚于某种报纸，即使它提高价格，

---

① 资料来源：www.zhifu.gov.cn，2008 年 12 月 16 日。

你还是会购买它。这是一个关键的不同。这样的市场我们称为垄断竞争市场。中国的石油市场类似于垄断市场，但不完全是垄断，因为至少存在三家石油公司，它们一起垄断了中国的石油市场。同样，各大门户网站也几乎垄断了门户网站市场，我们称这样的市场为寡头市场。表5-1显示了四种市场的区别。

表5-1 市场类型的划分与特征

市场类型	厂商数目	能否控制价格	产品是否有差别	实例
完全竞争	很多	不能	没有	农产品
垄断竞争	较多	有一定能力	有一些	报纸、洗发水等轻工产品
寡头	很少	相当程度	有或无	石油、门户网站
垄断	唯一	很大程度	无替代品	有线电视、铁路以及水、电等

第二节 完全竞争媒介市场的特征与收益

一、完全竞争媒介市场的特征

完全竞争市场，又叫做纯粹竞争市场，是指竞争充分而不受任何阻碍和干扰的一种市场结构。在这种市场类型中，市场完全由"看不见的手"进行调节，政府对市场不作任何干预，承担的只是"守夜人"的角色。

媒介经济学认为：完全竞争是一个竞争的过程，而不仅是结果。在这个市场中，所有的媒体生产、传播同样的产品，没有进入和退出的壁垒，媒介、消费者和广告主都拥有完全信息，都是价格的接受者。为什么媒介无法控制价格？那是因为有很多媒介在生产、传播同样的产品，产品没有差别，如果提高价格，销售量就会下降。

完全竞争媒介市场有如下特点：

1. 市场上有很多的消费者和生产者

市场上有众多的消费者和生产者，任何一个消费者或生产者都不能影响市场价格。由于存在着大量的生产者和消费者，与整个市场的生产量或销售量和购买量相比较，任何一个生产者和生产量或销售量和任何一个消费者的购买量所占的比例都很小，因而，他们都无能力影响市场的销售量和价格。所以，任何生产者和消费者的单独市场行为都不会引起市场销售量和价格的变化，即任何购买者面对的供给弹性无穷大，而销售者面临的需求弹性也无穷大。这也就是说，他们都只能是市场既定价格的接受者，而不是市场价格的决定者。

2. 企业生产的产品具有同质性，不存在差别

每个企业生产的产品不仅同质，而且在性能、外形、包装等方面也是无差别的，以至于任何一个企业都无法通过生产具有特别之处的产品来影响价格而形成垄断，从而享受垄断利益。对于消费者来说，无论购买哪一家企业的产品，都是同质无差别产品，以至于众多消费者无法根据产品的差别而形成偏好，从而使生产这些产品的生产者形成一定的垄断地位而影响市场价格。也就是说，只要生产同质产品，各种商品互相之间就具有完全的替代性，这很容易接近完全竞争市场，如农产品市场。

3. 市场的门槛很低，进入或退出这个市场不需要太多的成本

任何一个生产者，既可以自由进入某个市场，也可以自由退出某个市场，即进入市场或退出市场完全由生产者自己自由决定，不受任何社会法令和其他社会力量的限制。因此，当某个行业市场上有净利润时，就会吸引许多新的生产者进入这个行业市场，从而引起利润的下降，以至于利润逐渐消失。而当行业市场出现亏损时，许多生产者又会退出这个市场，从而又会引起行业市场利润的产生和增长。这样，在一个较长的时期内，生产者只能获得正常的利润，而不能获得超额利润。

4. 完全信息

市场的所有参与者都拥有包括价格制定、内容质量、传播渠道在

内的全部市场信息。市场信息畅通准确，市场参与者充分了解各种情况。消费者、企业和资源拥有者，都对有关经济和技术方面的信息有充分和完整的了解。例如，生产者不仅完全了解生产要素价格、自己产品的成本、交易及收入情况，也完全了解其他生产者产品的有关情况；消费者完全了解各种产品的市场价格及其交易的所有情况；劳动者完全了解劳动力资源的作用、价格及其在各种可能的用途中给他们带来的收益。因此，市场完全按照大家都了解的市场价格进行交易活动，不存在相互欺诈。

5. 各种资源都能够充分地流动

任何一种资源都能够自由地进入或退出某一市场，能够随时从一种用途转移到另一种用途中去，不受任何阻挠和限制，即各种资源都能够在各种行业间和各个企业间充分自由地流动。商品能够自由地由市场价格低的地方流向市场价格高的地方，劳动力自由地从收入低的行业或企业流向收入高的行业或企业。

由于上述特点，市场上每一个单独的消费者或生产者的行为对整个市场的价格和交易量的影响都是微不足道的。所有的消费者和生产者都是价格的接受者，这是一个没有个性的市场。

思考　在完全竞争市场，每一个单独的消费者或生产者都是价格的接受者，但实际上完全竞争市场的价格却是变化的，那么市场价格究竟由谁决定呢？

二、企业在完全竞争媒介市场中的收益

无论是哪一种市场，该市场中的企业都要追求利润最大化，而利润等于总收益减去总成本。

我们假设，在一个城市中，有无数家报纸（当然这是不可能的），而这些报纸之间不存在任何差别。假如 A 是其中一家报纸的老板，A 如何定价？你可能会先调查其他报纸的价格。这就是完全竞争导致的结果：所有的买者和卖者都是价格的接受者，无论是报纸价格还是广告价格。

我们再进一步假设，所有的报纸定价为 1 元/份（为方便起见，我们假设这个价格已经包含了广告带来的收入）。那么，企业卖出 1 万份报纸，则其总收益（Total Revenue，TR）为 1 万元，即

总收益 TR = P × Q

注意，每份报纸的价格不是厂商所能决定的，厂商只是接受当前的价格。即使厂商的报纸销售量变得更多或更少，价格仍然是 1 元（当然如果市场价格变成了 0.5 元，厂商也只能接受）。因此，总收益与产量同比例变动。

很明显卖一份报纸能得到 1 元，或者说，每一份报纸的平均收益是 1 元。

平均收益（Average Revenue，AR）是指平均每一单位产品销售所得到的收入。

平均收益 = 总收益/销售量 = P × Q/Q = P

即平均收益等于价格。实际上，对于任何企业来讲，平均收益都等于价格。

A 每多出售一份报纸会得到 1 元，即其边际收益是 1 元。

边际收益（Marginal Revenue，MR）是指每多出售一单位产品所引起的总收益变动量。边际收益等于总收益对销售量的导数。对于竞争性市场而言，由于价格是给定的，边际收益总等于价格。

$$MR = \lim_{\Delta Q \to 0} \frac{\Delta TR}{\Delta Q} = \frac{dTR}{dQ}$$

根据表 5-2 可以得到如下结论：

第一，竞争性企业的总收益与产量同比例变动。

表 5-2 竞争性企业的总收益、平均收益和边际收益

价格（元）	销售量（万份）	总收益（万元）	平均收益（元）	边际收益（元）
1	0	0	—	—
1	1	1	1	1
1	2	2	1	1
1	3	3	1	1
1	4	4	1	1

第二，竞争性企业的平均收益等于价格。

第三，竞争性企业的边际收益也等于价格。

要注意表 5-2 中平均收益和边际收益的计算。例如，当销售量为 2 万时，平均收益等于总收益（2 万）除以销售量（2 万）等于 1，而边际收益等于总收益的变化量（2 万-1 万）除以销售量的变化量 1 万（2 万-1 万）等于 1。

思考　假如你的报纸销售量扩大了 1 倍，平均收益和边际收益是否会变化？假如在案例讨论 1 中所有卖玉米的人都扩大销售量，老张的平均收益和边际收益是否会变化？

需求实际上反映的是消费者的购买数量和商品的价格之间的关系。而对于完全竞争媒介企业来讲，它只能接受当前的价格，也就是说，它所面临的需求曲线是一条水平线。

整个市场的需求与供给曲线如图 5-1 所示，单个企业的需求曲线如图 5-2 所示。

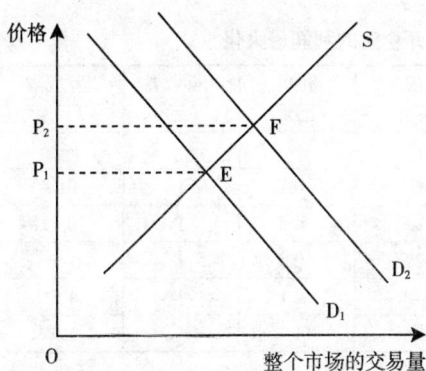

图 5-1　整个市场的需求与供给曲线　　图 5-2　单个企业面临的需求曲线

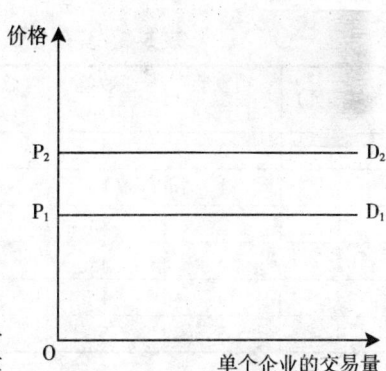

在图 5-1 中，当需求曲线为 D_1 时，需求曲线与供给曲线相交于 E 点，决定价格为 P_1，同时，在图 5-2 中，单个企业只能接受 P_1 这样的价格；当需求曲线为 D_2 时，需求曲线与供给曲线相交于 F 点，决

定价格为 P₂，同时，在图 5-2 中，单个企业还是只能接受 P₂ 这样的价格。

这告诉我们，完全竞争媒介企业所面临的价格不是不会改变的，价格由整个市场的需求与供给决定，但无论怎样变化，单个媒介企业只有接受。单个媒介企业面临的需求曲线是一条水平线，水平的需求曲线表示其需求价格弹性为无穷大，即厂商不能提高价格，否则需求量就会下降到零。

同时，由于价格给定，因此完全竞争媒介企业的平均收益、边际收益都等于价格，因此完全竞争媒介企业的平均收益曲线、边际收益曲线与需求曲线重合。

三、完全竞争媒介企业的利润最大化

根据利润和成本来推导利润最大化的条件。我们利用表 5-3 的例子来分析竞争性企业利润最大化的产量和价格（实际上价格对它来讲总是给定的）。

表 5-3　竞争性媒介企业的利润最大化

价格（元）	销售量（万份）	总收益（万元）	总成本（万元）	利润（万元）	边际收益（元）	边际成本（元）
1	0	0	1	-1	——	——
1	1	1	1.1	-0.1	1	0.1
1	2	2	1.5	0.5	1	0.4
1	3	3	2.5	0.5	1	1
1	4	4	4.1	-0.1	1	1.6
1	5	5	6	-1	1	1.9

要注意表 5-3 中边际成本的计算。例如，当销售量为 3 万时，总成本的变化量为 2.5-1.5=1 万，销售量变化量为 1 万，因此边际成本为 1。

该企业如果要实现利润最大化，应该生产（销售）多少份报纸？

如果你销售 0 份，总收益是 0，利润是-1 万元（想一想，这是为

什么）；如果生产 1 万份，总收益是 1 万元，利润是-0.1 万元；如果
生产 2 万份，总收益是 2 万元，利润是 0.5 万元。显然，该企业应该
生产（销售）3 万份报纸，此时最大利润为 0.5 万元。

当销售量为 3 万份时，边际收益等于边际成本。

边际收益是指每多出售一单位产品所得到的收入；边际成本是指
每多生产一单位产品所消耗的成本。当边际成本小于边际收益时，增
加生产并销售产品是合理的；当边际成本大于边际收益时，增加生产
并销售产品是不合理的。因此，只有当边际收益等于边际成本时，利
润才是最大的，如图 5-3 所示。

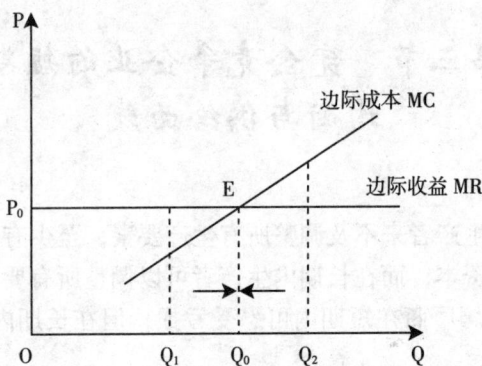

图 5-3 边际收益等于边际成本

在图 5-3 中，Q 代表产量，P 代表价格。边际收益为 MR，在竞
争性市场中边际收益保持不变。MC 为边际成本。

在图 5-3 中，E 点就是厂商实现最大利润的点，Q_0 就是实现最大
利润时的产量。当产量小于 Q_0 时，如 Q_1，厂商的边际收益大于边际
成本，也就是说，厂商增加一单位产量所带来的总收益的增加量大于
付出的总成本的增加量，增加产量是有利可图的，可以使利润增加，
因此，厂商会增加产量。随着产量的增加，边际收益不变，而边际成
本不断增加，厂商利润增加量越来越少，最后等于零，即 MR = MC。
当产量大于 Q_0 时，如 Q_2，厂商的边际收益小于边际成本，也就是说，

厂商增加一单位产量所带来的总收益的增加量小于付出的总成本的增加量，减少产量是有利可图的，可以使利润增加，因此，厂商会减少产量。随着产量的减少，边际收益不变，而边际成本不断减少，厂商利润的负增加量越来越少，最后等于零，即 MR = MC。

实际上，任何企业的利润最大化都要满足边际收益等于边际成本的条件即 MR = MC。

思考 根据表 5-3，你能发现该企业的固定成本吗？仔细观察，并给出每一个产量下的可变成本。

第三节 完全竞争企业的短期
均衡与供给曲线

在短期内生产者来不及调整所有生产要素，至少有一种要素是保持不变的，如资本；而在长期内生产者可以调整所有要素，所有的要素都是可变的。厂商在短期内可忍受亏损，但在长期内就不会忍受，它会选择退出。

一、短期均衡

我们要明白在竞争性市场的假设下，边际收益 MR 等于平均收益 AR 等于价格 P。均衡条件是边际收益等于短期边际成本（Short-run Marginal Cost，SMC），即

MR = SMC

如图 5-4 所示，边际收益 MR 与短期边际成本 SMC 相交于 E 点，决定均衡价格为 P_0，均衡产量为 Q_0。但仅根据图 5-4 并不能判断企业是否愿意提供产量 Q_0，或者说仅根据图 5-4 并不能判断企业是否盈利，企业是否愿意提供产量要考察企业的成本曲线。

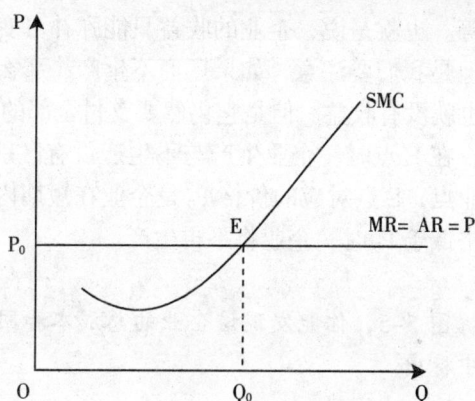

图 5-4 完全竞争企业的短期均衡

企业的短期平均成本（SAC）曲线是 U 形的，先下降后上升。

企业的平均可变成本（AVC）曲线也是 U 形的，先下降后上升。但 AVC 总位于 SAC 的下面，两者的距离越来越小（思考一下，为什么）。

企业在短期内所能忍受的最低价格是多少？是 SAC 曲线的最低点么？不是，应该是 AVC 曲线的最低点 E，如图 5-5 所示。

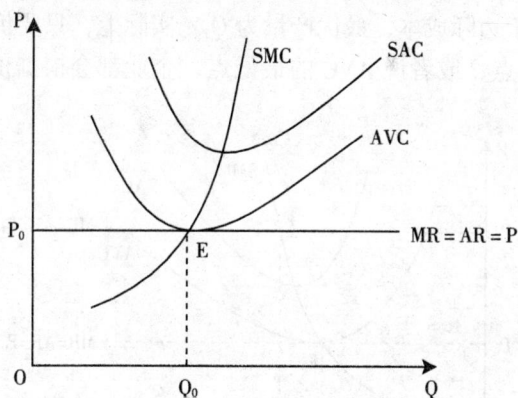

图 5-5 竞争性企业的短期均衡

在 E 点时，边际收益等于边际成本，平均收益等于平均可变成本。总收益是 OP_0EQ_0 围成的面积，总可变成本也是由 OP_0EQ_0 围成的面积，二者相等。也就是说，企业的收益只能弥补可变成本，无法弥补不变成本。但是我们要注意，如果厂商不生产，那么它不用支付可变成本，当然也就没有收益。但是它仍然要支付全部的不变成本。

也就是说，在 E 点时，企业生产与不生产没有区别。E 点可称为企业的停止营业点，E 点对应的价格 P_0 是企业在短期内所能忍受的最低价格。当价格低于 P_0 时，企业将不再生产。

思考 根据图 5-5，你能发现该企业的总成本和固定成本吗？仔细观察，在图中标出。

二、短期供给曲线

我们再来分析一下媒介企业的短期供给曲线。

供给曲线反映价格与企业供给量之间的关系，当价格变化时，企业都应该选择一个最优的产量。

观察图 5-6，当价格为 P_0 时，企业的均衡点在 E 点，边际收益等于边际成本，最优产量为 Q_0。当价格为 P_1 时，企业的均衡点在 F 点，边际收益等于边际成本，最优产量为 Q_1。实际上，只要价格高于 SMC 与 AVC 的交点，或者说 AVC 的最低点，企业都会根据价格（边际收

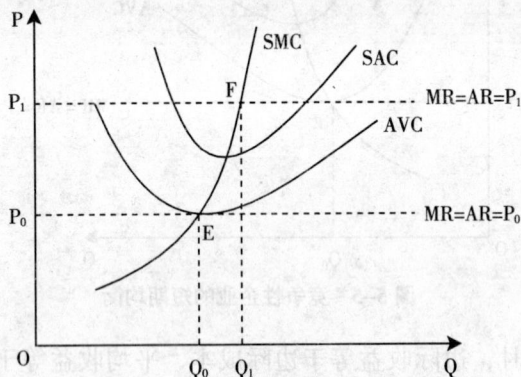

图 5-6 竞争性企业的短期供给曲线

益）与 SMC 的交点确定一个最优产量。这意味着 P 与厂商的最优产量之间存在着一一对应的关系，而 SMC 就是对这种关系的反映。因此 SMC 曲线上高于 AVC 最低点的部分就是竞争性企业的短期供给曲线。

最后我们得到竞争性媒介企业提供产品的条件：总收益要大于等于总可变成本，即

$$P \times Q \geqslant TVC$$

该式同时除以 Q，则得到：

$$P \geqslant AVC$$

案例讨论 3

杂志的经营

假如你经营一家小型杂志社，每月房租是 2000 元，各种税费是 400 元。由于你还在上学，因此你雇佣了一位同学为你服务，每天你要支付给他 20 元。房租、税费已经事先支付。简便起见，原料、水电等其他费用忽略不计，也不考虑你经营该杂志的机会成本。请问：

（1）你每天的固定成本是多少？

（2）你每天的可变成本是多少？

（3）每天最少要收入多少钱，你才会将杂志社经营下去？

（4）每天最少要收入多少钱，你才会有盈利？

第四节　完全竞争企业的长期决策

我们回到上一节杂志的案例。简单计算可以发现：

杂志每月的固定成本是 2400 元，每天的固定成本是 80 元。每月的可变成本是 600 元，每天的可变成本是 20 元。

每天你至少收入 20 元，才能弥补 20 元的可变成本，当然无法弥

补 80 元的固定成本。如果能够保证每天超过 20 元的收入，你至少要经营一个月。因为如果你停止经营，房租、税费就无法得到任何补偿。至少 20 元的收入不会让你盈利，但可以让你在短期内经营下去。

但是，如果过了一个月，该杂志的经营没有任何改善，你还会经营下去吗？

不会，你应该把杂志社关闭，退出这个行业。

如果考察企业的长期均衡，那么可以确定的是企业仍然要实现利润最大化，条件是边际收益等于长期边际成本（Long-run Marginal Cost，LMC），即 MR = LMC，如图 5-7 所示。

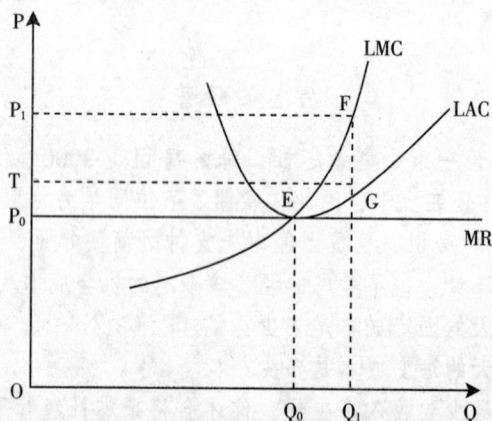

图 5-7　竞争性企业的长期均衡与长期供给曲线

在图 5-7 中，LMC 代表长期边际成本，LAC 代表长期平均成本。当价格为 P_1 时，利润为 TP_1FG 围成的面积，但是，只要有利润，基于完全竞争的假设——进入没有任何壁垒，就会有很多媒介企业进入媒介行业提供更多的媒介产品，这会使价格下降，一直下降到 P_0，此时总收益是 OP_0EQ_0，总成本也是 OP_0EQ_0，超额利润为 0。

我们可以很容易地得到这样的结论——完全竞争企业长期内退出一个行业的条件如下：

总收益小于总成本，即 TR < TC。用数量 Q 去除这个公式的两边，

公式变为：TR/Q < TC/Q。由于 TR/Q 是平均收益，它等于价格，而 TC/Q 是平均成本。因此企业长期内退出一个行业的条件可以表示为：P < AC。

也就是说，如果商品的价格低于生产的平均总成本，企业就应该退出。

同样，如果一个企业家在考虑是否进入一个行业，那么进入该行业的条件就是：P > AC。

综上所述，长期内竞争性市场的企业进入或退出一个行业的条件就是价格是否高于长期平均成本（LAC）的最低点。

实际上，由于竞争的存在，一旦价格高于长期平均成本（LAC）的最低点，就会存在超额利润，就会有大量企业进入，从而导致供给增加，在需求不变的情况下，必然会导致价格下降，超额利润消失；一旦价格低于长期平均成本（LAC）的最低点，就会出现亏损，就会有大量企业退出，从而导致供给增加，在需求不变的情况下，必然会导致价格上升。竞争的最终结果是价格等于长期平均成本（LAC）的最低点，超额利润为 0。

观察图 5-7，当价格为 P_0 时，企业的均衡点在 E 点，边际收益等于边际成本，最优产量为 Q_0。当价格为 P_1 时，企业的均衡点在 F 点，边际收益等于边际成本，最优产量为 Q_1。实际上，只要价格高于 LMC 与 LAC 的交点，或者说 LAC 的最低点，企业都会根据 MR 与 LMC 的交点确定一个最优产量。这意味着 P 与厂商的最优产量之间存在着一一对应的关系，而 LMC 就是对这种关系的反映。因此 LMC 曲线上高于 LAC 最低点的部分就是竞争性企业的长期供给曲线，即图 5-7 中 LMC 高于 E 的曲线。

因此，在长期内，完全竞争企业的长期供给曲线必然为 LMC 高于 LAC 最低点的部分。

案例讨论 4

竞争性市场中企业竞争的最后结果是利润为 0，为什么它们还在经营？

假如你经营一家小型杂志社，每月房租是2000元，各种税费是400元。由于你还在上学，因此你雇佣了一位同学为你服务，每天你要支付给他20元。房租、税费已经事先支付。简便起见，原料、水电等其他费用忽略不计。假如你不经营该杂志，每天为别人打工所获得的最高收入是50元。现在如果你经营该杂志平均每天收入是150元，请问：

（1）在长期内你每天的利润是多少？

（2）在长期内你会经营该杂志吗？

解答：

（1）每天的固定成本为80元（2400÷30），可变成本为20元，加起来是100元，再扣除你经营杂志的机会成本，即假如你不经营杂志而每天为别人打工所获得的最高收入50元，因此长期内你每天的利润是0元。

（2）你是否会经营杂志取决于自己的选择，因为自己经营杂志和为别人打工的收入是一样的，每天都是50元。这就是说，在竞争性市场，没有人可以获得超额利润，每一个人只能获得正常利润或者说是平均利润。

在前面，我们分析了完全竞争单个媒介企业的长期供给曲线。最后，再来讨论一下完全竞争市场中行业的长期供给曲线。

在完全竞争的条件下，单个企业的产量增减所引起的对生产要素需求量的增减，不会对生产要素价格产生影响。但是，整个行业产量的变化就有可能引起生产要素价格的变化。根据行业产量变化对生产要素价格变化的不同影响，完全竞争行业的长期供给曲线分为三种类型：水平的、向右上方倾斜的和向右下方倾斜的。它们分别是成本不变行业、成本递增行业和成本递减行业的长期供给曲线。

第一，成本不变行业的长期供给曲线。成本不变行业是这样的一种行业，它的产量变化所引起的生产要素需求的变化，不对生产要素的价格发生影响。这是因为要素市场也是完全竞争市场，或者这一个行业对生产要素的需求量，只占生产要素市场需求量的很小一部分，所以，随着行业产量的增加，投入要素价格不变，长期平均成本不变，企业始终在既定的长期平均成本的最低点从事生产。这种成本不变行业的长期供给曲线，是一条水平线，即 P = LAC 的最低点，斜率为 0。

第二，成本递增行业的长期供给曲线。成本递增行业是这样一种行业，它的产量增加所引起的生产要素需求的增加，会导致生产要素价格的上升。例如，行业投入具有专用性，或者占有要素市场很大的份额，那么，随着行业产量增加，投入要素价格上涨，长期平均成本不断上升，这种成本递增行业的长期供给曲线，是一条向右上方倾斜的曲线，具有正的斜率。

第三，成本递减行业的长期供给曲线。成本递减行业是这样一种行业，它的产量增加所引起的生产要素需求的增加，反而使生产要素的价格下降了。这是因为生产该要素的行业具有明显的规模经济，随着行业产量增加，长期平均成本不断下降，这种成本递减行业的长期供给曲线，是一条向右下方倾斜的曲线，具有负的斜率。

对于媒介市场来讲，初始时单个媒介企业处于长期均衡，媒介产品价格等于长期平均成本曲线的最低点，这可以构成行业长期供给曲线的一个点。当针对媒介产品的需求增加，表现为媒介产品本身价格的提高（也可能不提高）和广告价格的提高。此时媒介产品的供给会增加，这会带来以下两个变化：一方面，由于供给增加，媒介产品本身价格下降和广告价格下降；另一方面，当所有的媒介企业都增加供给时，针对生产要素如新闻纸、媒介经营管理人员的需求会增加，要素价格会提高。要素价格提高将推高媒介企业的长期平均成本曲线（这也是外在不经济的一种形式）。当最后形成新的均衡时，媒介产品的价格仍然等于长期平均成本曲线的最低点，这构成了行业长期供给曲线的另外一个点。但是由于该曲线的位置已经提高，所以，新的均衡点必然位于第一个点的右上方（产量增加，价格提高）。连接两个点，即构成完全竞争媒介行业的长期供给曲线。

可以发现，媒介行业属于成本递增行业，其长期供给曲线，是一条向右上方倾斜的曲线，如图 5-8 和图 5-9 所示。

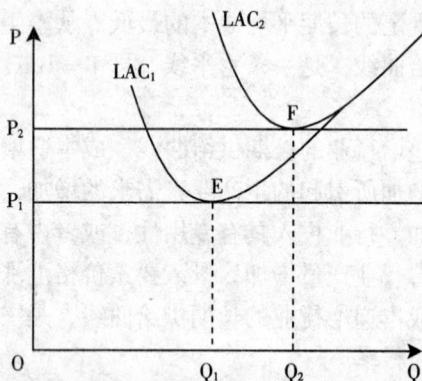

图 5-8　完全竞争媒介市场中企业成本的递增

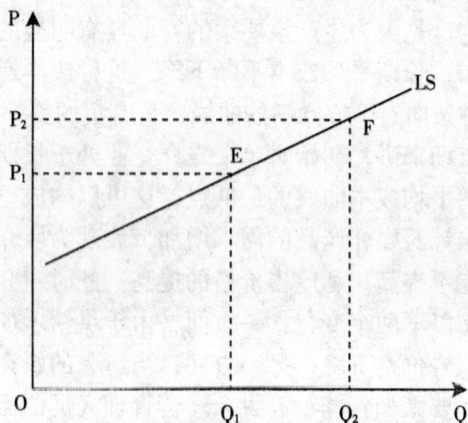

图 5-9　完全竞争媒介市场行业的长期供给曲线

　　在图 5-8 中，初始均衡点是 E 点，这个点是如何得到的？参见图 5-7。在 E 点，媒介产品价格等于长期平均成本曲线的最低点，这也构成了图 5-9 的 E 点，但当需求增加，媒介产品供给也增加，要素价格也提高，长期平均成本曲线向上平移。再次均衡时，均衡点是 F。这也构成了图 5-9 的 F 点。连接图 5-9 的 E、F 点，就得到了完全竞争媒介行业的长期供给曲线。

观察图 5-9，可以发现，完全竞争媒介行业在价格提高时会增加供给，价格下降时减少供给，这也是对第二章中媒介企业供给曲线为什么向右上倾斜的一个解释。

案例讨论5

北京、上海、广州三大城市报业竞争格局[①]

一、三城市报业竞争格局分析

我们在两家调查公司公布的数据的基础上，提出了"零售/广告风险指数"的分析模型。我们发现，报纸的零售量迟早会影响到其广告收入。如果一张报纸的"零售额/广告收入风险指数"在 0.5 以下，该报的广告市场份额可能进入了一个预警区域；如果指数在 1 左右，则可能是一个较为安全的区域，如表 5-4 所示。

表 5-4 三城市报业市场零售/广告风险指数

北京			
	零售额（%）	广告额（%）	风险指数
《北京晨报》	3	7	0.3
《北京青年报》	2	30	0.15
《新京报》	7	9	0.8
《北京娱乐信报》	7	11	0.6
《法制晚报》	9	*	*
《京华时报》	18	13	1.4
《北京晚报》	37	27	1.4
《北京日报》	*	4	*

[①] 赵小兵、高继红、邢越嘉：《透视京沪穗三大城市报业竞争格局》，《传媒》2005 年第 8 期。略有改动。

广州		
	零售额（%）	广告额（%）	风险指数
《广州日报》	46	38	1.2
《南方都市报》	20	30	0.7
《新快报》	3	5	0.8
《信息时报》	11	8	1.4
《羊城晚报》	20	15	1.4
《南方日报》	20	4	5
上海		
	零售额（%）	广告额（%）	风险指数
《青年报》	10	9	1.1
《新闻晚报》	8	5	1.6
《新闻晨报》	46	35	1.3
《新民晚报》	36	31	1.2
《东方早报》	*	5	*
《文汇报》	*	4	*
《解放日报》	*	11	*

注：* 表示未收集到数据。

　　占北京广告市场份额前三名的是：《北京青年报》、《北京晚报》、《京华时报》，但是零售额前三名的却是：《北京晚报》、《京华时报》、《法制晚报》。这个比照显示未来《北京青年报》在北京广告市场占第一名的位置令人担忧；同属《北京青年报》旗下的《法制晚报》广告额未来会有明显增长，《京华时报》广告额稳定增长。如果《北京青年报》对此不重视，未来北京报业格局会出现重大变化。

　　占上海广告市场份额前三名的是：《新闻晨报》、《新民晚报》、《解放日报》，但是零售额前三名的却是：《新闻晨报》、《新民晚报》、《青年报》。当年处于市场绝对领先地位的报纸在零售及广告市场均出现了下滑趋势，这应该引起全国各地大报的足够警觉。如果《新民晚报》不做全面调整，只要有一份新的强势的日报在当地问世，《新民晚报》将难以抑制广告市场份额下滑的趋势。

　　占广州广告市场份额前三名的是：《广州日报》、《南方都市报》、《羊城晚报》，零售额前三名与广告市场份额前三名一致。我们必须看到的是，广州报业市场格局从过去几年的"三国演义"已经逐步演变为"两强垄断"。报业许多人说，《广州日报》在零售市场上不可动摇的领先地位是一个巨大的浪费，但我们认为，正是其巨大的零售量，使对手望而生畏，从而使其广告地位坚不可摧。

　　二、提升报纸竞争力的关键是产品、运营、机制创新

　　1. 报纸竞争力指标

　　所谓报纸的竞争力，是指在进行报纸销售和广告销售时，客户的选择倾向度。与一般产业不同的是，报纸更加体现了一种"赢家通吃"的属性，即在一个特定市场内，获得领导地位的报纸将获得压倒性的市场份额和暴利；相较之下，排名居末位的报纸则会被无情淘汰。无疑，获得领导地位的报纸正是竞争力最强的报纸。遗憾的是，报纸这一独特的经营规律，并未被大多数报纸投资者和运营者理解。一时间，报业（传媒）是最后一个暴利行业的结论一再被众多媒体所引用，以致使许多投资者产生了一个可怕的错觉：以为投资报纸就如同发现了一个新大陆，一定可以获得暴利。事实上，如果不幸投资了一家竞争力较差的报纸，将要面对的风险要远大于传统行业。竞争力强的报纸是一架"印钞机"；反之，竞争力弱的报纸则是一架不折不扣的"烧钱机"。

　　我们认为，一份报纸要想在市场竞争中获得长久的霸主地位，长盛不衰，必须在以下五方面有出色的综合表现，成为一名全面发展的"全优生"，这样才能作为优胜者屹立在市场中。

　　第一是发行总量。报纸的发行总数量必须相对于当地的竞争对手而言，如果一份报纸的发行总量低于竞争对手，那么它的广告业绩一定会受影响。发行总数量比目标竞争对手多才能形成竞争基础，这是广告做好的基石。

　　第二是订零结构。合理的订阅与零售比例能够帮助报纸规避风险，获得广告商的青睐。一张报纸，如果零售量不高，很可能是由于内容不受欢迎，或者定价不合理，广告商肯定会减少在这样的报纸上

投放广告；同样，如果报纸仅靠订阅的方式发行，那么它的风险也是很大的，也不会引起广告商的关注。所以，"无订不稳，无零不活"，订零结构的合理化也是获得广告的关键要素之一。70%订阅，30%零售是比较安全、合理的订零结构。

第三是阅读率。一份报纸，读者愿意看，甚至一遍又一遍地看，爱不释手，这就说明这份报纸阅读率高；另一份报纸，读者匆匆阅过，不愿再拿起，甚至随意丢掉，这就说明这份报纸阅读率低。阅读率决定了广告的价值。如果阅读率低，报纸经营未来肯定会出问题，广告量势必会下降。

第四是读者结构。报纸的读者结构，包括读者的收入、学历、职业等，往往决定了广告的价值。一份结构优秀的报纸，在其他因素（发行量、订零机构和阅读率等）相同的状况下，一定可以吸引更高质量的广告客户。例如，《华尔街日报》的读者平均年龄是55岁，平均年薪收入20万美金，这样的读者群，毫无疑问也是高质量的广告客户。

第五是品牌历史。有的老牌报纸，尽管发行量不大，但广告价值却不错，是什么原因呢？这是因为一份报纸的品牌历史是有价值的，这个品牌价值可以帮助报纸暂时获得不错的广告效益，能够让报纸看上去在市场上"稳坐钓鱼台"。但是，要使报纸获得长久的广告收益，报社就绝不可在品牌上沾沾自喜，不思进取，否则就可能被新锐的无名小报赶超。

2. 如何提升报纸竞争力

在传统行业，创新已经成为一种被普遍采用的提升竞争力的手段。但是，在报业乃至整个传媒行业，创新却被大多数从业者所忽视。一个经常被提及的案例是中央电视台的"正大综艺"，这是一档国内最早引进的与国际接轨的综艺节目模式，曾经作为同类节目的翘楚而获得最高的收视率。但是，因为其多年忽视产品创新，早已被更为新颖的节目，如"幸运52"等取代。换句话说，今天的"正大综艺"节目已经没有竞争力了。而要提升报纸的竞争力应从以下关键处入手：

（1）产品创新。我们曾经对全国综合性日报 20 多年的市场排名进行过统计分析，结果发现，综合日报产品的形态大体经历了机关报、晚报和都市报三个阶段。众所周知，机关报是 20 世纪 80 年代初期的强势产品，当时电视正处于普及阶段，报纸是公众了解信息的主要渠道。《人民日报》、《中国青年报》、《光明日报》等都曾经是这一市场的超级领导者，其发行量动辄高达数百万份。

20 世纪 90 年代，晚报作为一种日报的创新产品，在国内许多城市问世。它们弥补了机关报过于严肃的不足，大多采取了更为温和、清新的文风，其副刊尤其令人称道。

到了 20 世纪 90 年代中后期，都市报作为一种更为接近市场的国际化报纸在各地纷纷面世。在广州有《广州日报》、《南方都市报》，在北京有《北京青年报》，在四川有《华西都市报》、《成都商报》，在西安有《华商报》，等等。都市报与晚报的不同在于，都市报更是对新闻本身的回归，其更加重视"硬新闻"和本地新闻，资讯覆盖更加全面，希望能满足读者"一报在手，别无他求"的需求。我们发现，都市报大多为新创报纸，也有从机关报创新改良的报纸，如《广州日报》。

我们的研究发现，无论是机关报、晚报还是都市报，如果几年不进行创新，其市场就会出现萎缩，直到整体退出市场。我们这里所指的市场是自费订阅或自费零售市场。当一份报纸退出自费市场后，紧接着的问题是，广告大幅下滑，如果再失去公费市场的行政支持，那么，这份报纸迟早会面临倒闭。《北京晚报》在几年前就启动了产品创新计划，一直到今天，围绕着产品创新的布局从未停滞。结果是，在北京空前激烈的日报竞争格局中以及所谓"晚报是消亡的报种"论断面前，《北京晚报》的发行量和广告市场份额均得到高速成长。

在报业圈内，报纸产品创新常被总编辑们称为"改版"。两者的差异是，"改版"的常规做法是报社编辑部领导关门研究，"臆测"读者新的阅读趣味，然后确定改版内容。而产品创新则是针对目标市场的竞争对手产品的变动，同时结合读者调查（版面监测），然后进行改版。显然，产品创新是典型的以客户为导向。我们曾对国内一些优秀的都市报在版式、版组结构、新闻选题、报道风格等方面进行了研究，发现他们与传统报纸相比都有显著的革新。这些革新无疑带给它们强有力的市场竞争力。因此我们认为，产品创新是报纸获得持续竞争力的关键。

（2）经营创新。报纸的经营创新包括，报纸财务管理是否规范？是否实行预算制度？是否有合理的成本控制？是否进行了大量经过深思熟虑的多元化投资？报纸的发行体系架构如何，能否满足对发行商（如报刊亭）及读者的服务？报纸的广告经营是否与其发行量和影响力所匹配，是否能满足广告代理商和广告主的需求？

我们的研究发现，相当多的报纸没有完成由事业单位向企业的改制。大多数报纸的领导来自采编部门，缺乏企业的运作经验。因此，在传统行业看来是常规的经营模式，对于报业而言则意味着创新。

我们先看看美国报业集团的财务报表结构，通常，每家报业集团年报都会包括资产负债表、现金流量表和损益表。在损益表当中，会列出：运营收入（包括广告、发行和其他收入）、运营支出和税前税后收入。可以说，每一位报业集团的 CEO 都会对其收益状况了如指掌。但是，有多少国内报社的领导会对自己的收益有类似的了解呢？相当多的国内报社都有雄心勃勃的上市计划，可是，有多少人真正了解上市究竟意味着什么？目前有一个令人失望的统计：在 A 股市场，主营业务收入净利润降幅最大的行业排行当中，位居第一的居然是"传播与文化产业"。显然，传媒类上市公司大多没有做好上市的准备。因此，财务管理创新与建设是报社老总们无法回避的功课。

所谓发行业务创新，无非是指合理的发行布局（读者、区域、订零比例等）、发行服务、发行促销和发行管理。我们曾经访问过加拿大多伦多《星报》的发行主管，他说，在《星报》，最短的订阅周期是一周。只要有一个人来到多伦多，《星报》的发行员就会打电话过去，先向他赠送报纸，然后进行电话跟踪销售。而这些国内却少有报社能够做到。

广告经营创新的核心同样是重建以客户为导向的广告销售服务体系，报纸的广告客户包括广告公司（代理商）和广告主。就连中央电视台这样的强势媒体，都要在广告创新方面不断努力。例如，中央电视台非常重视与广告客户的沟通，经常会参加重点广告客户与其经销商的见面会。同时，中央电视台同样非常重视对新兴广告行业的发掘和研究，成功地吸引了乳制品甚至润滑油成为其广告投放大户。相较之下，许多报纸仍停留在广告推广的坐商阶段，而导致其广告价值被低估。

（3）体制创新。目前报业的体制创新主要是指将各报社按"分类管理"及编辑、经营两分开的改革，最终实现报业的产业化和市场化。改制后的报社应实行全员聘任制，升迁及收入与其业绩挂钩。毫无疑问，报业如果能够充分利用国家文化体制改革政策，那么体制创新到位的报社将能吸引到更多高端人才，并在未来的竞争中保持长久的生命力。请问：

（1）你认为报业竞争的最关键因素是什么？

（2）北京、上海、广东哪个城市的报业市场接近完全竞争市场？

内容提要

● 根据市场结构的不同，商品市场可以分为多种类型：完全竞争、垄断、垄断竞争和寡头市场。

● 完全竞争媒介市场的特点如下：市场上有很多的消费者和生产者；厂商或生产者提供的商品没有什么差别；市场的门槛很低，进入或退出这个市场不需要太多的成本；完全信息，媒介市场的所有参与者都拥有包括价格制定、内容质量、传播渠道在内的全部市场信息。

● 任何企业的利润最大化都要满足边际收益等于边际成本的条件，即 $MR = MC$。

● 在长期内竞争性市场的企业进入或退出一个行业的条件就是价格是否高于长期平均成本（LAC）的最低点。在竞争性市场，没有人可以获得超额利润，每一个人只能获得正常利润或者说是平均利润。

关键概念
完全信息　边际收益　短期均衡　长期决策

复习题
1. 请解释四种商品市场的区别，各举两例。
2. 完全竞争媒介市场的特点是什么？
3. 解释企业利润最大化的条件。
4. 解释完全竞争媒介市场的短期均衡。
5. 完全竞争市场被认为是有效率的、最完美的市场。思考一下，完全竞争市场有哪些缺陷？

第六章　垄断媒介市场

谈到垄断，我们首先想到的是什么？食盐、烟草、铁路、自来水、电力……在目前的中国，垄断的例子比比皆是。我们去购买食盐，无论它的价格如何变化，我们只能接受；火车票的价格上涨了，我们只能接受。这意味着类似商品的价格不是由消费者决定的，而是由出售该商品的生产者决定，这些企业不是价格的接受者而是制定者，这是垄断市场与竞争性市场的根本不同。

至于媒介市场，如果一个媒介生产、传播的信息产品没有相似的替代品，它就获得了垄断的地位。在竞争性市场，每一个单独的买者或卖者的行为对整个市场的价格和交易量的影响都是微不足道的。所有的买者和卖者都是价格的接受者。而在垄断市场，由于垄断者没有接近的竞争者，他们就可以直接制定价格。

当然，这并不意味着消费者对此完全无能为力。一个城市中的有线电视运营商可以垄断当地的有线电视市场，它可以提高价格，但不能无限提高。当每月收视价格由 13 元提高到 26 元时，消费者数量不会减少太多。但若提高到 100 元，也许会有相当多的人会考虑放弃这个代价高昂却意义不大的有线电视而去寻求网络电视了。同样，收视价格提高以后，就会出现卫星天线的市场（黑市）。这告诉我们，垄断者并不能达到他们想达到的任何利润水平，高价格会减少消费者的购买量，人们会寻找替代品或者选择去"黑市"。

延伸阅读 1

有线电视收费垄断何时休[①]

因为垄断，有线电视运营商可以单方面提价获取高额利润，而不管服务质量如何，消费者都得照单全收。

某居民 A 前不久喜迁新居，却在办理有线电视开通手续时生了一肚子气。原来 A 的房子是套二手房，有线电视的工作人员说这套房子的机顶盒已被人领走，而且已经欠费两三年了。如果想顺利看上电视，必须找上任房主把机顶盒要回来，再补齐之前的欠费 600 多元。否则的话，则要花费 450 元重新购置一个机顶盒，并到居委会开个证明，证明自己一直没居住在这里，把以前的欠费勾销，但还要交 300 元的重新开通费。

A 辗转联系到上任房主，对方说从未领过机顶盒。再去营业网点查询，结果令人跌破眼镜：这套房子从没办理过机顶盒业务，原来是上次工作人员看错了！事情的结局貌似圆满，却着实让人不舒服。因为工作人员的失误，A 一次次跑营业网点，既闹心又折腾，但没有一个工作人员表示歉意。而不用交那"莫须有"的 1000 多元费用，倒像是占了个大便宜。

看电视早已成为人们生活的一部分，但负责电视信号传输、网络运营维护的有线电视运营商的表现总是不尽如人意。有线电视信号改为数字后，一台机顶盒只能支持一台电视收看，如果家里有两台电视，就得再购置一台机顶盒，其费用比普通 DVD 还贵。申请办理移机、停机、复机、过户等手续，都需要交纳费用。有时因为电视信号问题，几个电话都"招不来"相关服务人员上门服务。更有甚者，许多地方的有线电视费说涨就涨，涨价幅度高达 50%，甚至 100%，消费者对此则根本无缘置喙。

有线电视运营商为什么缺少服务意识？那是因为有线电视的特殊

---

① 资料来源：《人民日报》2010 年 5 月 13 日。

性，全国各地的有线广播电视网络经营企业大都"只此一家，别无分店"，处于垄断地位。经济学里面有一条"零利润定理"，说的是竞争行业的利润一定会趋向于零。但垄断企业却不受此约束，它们为自己的产品制定价格，让市场接受。因为垄断，不管服务质量如何，消费者都得照单全收；因为垄断，企业可以靠单方面提价获取高额利润。

笔者不禁想起了多年前的电信市场。那时装个电话不仅要花几千元的初装费，还要四处托人找关系。后来电信的垄断被打破，移动、联通、网通、新电信、铁通等各分天下，服务与价格成反比增长，初装费不用交了，电话费优惠加打折，消费者慢慢才有了上帝的感觉。

市场经济的根本特征是竞争。要打破垄断，必须引入竞争机制，努力降低垄断行业的市场准入门槛，推进投资主体和产权多元化；还必须建立公开、透明、监管有力的监督制度，实行规范的听证制度。无法想象，在一个与人们生活息息相关的行业，没有竞争又缺乏有效的监督，公众利益如何保障。

第一节　垄断产生的原因

如果在媒介市场上存在一家媒介企业是其产品的唯一的卖主，而且其产品没有相近的替代品，这个企业就是垄断企业。垄断市场是指整个行业中只有唯一的一个厂商的市场组织。很显然，垄断的根本原因是进入该市场的壁垒难以逾越或者说存在进入障碍。其他企业不能进入该市场与垄断企业竞争。进入障碍或壁垒产生的原因包括：对资源的控制、政府的特许、独家厂商拥有生产某种商品的专利权、自然垄断。

一、对资源的控制

假如所有资源都被一家企业所占有，垄断就会成为必然。设想一下，如果一家报纸通过纵向兼并，控制了某个经济体中新闻纸的全部生产与销售，那么就形成了对新闻纸的垄断，报纸企业就不得不接受它制定的价格。再如我国的土地资源。我国法律规定，土地为全民所有或集体所有，但政府往往成为了"全民"或"集体"的代表。于是各级政府通过拍卖土地来获得财政收入。这被称为"土地财政"。

对资源的垄断通常不会发生在全世界范围内，如某一家公司垄断全球某种资源的所有权。对资源的垄断常常发生在一个国家或地区，如一个地区是与外界隔绝的，这个地区只有你家院子里的水井才有水，这样你就垄断了该地区的水资源。虽然从井里打一桶水的成本几乎是微不足道的，但你几乎必然会提高水的价格以获得高额利润。

二、政府的特许

政府有时在某些行业只允许某些指定的企业进入，而不让其他企业进入，政府对这些行业实行垄断特许，除了出于公共利益的考虑外，也许还有别的考虑。实际上，被政府特许垄断经营的很多行业在经济学上都可以证明是竞争性行业，或者说，在这些行业引入竞争将会更有效率。例如，邮政业，快递公司大量地出现已经证明了这一点。

实际上，目前被政府特许垄断经营的很多行业在经济学上都可以证明是竞争性行业，或者说，在这些行业引入竞争将会更有效率。当然，政府仍然可以找出别的理由，如政府可以说广播、电视、铁路、邮政等行业之所以由国家垄断乃是处于政治、军事等普通公民无法详细理解的理由或考虑，但是无论出于什么考虑，垄断既然是政府的考虑，那么垄断的代价就应该由政府来承担，而不是由普通消费者来承担。普通消费者可以忍受广播、电视、铁路、邮政等部门的低效率，但必须得到补偿，我们可以命名为垄断补偿。

延伸阅读 2

有线电视获取垄断地位的途径①

让我们继续讨论有线电视。

1993 年 8 月 20 日中华人民共和国国务院发布第 129 号令《卫星电视广播地面接收设施管理规定》。其中第三条规定："国家对卫星地面接收设施的生产、进口、销售、安装和使用实行许可证制度。生产、进口、销售、安装和使用卫星地面接收设施许可的条件，由国务院有关行政部门规定。"

第九条规定："个人不得安装和使用卫星地面接收设施。如有特殊情况，个人确实需要安装和使用卫星地面接收设施并符合国务院广播电影电视行政部门规定的许可条件的，必须向所在单位提出申请，经当地县、市人民政府广播电视行政部门同意后报省、自治区、直辖市人民政府广播电视行政部门审批。"

第十三条规定："本规定的实施细则由国务院广播电影电视行政部门商有关行政部门制定。"

应该说，1993 年国务院发布的第 129 号令主要是出于非经济目的，这是党的宣传政策、保持正确舆论导向的要求。

1994 年 2 月 3 日广电部公布了《卫星电视广播地面接收设施管理规定实施细则》（以下简称《细则》），其中第六条规定："个人不得安装和使用卫星地面接收设施。但在收不到当地电视台、电视转播台、电视差转台、有线电视台（站）的电视节目的地区，个人可申请安装卫星地面接收设接收境内电视节目。个人需设置卫星地面接收设施的，必须经所在单位同意并持其开具的证明，向当地县级以上（含县级）广播电视行政部门提出申请，经地、市级广播电视行政部门和国家安全部门签署意见后报省、自治区、直辖市广播电视行政部门审批。经审查批准的个人，凭审批机关开具的证明购买卫星地面接收设

---

① 资料来源：作者自己整理。

施。卫星地面接收设施安装完毕，经省、自治区、直辖市广播电视行政部门和国家安全部门检验合格后，由省、自治区、直辖市广播电视行政部门发给《接收卫星传送的境内电视节目许可证》。个人设置的卫星接收天线不得占用公共场所、影响环境美观和邻里日常生活。"

根据《细则》，很容易得到这样的结论：如果一个地方有电视信号，就不能安装卫星接收设备，只有没有电视信号的地方，才可以提出申请。在城市里，如果不通过有线设备，电视机只能收到几个信号很差的频道。于是实际情况就变成了：如果一个地方有有线电视，就不能安装卫星接收设备，只有没有有线电视，才可以提出申请。

可以看出，国务院的第 129 号令的目的未必是为了让有线电视台形成垄断，但 1993 年以后，有线电视飞速发展，广电部（广电总局）也不再仅是个行政部门，而带有经营性质，第 129 号令和《细则》实际上就形成了对有线电视台形成垄断的特许。

三、独家厂商拥有生产某种商品的专利权

政府有时为保护公共利益而创造垄断，专利与版权就是政府支持垄断的例子。《中华人民共和国专利法》第四十二条规定：发明专利权的期限为 20 年，实用新型专利权和外观设计专利权的期限为 10 年，均自申请日起计算。

如果你发明了一种电子报纸，你可以向专利部门申请专利，当专利被批准后，你就可以生产并销售这种报纸（当然，你首先要拥有一家报社，这太困难了），在 20 年内别人在获得你的允许之前不得生产和销售它。当然，你可以将专利出售给别人或者在收取费用后允许他人生产。版权保护与之有些相似，《中华人民共和国著作权法》规定著作权保护的期限为作者的终身以及死亡后 50 年。

政府支持专利与版权保护是对创造性活动的奖赏，试想一下，如果没有专利与版权的保护，人们从事创造性活动的动力就会大大降低。

思考　既然政府支持专利与版权保护是对创造性活动的奖赏，那

么专利和版权保护的期限是否越长越好?

四、自然垄断

自然垄断不是出于对资源的独占,也与政府无关,当一个企业能够以比其他企业更低的成本提供商品或劳务时,这个行业便存在自然垄断。自然垄断与规模经济密切相关,当规模经济在产量很大时仍然存在时,就会产生自然垄断,如图 6-1 所示。

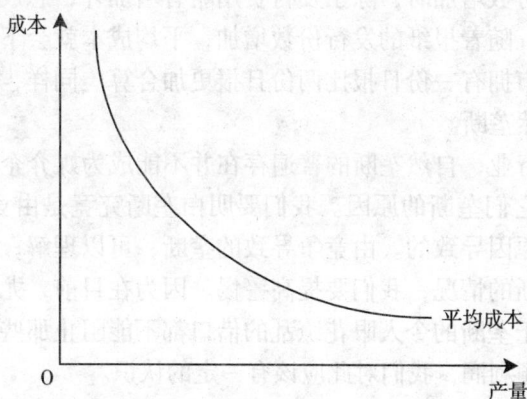

图 6-1 规模经济导致自然垄断

任何企业进行生产时,它总会面临生产成本问题。如果企业的单位生产成本相对过高,则其必然会处于竞争的劣势地位;如果企业的单位生产成本相对较低,则它就处于竞争的优势地位。但是,企业的生产成本并不是固定不变的,除了技术等因素的作用,即使在相同的条件下,企业的单位生产成本也可以随着生产总产量的增加而趋于下降,原因在于当企业的总产品不断扩大时,原先的固定成本被逐渐摊薄。这在固定成本投资较大的企业表现得尤为明显。当长期平均总成本随着产量的增加而降低时,规模经济就出现了。当社会对某些行业的长期平均成本的降低速度与幅度提出要求时,这个行业往往就形成了自然垄断。规模经济很好地解释了产品单一领域行业的自然垄断。

当然，规模经济或者说平均成本下降是存在自然垄断的充分条件。有时，即使平均成本不下降也存在自然垄断；即使规模经济不存在，或平均成本上升，但只要单一企业供应整个市场的成本小于其他企业分别生产的成本之和，即由单个企业垄断市场的平均成本最小，该行业就仍然是自然垄断行业。

对于媒介企业来讲，自然垄断普遍存在。例如，报纸。一般报业企业的固定成本包括机器、设备以及办公设施等，价值较大，相比之下，可变成本如采编人员、经营人员的工资占总成本比例则不大。当报纸的发行份数增加时，除了发行费用略有增加外，总成本并不增加太多。这样，随着报纸的发行份数增加，平均成本就会下降，也就是说，一个城市拥有一份日报比两份日报更加合算。同样，电视台、期刊都存在自然垄断。

在媒介行业，自然垄断的普遍存在并不能成为媒介企业采取垄断或政府支持它们垄断的原因。我们要明白垄断究竟是由竞争导致的，还是由其他原因导致的。由竞争导致的垄断，可以理解；而对那些一建立就是垄断的情况，我们要提高警惕。因为在目前，尤其在媒介行业，一切关于垄断的令人眼花缭乱的借口都不能阻止那些垄断的媒介企业获取高额利润，我们对此应该有一定的认识。

我们通过下面的例子来证明垄断的无效率。假设一个城市，有100万个有线电视用户。如果该城市的有线电视网络已经铺设完成（该网络为国家完成），那么有线电视运营商所支付的仅是运营成本和网络租用成本，假设成本为每户每月10元，其中运营成本4元，网络租用成本6元。也就是说每月的运营成本为400万元。如果该城市只有一家有线电视运营商，它对每个用户收费每月20元，那么它的利润就是每月1000万元。利润率为100%。

现在假设，该城市有两家势均力敌的有线电视运营商，这样每家企业分享50万用户。两家为争夺客户会降低价格，比如将价格下降到每月15元，这样总收入为1500万元，每家企业的运营成本仍然假设为400万元（实际上不会有那么多），每家企业的网络租用成本都降为3元，总成本为1400 $[400 \times 2 + (3 + 3) \times 100 = 1400]$ 万元。总利润为 100 万元，利润率下降。当然，对于企业来讲，每月的运营成本就会增加为 800 万元，也就是说，与一家企业垄断相比，由于竞争而导致的资源浪费为 400 万元，但是消费者会少支付 500 万元，显然，社会总福利增加了 100 万元。实际上，竞争的好处不仅在于价格的下降，还在于服务质量的提高、技术的进步等，如表 6-1 所示。

表 6-1 垄断与竞争的比较

	总收入（万元）	总运营成本（万元）	总网络租用成本（万元）	总成本（万元）	总利润（万元）
垄断	2000	400	600	1000	1000
竞争	1500	800	600	1400	100

思考 举出两个垄断的例子，并解释各自的原因。

第二节 垄断企业的均衡

一、垄断企业的需求曲线

在完全竞争市场中，市场上每一个单独企业的行为对整个市场的价格和交易量的影响都是微不足道的，所有的企业都是价格的接受者。因此，完全竞争市场中企业所面对的需求曲线是一条水平线。而垄断企业却不同，由于市场中只有一个厂商，那么市场的需求曲线就是垄断企业的需求曲线。该曲线向右下倾斜。在这里，我们要明白垄断者对市场价格的操纵并不是绝对的。因为提价后需求量自然会减少，如图 6-2 所示。

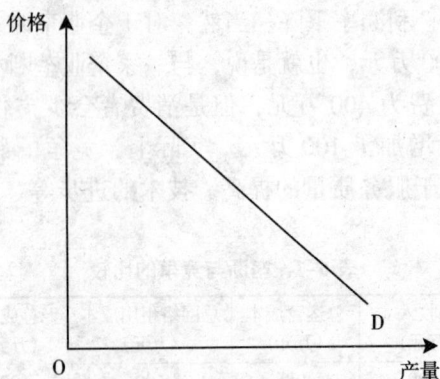

图 6-2　垄断企业的需求曲线

二、垄断企业的收益

垄断企业的总收益、平均收益和边际收益分别如下：

总收益 $TR = P \times Q$

平均收益=总收益/销售量，即

$AR = P \times Q/Q = P$

即平均收益总等于价格，

$$MR = \lim_{\Delta Q \to 0} \frac{\Delta TR}{\Delta Q} = \frac{dTR}{dQ}$$

需要注意的是，在完全竞争市场，价格总等于平均收益也等于边际收益。而在垄断市场，由于价格不再是给定的而是产量的函数（注意图 6-2 的需求曲线）。因此，平均收益仍然等于价格，但边际收益不再等于价格。

假设某厂商在某个行业实现了垄断，如表 6-2 所示。请注意观察收益随产量变化的情况。

由表 6-2 可以发现，垄断企业的平均收益总等于价格。

垄断企业的边际收益与完全竞争不同。在上例中，垄断企业的边际收益是递减的，而且总小于价格（至多是等于）。这是为什么？

表6-2　垄断企业的收益情况

产量（个）	价格（元）	总收益（元）	平均收益（元）	边际收益（元）
0	110	0	—	—
1	100	100	100	100
2	90	180	90	80
3	80	240	80	60
4	70	280	70	40
5	60	300	60	20
6	50	300	50	0
7	40	280	40	-20
8	30	240	30	-40

当垄断企业出售1单位产品时，总收益是100元，价格是100元。

当它想出售2单位产品时，就必须以90元价格同时出售这2单位产品，这里，第二单位产品的价格是90元，这构成了边际收益的一部分，但第一单位产品的价格由100元下降到了90元，减少了10元，因此边际收益是90-10=80（元）。

它想出售3单位产品时，就必须以80元价格出售这3单位产品。第三单位产品的价格是80元，这构成了边际收益的一部分，但第一单位产品的价格由90元下降到了80元，减少了10元，第二单位产品的价格也由90元下降到了80元，也减少了10元，因此，边际收益是80-10-10=60（元）。

它想出售4单位产品时，就必须以70元价格出售这4单位产品。第四单位产品的价格是70元，这构成了边际收益的一部分，但第一单位产品、第二单位产品、第三单位产品的价格都由80元下降到了70元，总共减少了30元。因此，边际收益是80-30=40（元）。

以此类推。

当边际收益大于0时，总收益是增加的；当边际收益等于0时，总收益达到最大，为300元；当边际收益小于0时，总收益递减。

由此，我们可以得到如下结论：

（1）垄断企业的边际收益递减。

（2）垄断企业的边际收益不大于价格。

（3）垄断企业的平均收益等于价格。

（4）当边际收益大于0时，总收益增加；当边际收益等于0时，总收益达到最大；当边际收益小于0时，总收益递减。图6-3显示了垄断企业的需求曲线与边际收益曲线。

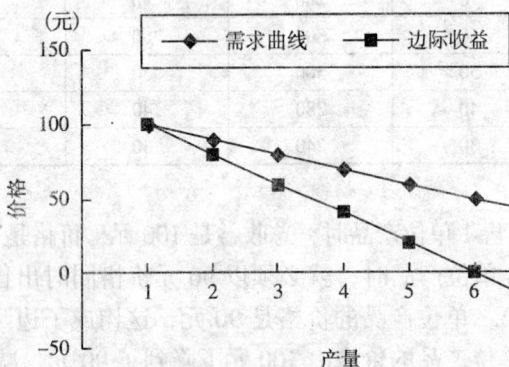

图6-3 垄断企业的需求曲线与边际收益曲线

（5）在价格、弹性和边际收益之间存在如下关系：

$$MR = \frac{dTR}{dQ} = \frac{d(P(Q) \times Q)}{dQ} = P + \frac{QdP}{dQ} = P(1 + \frac{QdP}{PdQ}) = P(1 - \frac{1}{E_d})$$

问题思考

为什么垄断企业不能把产品价格任意抬高？

从理论上讲，垄断企业是价格的制定者，其产品没有替代品，其他厂商无法进入垄断行业，厂商是产品的唯一卖者。

然而，在实际上，如果垄断企业任意提价，定价过高，购买量就会下降，从而使总收益和利润下降；其他厂商看到有丰厚的利润会眼红，尽管垄断企业的产品没有良好替代品，但其他厂商总是会生产相似的替代品的，因而垄断企业如果定价过高，会使自己产品失去销路，市场被相似替代品夺走；同时，国家也会对垄断企业的定价加以控制，有些国家会通过制定反垄断法，规定最高限价，还用征税等办法加以控制。因此垄断企业不能把产品价格任意抬高。

三、垄断企业的均衡

首先，垄断企业利润最大化的原则也是边际收益等于边际成本。当边际成本小于边际收益时，增加生产并销售产品是合理的；当边际成本大于边际收益时，增加生产并销售产品是不合理的。因此，只有边际收益等于边际成本时，利润才最大。

其次，垄断企业短期均衡的条件是边际收益等于短期边际成本。当然，垄断企业在短期内不一定能够获得正的利润。这取决于价格与平均成本的比较，如果价格大于平均成本，则利润为正；如果价格小于平均成本，利润为负；如果价格等于平均成本，收支相抵，利润为零。

最后，垄断企业长期均衡的条件是边际收益等于长期边际成本。垄断企业在长期内的利润必然大于零，如果利润小于零，则该行业就不会存在，如图6-4所示。

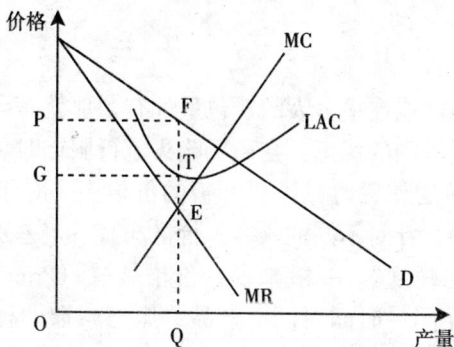

图6-4 垄断企业的长期均衡

在图 6-4 中，D 为需求曲线，MR 为边际收益曲线，MC 为边际成本曲线，LAC 为长期平均成本曲线，MR 与 MC 相交于 E 点，决定均衡数量为 Q，然后虚线 EQ 与需求曲线相交于 F 点，决定均衡价格为 P，对应的长期平均成本为 GTQO，由于价格高于长期平均成本，因此，垄断者可以获得超额利润，利润额为由 TPFG 围成的面积。

例题

假定一个垄断者的产品需求曲线为 $P = 50 - 3Q$，成本函数为 $TC = 2Q$，求该垄断企业利润最大化时的产量、价格和利润。

答：由题设 $P = 50 - 3Q$，得总收益 $= 50Q - 3Q^2$，边际收益 $= 50 - 6Q$

又 $TC = 2Q$，得 $MC = 2$

利润极大时要求 $MR = MC$，即 $50 - 6Q = 2$，得均衡产量 $Q = 8$

于是，价格 $P = 50 - 3Q = 50 - 3 \times 8 = 26$

利润 $\pi = TR - TC = 26 \times 8 - 2 \times 8 = 192$

第三节　价格歧视与管制

有一样东西可能在很多人的钱包里都有，那就是会员卡。它可以让消费者享受到不同的优惠：在商场购买流行服饰时可以享受到 9 折优惠；当进入饭店就餐时只需付 8 折的价格……对于这种同样的产品、同样的服务，针对不同的顾客，价格却有一定差别的现象，经济学上称为"价格歧视"。一般来说，价格歧视（Price Discrimination）是指一家厂商在同一时间对同一产品或服务索取两种或两种以上的价格。

价格歧视在媒介行业非常普遍，例如，订阅全年报纸的用户能够得到比零售更优惠的价格，或者在不同地区发行价格不同，严格来讲这都属于价格歧视。当然媒介企业实行价格歧视也是有条件的。①这个市场必须是不完全竞争的，如中央电视台的广告招标，这种销售方式只有在垄断市场才会出现。②垄断媒介要有能力防止用户之间相互转让，或者说，市场可以被分割。例如，低价订阅全年报纸的用户可以再将报纸卖给零星购买者，这样就破坏了报企价格歧视的策略。③垄断媒介对于消费者的需求有一定的了解，针对不同的需求，制定不同的价格，从而获得更多利润。

价格歧视可以分为以下三类：一级价格歧视、二级价格歧视和三级价格歧视。

一、一级价格歧视

一级价格歧视，又称完全价格歧视，指每一单位产品都有不同的价格，即假定垄断者知道每一个消费者对任何数量的产品所要支付的最大货币量，并以此决定其价格，所确定的价格正好等于对产品的需求价格，因而获得每个消费者的全部消费剩余。由于企业通常不可能知道每一个顾客的保留价格，所以在实践中不可能实行完全的一级价格歧视。垄断厂商按不同的价格出售不同单位的产量，并且这些价格是因人而异的。

假设一家垄断电视台将某个时间段的广告分为1、2、3、4四段，恰好有四个可能的买主，这四个购买者为该段广告所愿意支付最高价格分别为80万元、70万元、60万元和50万元，我们可以根据他们的需求情况画出其需求曲线，如图6-5所示。

在图6-5中，如果垄断电视台采取一级价格歧视，则每个时间段的销售价格分别为80万元、70万元、60万元和50万元，总价格是260万元。相反，如果不采取一级价格歧视，假如它想销售出4个时间段，则价格只能是50万元，总价格是200万元。可以看出，一级价格歧视会提高垄断厂商的利润。

在现实中，垄断媒介企业（如中央电视台）采用一级价格歧视的难点在于难以确定广告主的支付意愿，但可以采取一些办法让广告主

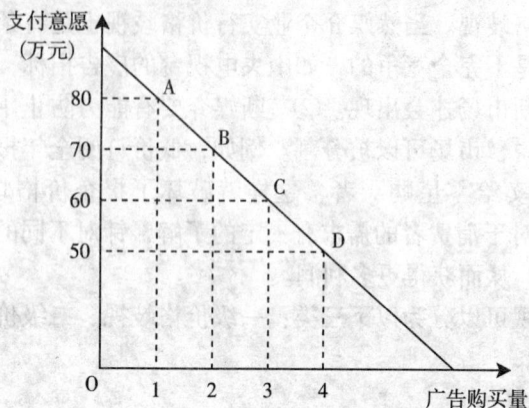

图6-5　垄断媒介企业的一级价格歧视

自己披露支付意愿，该方法就是招标。招标有两种方法：明标和暗标。前者是招标方公开标底，在此基础上公开竞价；后者是所有欲投标者不公开竞标额，直接交于评审者，由评审者根据所有欲投标者的竞标额确定中标者。中央电视台在招标实践中发现：采用明标方法时，如果投标者过少，有时会出现串通压价；而采用暗标方法时，投标者互相不知道其他人的底价，结果的偶然性较高，虽然容易出"天价"，但也可能出现极低的价格。于是中央电视台就采取了"暗差额暗标入围、明标拍卖"的办法，"先入门槛，再排名次"。

　　中央电视台虽然可以采取种种办法来增加自己的垄断利润，但广告客户也在成长，两者的博弈仍在继续。广告客户原来可以采取"串通"的方法来破解中央电视台的明标拍卖，但后者"暗差额暗标入围、明标拍卖"的办法使得"串通"无效。于是广告客户就采取了广告代理的方式来应对。实际上就是以"卡特尔"（企业之间的一种联合）对垄断。例如，2003年中央电视台广告招标过程中，喜之郎、金龙鱼等六家企业的代理均为广东某广告公司，这六家大企业显然可以互通信息以压低竞标价格。

二、二级价格歧视

二级价格歧视是企业把产品分成几组，按组制定差别价格。电信运营企业可以对其产品按照消费数量的多少和消费时间的不同进行分类。在二级价格歧视下，消费者随着购买量的不同，其所支付的价格也不同。一般来说，购买量越大，支付的平均价格越低。在移动通信市场，中国移动和中国联通都有规定，用户的通话费或通话时间在一定范围内必须支付一个比较高的价格，超过这个范围则可以享受一定比例的折扣，如果通话费更多或通话时间更长，还可以享受更大的折扣。对于用户来讲，通话时间越长，平均价格就越低。电信运营企业按照二级价格歧视制定价格以增加企业利润。

假设为一家报社，采取了如下价格歧视策略：在报纸销售量 O 到 Q_1 之间，为价格 P_1；在 Q_1 到 Q_2 之间，为价格 P_2；在 Q_2 到 Q_0 之间，为价格 P_0，如图 6-6 所示。

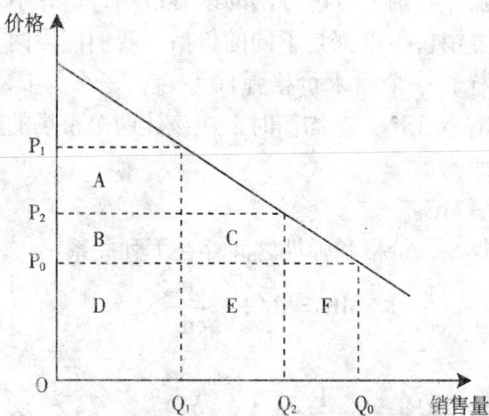

图 6-6 垄断媒介企业的二级价格歧视

在没有实行价格歧视的情况时，价格为 P_0，销售量为 Q_0，总收益是图中以 D、E 和 F 代表的矩形之和 D + E + F。而实行价格歧视后，在销售 Q_1 时，价格为 P_1，收益为 A + B + D；在销售 Q_1 到 Q_2 时，价

格为 P_2，收益为 C＋E；在销售 Q_2 到 Q_0 时，价格为 P_0，收益为 F。总收益为 A＋B＋C＋D＋E＋F。可以发现通过分段销售，收益增加了 A＋B＋C。

三、三级价格歧视

　　三级价格歧视是指一个垄断者在不止一个市场上销售商品并且这种商品不能从一个市场转移到另一个市场上再销售，因此厂商可以在不同市场上制定不同的价格，即对于同一商品，完全垄断厂商根据不同市场上的需求价格弹性不同，实施不同的价格。例如，电厂对于弹性较大的工业用电实行低价格，而对弹性较小的家庭用电采用高价格。航空公司对商务旅客收取较高的价格，对普通旅客收取较低的价格，因为商务旅客可以报销自己的机票，因而对机票价格的高低不敏感，因而弹性较小。而普通旅客自己花钱买机票，对机票价格的高低敏感，因而弹性较大。

　　假设一家媒介有两个可以分割的读者市场，这并不奇怪。很多报纸在不同的地方销售报纸都是不同的价格。我们假设两个市场的需求价格弹性不一样，一个需求价格弹性为 e_{d1}，一个为 e_{d2}，相应的边际收益分别为 MR_1 和 MR_2。在均衡时，应该让两个市场的边际收益都等于边际成本，即

$MR_1 = MR_2 = MC$。

由于边际收益、价格和弹性之间存在下列关系：

$$MR_1 = P_1\left(1 - \frac{1}{ed_1}\right), \quad MR_2 = P_2\left(1 - \frac{1}{ed_2}\right)$$

经简单推导可以得到：$\dfrac{P_1}{P_2} = \dfrac{\left(1 - \dfrac{1}{ed_2}\right)}{\left(1 - \dfrac{1}{ed_1}\right)}$

　　由上可以发现，如果 ed_1 大于 ed_2，那么 P_1 将小于 P_2，即寡头企业将在弹性小的市场收取高价，在弹性大的市场收取低价，从而增加利润。

四、对自然垄断企业的管制

1. 不存在管制时自然垄断企业的价格和利润

自然垄断企业是指在产量很大时仍存在规模经济的企业，其特征是平均成本一直是下降的。而由于平均成本下降，导致平均成本要高于边际成本。如果没有价格管制，自然垄断企业将会遵循边际收益与边际成本相等的原则以获取利润最大化，如图 6-7 所示。边际成本为 MC，平均成本为 AC，边际收益为 MR，MR 与 MC 相交于 B 点，决定均衡产量为 Q_1，价格为 P_1。注意，此时价格较高，产量较低，没有实现高效率。原因在于价格 P_1 高于对应的边际成本 P_2（两者的差为 EB）。垄断企业的利润为矩形 P_1EAG 围成的面积。

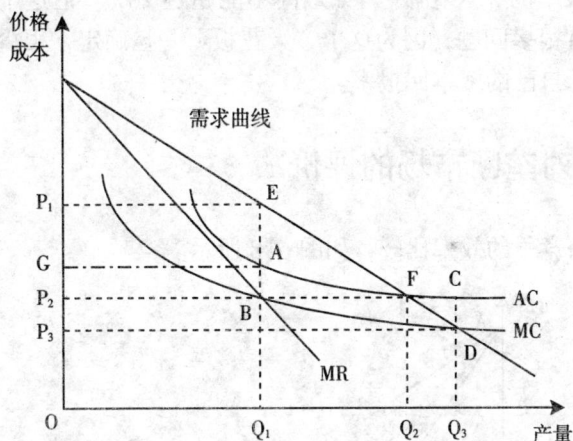

图 6-7　自然垄断企业的利润最大化和管制

要注意：由于企业所在的市场是非竞争市场的（垄断、寡头或垄断竞争市场），需求曲线就一定向下倾斜，从而边际收益曲线 MR 就一定位于需求曲线之下，最后均衡时价格一定高于边际成本。

2. 管制方法

由于自然垄断企业的高价格、低产量，政府应该对自然垄断企业进行管制，将其利润降低，价格下降，增加其产量。但如何进行管制呢？仍如图 6-7 所示。

（1）边际成本管制。边际成本管制即让价格等于边际成本，在图 6-7 中的 D 点，产量为 Q_3，价格为 P_3，价格最低，产量最大。但在 Q_3 处的价格将低于平均成本（其高度为 CQ_3），因此垄断企业将陷入亏损，亏损量为 $CD \times Q_3$，政府必须提供补贴，补贴量为 $CD \times Q_3$。

（2）平均成本管制。平均成本管制即让价格等于平均成本，在图 6-7 中的 F 点，产量为 Q_2，价格为 P_2，价格较低，产量较大。此时垄断企业利润为零。平均成本定价管制可以让垄断企业利润为零，政府也不用补贴，这是其优点，缺点在于平均成本定价管制下产量低于边际成本管制下的产量，价格高于边际成本管制下的价格。

（3）资本回报率管制。资本回报率管制即为自然垄断企业确定一个资本回报率的"天花板"，如最高不能超过 20%。但这个方法在实际操作中有很多问题，因为这个"天花板"一旦确定，很少有企业会真实地显示自己的资本回报率。

五、对垄断市场的评价

垄断与竞争的效率比较，如图 6-8 所示。

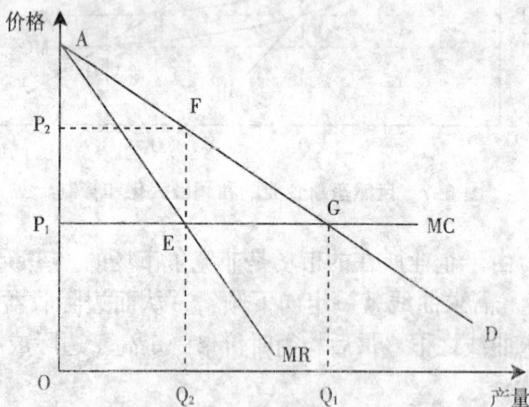

图 6-8　垄断与竞争的效率比较

在图 6-8 中，D 为需求曲线，MR 是边际收益曲线，我们假设边际成本 MC 为常数，因此，平均成本也是常数，都是 P_1。如果在完全竞争市场，价格应该等于边际成本 MC，产量为 Q_1，消费者总支出及厂商总收益、总成本都是 OP_1GQ_1，利润为零。

不过，根据需求曲线的定义，消费者为获得 Q_1 而愿意支付的总价格是 $OAGQ_1$。而消费者实际支付为 OP_1GQ_1，消费者福利为三角形 P_1AG。

如果在垄断市场，根据 MR=MC 的原则，均衡产量 Q_2，均衡价格为 P_2，消费者总支出及厂商总收益为 OP_2FQ_2，总成本都是 OP_1EQ_2，利润为 P_1P_2FE。此时，消费者为获得 Q_2 而愿意支付的总价格是 $OAFQ_2$。而消费者实际支付为 OP_2FQ_2，消费者福利为三角形 P_2AF。

这样，我们可以看出，消费者福利损失为梯形 P_1P_2FG。当然由于企业获得了更多的利润，因此生产者福利增加了，增加值为利润差 P_1P_2FE。我们用减少的消费者福利与增加的生产者福利相加，这样，社会总福利损失为三角形 EFG。

最后我们可以得出：垄断与完全竞争相比，产量下降、价格提高，利润增加，但社会总福利减少。

以上的评价仅仅是理论上的，不具备多少现实意义。目前，在中国垄断的出现有自身的原因，很多垄断都是源于政府的特许、默许。在媒介行业更是如此，媒介行业的市场化改革比较滞后，这个问题值得我们深思。

延伸阅读 3

《反垄断法》的诞生[①]

中华人民共和国第十届全国人大常委会 29 次会议于 2007 年 8 月 30 日表决通过了《反垄断法》草案，至此，有"经济宪法"之称、历

---

① 资料来源：中华人民共和国中央人民政府网站 www.gov.cn。

经 13 年长期反复博弈的《反垄断法》终于破土而出。《反垄断法》自 2008 年 8 月 1 日起施行。共分为 8 章 57 条，包括：总则、垄断协议、滥用市场支配地位、经营者集中、滥用行政权力排除、限制竞争、对涉嫌垄断行为的调查、法律责任和附则。

《反垄断法》明确规定，禁止大型国企借控制地位损害消费者利益，国有经济占控制地位的关系国民经济命脉和国家安全的行业以及依法实行专营专卖的行业，国家对经营者的经营行为及其商品和服务的价格依法实施监管和调控，维护消费者利益。

延伸阅读 4

对中央电视台的评论[①]

一、中央电视台的地位

改革开放以来，我国的电视事业有了突飞猛进的发展，但这种发展是不均衡的，一个非常突出的表现，就是中央电视台以下简称央视垄断地位的进一步加强，呈现出"一强众弱"的格局。

以山东电视台为例，1990 年，央视与山东电视台的广告收入差别并不是太大，至多也只是 2∶1 的比例。但现在，央视已经是山东电视台的十几倍。山东电视台在全国地方电视台中排列居前，况且如此，其他的落后地区的电视台就更不用说了。

2009 年，中央电视台广告收入为 164.02 亿元，在所有电视台中排名第一。其次为北京电视台，广告收入为 25.85 亿元。排 3~10 位的电视台依次为湖南电视台、中国教育电视台、上海广播电视台、浙江电视台、江苏电视台、安徽电视台、深圳电视台、河南电视台。中央电视台广告收入占全部电视台广告收入的 25%。

再看中央电视台历年黄金资源广告招标收入：2006 年为 58.69 亿

---

① 资料来源：引自百度贴吧——湖南吧：《央视正在垄断中灭亡，中国电视界正在改革》，2005 年 10 月 28 日，有所删减。

元，2007 年为 67.95 亿元，2008 年为 80.29 亿元，2009 年为 92.56 亿元，2010 年则为 109.66 亿元，轻松突破 100 亿元大关。

央视这种以加速度增长的广告额，谁能说它不是电视业最大的赢家？而这一切，源自于央视牢固的电视市场垄断地位。中央电视台，是中国媒体市场当之无愧的"龙头"。

央视的这种牢固地位，在某种程度上使得广告客户流向中央电视台。因为，原来密集播出广告的地方电视台将会失去更多的竞争优势，虽然企业、产品可以在地方电视台做广告，但要想在全国范围打响品牌，不可能不选择在央视露脸。央视在频道内容方面以全覆盖的态势，抢占了地方台同类节目的先机和上游空间，在广告经营方面也以灵活多样的形式"恩威并重"地积极争取大小客户，其节目影响和综合实力与地方台的距离越来越大。

而在事实上，一方面，央视正在成为华盖遮天的"参天大树"；另一方面，众多的地方台正在成为巨树阴影下的"小草"。央视的广告价格能上涨，这是由其垄断地位决定的，是央视的特殊地位决定的。央视之所以能成为央视，就因为它是"非地方"的，可以预料，各地方台如果继续在地方化的路子上走下去，很难摆脱当前的这种尴尬，这种局面在一定时期内还将延续下去，甚至还有可能进一步强化。央视的"一股独大"，不仅表现在收入方面，还体现在规模的庞大无比。据《北京晚报》报道，中央电视台正式职工编制为 2800 人，非正式编制辅助人员为 4500 人。崔永元在其所写《不过如此》一书中透露："我们电视台的人数不好统计，你像一般干活的各个岗位大概有 25 人，但是吃盒饭的有 140 多个人，发奖金的时候有 2200 人，有一次台里说，有一个出国名额，谁想去，填一个表吧，填了 1000 多张表。"由此可见一斑。

以市场经济来论，央视占有得天独厚、最为强大的资源，它代表了中国的舆论导向。央视以全国电视台的"老大"地位，占领节目收视的大半江山，揽到大部分的广告订单，做行业规则的制定者。这种一统江湖的霸主地位在昔日是非常稳固的，无论是人才还是体制，信息来源还是专业技术，节目还是广告，都处于行业领先。

二、地方台的挑战

在央视航母风云雄霸天下的时代,各省级卫视总有点被牵着鼻子走路的感觉。在央视过于僵硬的体制下,出现了越来越多抢夺央视风头的节目和主持人。湖南卫视便是其中的一个。

湖南卫视凭借"超级女声"(以下简称"超女"),不仅打破了央视保持的最高广告插播价位,更创造了收视率神话。央视的插播广告额,最高是 15 秒 11 万元,而湖南卫视因为收视率涨势凶猛,广告投放费最高达到 15 秒 11.5 万元,刷新了全国最高价格。

"超女"这场娱乐秀吸引了 15 万女性报名参加,有关节目的内幕、笑料、争议等各类消息在长达 5 个月的赛程中几乎天天出现在报纸娱乐版,其官方网站的投票数以每天几十万的数字递增。

而这种疯狂也转化成了巨大的经济效益,除了 2800 万元冠名权和伴随着每场比赛几十万投票量增长的短信收入,年度总决赛的广告报价高达 15 秒 11.25 万元。最大的赢家,当属湖南卫视。尽管我们还会经常回忆起张靓颖如天籁般的歌唱,可"超女"毕竟已经结束了。而湖南卫视似乎在"超女"还未结束的时候就已经在为再创佳绩做准备了。接下来,"超级中学生"、"超级主持人"又会为这个本已发展的如火如荼的电视台带来怎样的惊喜呢?

以湖南卫视为代表的地方台正是靠主打娱乐牌来与央视竞争。"超女"则让湖南卫视创建了让人耳目一新的以"娱乐"立台的理念和运营模式,让湖南卫视赚足了腰包出尽了风头,牵动了官方的神经。

在中国这样一种传媒格局的状态下,央视享受着国家方方面面的精心呵护,地方台为了能生存得更好一些,挖空心思娱乐大众。而央视不惜投入重金,集中各路精英,意图利用这次机会,凭借自身的龙头老大地位,打造出支撑台面的精品制作,压服日露峥嵘的地方群雄。这是央视在电视行业老大的地位第一次碰到挑战。

三、央视的"傲慢"

央视,这个拥有数万人在册的庞大媒介机构,占据着无与伦比的媒介平台,垄断着许多电视同行遥不可及的媒介资源,然而近些年来,央视却义无反顾地生产着让人大跌眼镜的媒介产品。

以央视每年的金牌节目"春节晚会"为例，春晚十几年来一直在走下坡路，总合乎不了全国人民的口味，也赢不了全国人民的喝彩。实际上，央视每年在春节联欢晚会上花的工夫不浅，耗费的金钱不少，但匮乏的创意与内容总是为人诟病。

然而，央视春晚正在成为一部印钞机器。春晚不仅是一台令人爱恨交织，又不得不看的文艺演出，而且是一次不折不扣的经济活动。在这个经济活动里，每投入1元，就可能有3~4元的收入，如此高的收益与回报，难怪年年不落好，春晚还要年年搞。环顾世界各国，大概再也找不出像央视春节晚会这样一本万利的生意了。

综观央视各大频道，央视的经济频道可以说是一个过分中庸的典型，经过多次的改版，最后定名为"经济频道"，顾名思义是想做一个纯粹的报道经济信息和以经济视角制作节目的频道，可我们实际上看到的是什么呢？我们看到的更多的是一个"经济娱乐频道"，二套最吸引眼球的不是它的经济类节目，而是类似"幸运52"、"开心辞典"、"非常6+1"之类的娱乐节目。二套最受欢迎的主持人，不是"第一时间"里那个伶牙俐齿的欧阳夏丹而是李咏。央视二套总是在"经济"与"娱乐"的边缘摇摆，而这一切都注定了它成不了大气候。

就在湖南卫视"超女"最火爆的时候，央视的"梦想中国"常常被各类媒体拿来作为参照系进行比较。"梦想中国"年短信收入接近1000万元。但是湖南卫视"超女"的收视率一飞冲天，使得央视的"梦想中国"收视率极低。"梦想中国"在成都西南赛区进行海选时，报名人数仅几千人，与"超女"4万人的报名相比，连零头都没达到。

央视金牌主持人李咏为此解释说："央视有央视的操作规范，它是一个国家媒体，首先要完成对国家的责任、对国家宏观政策信息的传达，它不可能倾整个频道之力、倾整个电视台之力去做一件东西。央视有众多的栏目，像这种娱乐化的节目，它会予以高度重视，但绝不会倾全台之力去打造。"然而，正是平民的草根力量，促成了"超女"的巨大成功。

央视的傲慢还表现在，央视的广告价格畸高，路人皆知。中国国家级电视台，只此一家别无分号，再不合理也得接受。央视还会说"就这我还看有没有时间给你安排"？央视历年以来的广告标王，创下了中国广告业的奇迹。价位之高，高得离谱，导致企业倒下去的也最多。秦池酒、孔府宴酒、爱多VCD早已销声匿迹。

不但如此，央视人也是傲慢的。央视在一个主持人生命中的地位，非同寻常，能够到央视工作，那几乎是这个主持人一辈子的梦想。央视几乎是所有中国电视人的理想王国。在央视工作，会有不菲的报酬，也会让人感到非常有成就感。

央视的人是全中国媒体人中最高贵的人。央视主持人是全国选优竞技而来，地方台优秀一个就会向央视输送一个，地方节目想出名一个就找央视播出一个，中国影视新闻资源的核心在央视，是政府赋予了央视这样一个"人上人"的新闻核心地位。

四、央视的"中心化"

在我国已经历过30余年的改革开放、各行各业都进入市场竞争的大环境下，央视为何还能享有诸如春晚广告、年度招标广告的暴利收入？

这与它占有国家公共资源有很大关系，央视正在形成中国电视业的"中心化"。有资料显示：在全国3000多家电视台中，CCTV-1的全国入户率为94.4%，收视观众平均每天8.28亿，节假日时段收视观众更多。CCTV-1的新闻联播、焦点访谈，都是基层电视台必转的节目，央视的波及面可达到国家的每一寸土地。这一点就决定了央视的独特性、权威性、垄断性，为其广告收入打下了坚实的基础。

央视的"中心化"甚至表现在节目策划的"中心化"。这从中央台与地方台创新与模仿的关系可以看出来，央视有新闻联播、天气预报，地方台模仿之；央视新创个焦点访谈，地方台立刻上马焦点关注、大写真等；最明显的模仿表现在主持人风格上，央视是赵忠祥、倪萍当道，地方台主持人全是清一色的赵腔倪调。

央视"中心化"带来的一个后果，就是其覆盖全国的收视范围是一种人为的政策垄断，对广告主而言就不能实现效用最大化。中央电视台按照表面形式，可以视为一个商业机构，通过提供新闻、娱乐等节目来吸引观众，通过广告收入来赚取利润。然而，央视这种靠限制甚至是剥夺其他媒体的信息话语权的垄断行为，就是隐性的信息对称危机。这种现象如果不能有效控制，真正受损的还是老百姓的利益以及市场经济的诚信度。

然而，不可否认，央视是中国最大的媒体。尤其在中国现行体制下，央视的喉舌作用、导向作用在全国都是无可替代的。央视拥有地方台所不具备的覆盖范围和传播、人力资源，央视在一定程度上的权威性，必须对全国范围内的民生状况作出应有的反映关怀，这是它作为国家台的义务。但我们应该允许并提倡百花齐放、百家争鸣，找准自身定位，独树一帜。

央视应该去"中心化"，或提倡"多中心化"。正如刘长乐对凤凰传播的要求是：小众化、简单化。所谓小众化，就是主张电视节目是一对一的，他期望让观众感到凤凰的节目是对着一个人、一个家庭、一小群志趣相投者的，而不是对着整个中国、整个世界的。凤凰要让观众感到：我需要你，你需要我；我就是你，你就是我；我喜欢你，你也喜欢我。忠诚度也就由此建立起来了。所谓简单化，就是简练、集中、重复，符号化，让目标消费者关心你，不费时间找到你，和你建立知音关系。凤凰卫视正是通过这些很平常的做法，影响了有影响力的人。

内容提要

● 垄断市场是指整个行业中只有唯一的一个厂商的市场组织。

● 垄断的根本原因是进入该市场的壁垒难以逾越或者说存在进入障碍。进入障碍或壁垒产生的原因包括：对资源的控制、政府的特许、独家厂商拥有生产某种商品的专利权和自然垄断。

● 垄断企业短期均衡的条件是边际收益等于短期边际成本。垄断企业长期均衡的条件是边际收益等于长期边际成本，垄断企业在长期内的利润必然大于零。

● 价格歧视是指一家厂商在同一时间对同一产品或服务索取两种或两种以上的价格。价格歧视可以分为以下三类：一级价格歧视、二级价格歧视和三级价格歧视。

关键概念

垄断　自然垄断　垄断企业的长期均衡　价格歧视

复习题

1. 请解释垄断市场的概念与产生原因。

2. 与产品销售相比，劳务销售中价格歧视的现象更普通，如医疗服务可按人们收入的不同收取不同的费用；交通运输服务可按年龄不同分别进行定价。试解释这种现象。

3. 请分析中央电视台的广告招标策略。

4. 请评价垄断市场的效率。

第七章　垄断竞争媒介市场

　　前面我们介绍了完全竞争和垄断的媒介市场，实际上在现实中存在的市场既非完全竞争也非完全垄断。例如，报业市场。在该市场中有很多家报纸，这一点类似于完全竞争市场，另外，报纸在报道相同的东西，也在报道不同的东西。也就是说，产品差别总是存在的。这一点又使得每家报纸拥有一定的垄断力量。那么，报业市场究竟属于何种类型？

　　类似报业这样的市场我们称为垄断竞争市场。垄断竞争是指许多企业出售相近但非同质，且具有差别的商品的市场结构。这种市场组织既带有垄断的特征，又带有竞争的特征。垄断竞争与完全竞争比较接近。简单地说，它是这样一种市场组织，市场中有许多厂商销售有差别的同种产品。

第一节　垄断竞争媒介市场的
特征与需求曲线

一、垄断竞争媒介市场的特征

　　一般而言，垄断竞争的媒介市场有以下特征：

　　第一，市场上有许多消费者，有许多企业争夺同样的顾客群体。媒介市场上存在大量的媒介、消费者和广告主。每一个单独的媒介对于整个市场的影响力不大，不足以构成垄断。

第二，产品之间存在差别，每个企业生产的一种产品至少与其他企业生产的这种产品略有不同。同行业中不同厂商的产品互有差别，要么是质量差别，要么是功用差别，要么是非实质性差别（如包装、商标、广告等引起的印象差别），要么是销售条件差别，如地理位置、服务态度与方式的不同造成消费者愿意购买这家企业的产品，而不愿购买那家企业的产品。

对于媒介来讲，产品差异值得进一步说明。媒介产品的有些差异是真实的，如报纸的颜色、外观、内容等方面存在可以分辨的区别。但这种差别是针对阅读者的，而对于广告主来说，只要两种媒介覆盖人群相同，这两种媒介就没有区别。因为广告主并不关心别的区别，只关心广告的到达率。

第三，自由进入。企业可以没有限制地进入（或退出）一个市场。因此，当经济利润大于零时，就会有厂商进入，导致利润下降，最终市场上企业的数量要一直调整到经济利润为零时为止。

二、垄断竞争媒介市场中单个媒介企业的需求曲线

在完全竞争市场，厂商所面对的需求曲线是一条水平线，表示厂商对于价格没有任何控制力。而在垄断竞争的市场上，厂商对价格有些许控制。例如，一份报纸把自己的价格略微提高，消费者购买数量会下降，但该报纸不会失去所有的消费者；同样，该报纸把自己的价格略微下降，消费者购买数量会增加，但该报纸不会夺走该市场上所有的消费者。

那么垄断竞争媒介市场中单个厂商的需求曲线是什么形状呢？该需求曲线不是水平的，而是向下倾斜的，但是由于垄断竞争市场上的替代品很多，因此需求曲线很平坦，弹性较大，如图7-1所示。

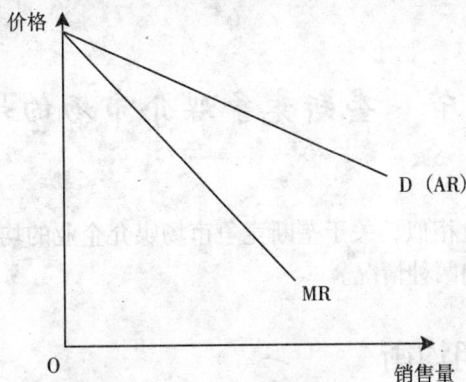

图 7-1　垄断竞争媒介市场中单个媒介企业的需求曲线

由图 7-1 可知，平坦的需求曲线意味着需求弹性较大，而弹性较大意味着当价格略微变化，销售量会大幅变化。同时，由于需求曲线向下倾斜，因此垄断竞争行业中单个媒介企业的边际收益曲线 MR 位于需求曲线 D 之下。

由于需求曲线为直线，我们可以假设价格（P）为销售量（Q）的线性函数，令

$P = A - BQ$（$A > 0$，$B > 0$）

则总收益 $TR = P \cdot Q = AQ - BQ^2$

边际收益为总收益的导数 $MR = \dfrac{dTR}{dQ} = A - 2BQ$

可以发现，当 $Q = 0$，时，边际收益与需求曲线在纵轴相交。但 MR 位于 D 之下。

同时，平均收益等于总收益除以产量，$AR = A - BQ$。平均收益曲线与需求曲线重合。

第二节　垄断竞争媒介市场的均衡

与垄断企业相似，关于垄断竞争市场媒介企业的均衡，我们同样分为短期和长期两种情况。

一、短期均衡

首先，垄断竞争市场媒介企业利润最大化的原则也是边际收益等于边际成本。当边际成本小于边际收益时，增加生产并销售产品是合理的；当边际成本大于边际收益时，增加生产并销售产品是不合理的。因此，只有边际收益等于边际成本时，利润才最大。

其次，垄断竞争市场媒介企业短期均衡的条件是边际收益等于短期边际成本。当然，垄断竞争市场媒介企业在短期内不一定能够获得正的利润。这取决于价格与平均成本的比较，如果价格大于平均成本，则利润为正；如果价格小于平均成本，则利润为负；如果价格等于平均成本，收支相抵，则利润为零，如图7-2、图7-3所示。

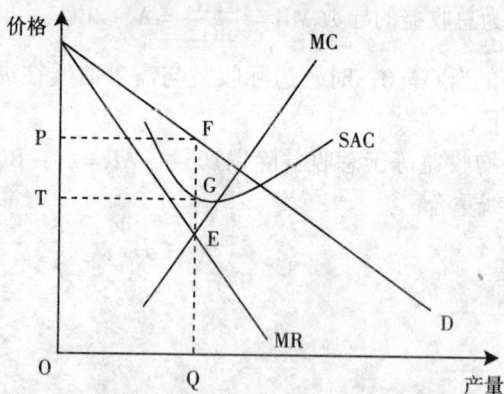

图7-2　垄断竞争市场媒介企业短期均衡之一：获利

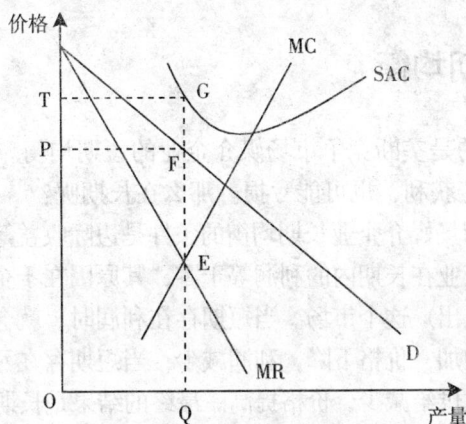

图 7-3 垄断竞争市场媒介企业短期均衡之二：亏损

在图 7-2 中，D 为需求曲线，MR 为边际收益曲线，MC 为边际成本曲线，SAC 为短期平均成本曲线，MR 与 MC 相交于 E 点，决定均衡数量为 Q，然后虚线 EQ 与需求曲线相交于 F 点，决定均衡价格为 P，对应的长期平均成本为 GQ，总收益为 OPFQ 围成的面积，总成本为 OTGQ 围成的面积。价格高于长期平均成本，该厂商可以获得超额利润，利润额为由 TPFG 围成的面积。

在图 7-3 中，D 为需求曲线，MR 为边际收益曲线，MC 为边际成本曲线，SAC 为短期平均成本曲线，MR 与 MC 相交于 E 点，决定均衡数量为 Q，然后虚线 EQ 与需求曲线相交于 F 点，决定均衡价格为 P，对应的短期平均成本为 GQ，总收益为 OPFQ 围成的面积，总成本为 OTGQ 围成的面积。价格低于短期平均成本，该厂商亏损，亏损额为由 TPFG 围成的面积。

思考 在图 7-3 中，该厂商亏损，那么该厂商是否应该继续经营？请说明理由（提示：参见第五章完全竞争媒介市场的短期均衡）。

二、长期均衡

以上讨论的是垄断竞争市场媒介企业的短期均衡。我们发现，在短期，企业可能获利，也可能亏损。那么在长期呢？

垄断竞争市场媒介企业长期均衡的条件是边际收益等于长期边际成本。垄断竞争企业在长期内的利润等于零，其原因在于企业可以没有限制地进入（或退出）这个市场。当短期存在利润时，就会有大量厂商进入，导致供给增加，价格下降，利润减少；当短期存在亏损时，就会有厂商退出，导致供给减少，价格提高。最终的结果是长期内利润为零。

在图7-4中，D为需求曲线，MR为边际收益曲线，MC为边际成本曲线，LAC为长期平均成本曲线，MR与MC相交于E点，决定均衡数量为Q，然后虚线EQ与需求曲线相交于F点，决定均衡价格为P，对应的长期平均成本为FQ与价格相等，总收益为OPFQ围成的面积，总成本也是OPFQ。利润为零。

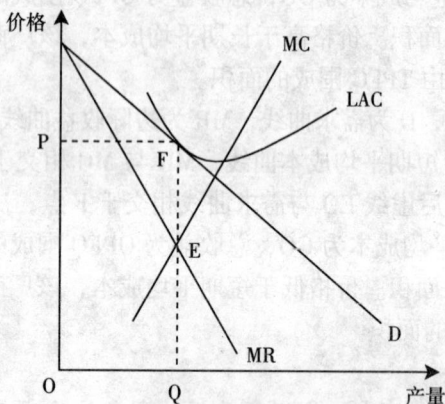

图7-4　垄断竞争市场媒介企业长期均衡

这样垄断竞争市场媒介企业长期均衡的就是：边际收益等于长期边际成本，即价格等于长期平均成本。而且，从图7-4中可以发现，长期平均成本曲线在均衡时与需求曲线相切。

三、完全竞争与垄断竞争的比较

完全竞争与垄断竞争有所不同，我们从价格、数量、成本、利润等方面来考虑。

在图 7-5 中，我们假设同一家媒介企业分别处于完全竞争和垄断竞争市场中。D_P 代表当它处于完全竞争市场中时面临的需求曲线，D_M代表当它处于垄断竞争市场中时面临的需求曲线。长期平均成本曲线是同一个。当该企业处于完全竞争市场中时，均衡点在 E 处，价格为 P_1，数量为 Q_1；当该企业处于垄断竞争市场中时，均衡点在 F 处，价格为 P_2，数量为 Q_2。

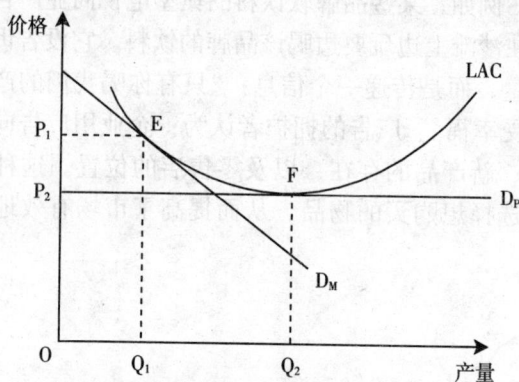

图 7-5　完全竞争与垄断竞争之间的区别

由此可以得到这样一个结论：同一家企业，当处于垄断竞争市场中时，价格高于其处于完全竞争市场的价格，产量低于其处于完全竞争市场的产量，成本高于其处于完全竞争市场的成本，利润都为零。

四、垄断竞争市场中的广告

垄断竞争企业有时并不采取价格或产量竞争的形式，而是采取别的非价格竞争手段。由于每一家厂商生产的产品都是有差别的，所以，垄断竞争厂商往往通过改进产品品质、精心设计商标和包装、改善售后服务以及广告宣传等手段，来扩大自己产品的市场销售份额，这就是非价格竞争，如产品变异和推销。

产品变异是指变换产品的颜色、款式、质地和服务等来改变原有的产品，以形成产品差别。推销是指企业促进销售而采取的手段，如送货上门、陈列样品、展销、广告等，其中广告最为重要。这不是指媒介市场的广告，而是指垄断竞争市场中媒介企业自身的广告。

当企业销售有差别产品并收取高于边际成本的价格时，每家企业都有以做广告来吸引更多消费者的激励。

关于广告的作用，经济学家褒贬不一。广告的批评者认为，企业做广告是为了影响人们的嗜好。许多广告是心理性或劝说性的，而不是信息性的。例如，某些品牌软饮料的典型电视商业广告的内容只是一群年轻人在沙滩上边玩耍边喝该品牌的饮料。它没告诉观看者产品的价格或质量，而是传递一个信息："只有你喝我们的产品，你才能在沙滩上享受幸福。"广告的拥护者认为：企业用广告向顾客提供信息，如价格、新产品的存在，以及零售店的位置。这种信息可以使顾客更好地选择想购买的物品，从而提高了市场有效地配置资源的能力。

延伸阅读 1

广告在竞争中的作用——谈百事可乐与可口可乐百年广告战[①]

百事可乐作为世界饮料业两大巨头之一，100 多年来与可口可乐上演了一场蔚为大观的"两乐之战"。"两乐之战"的前期，也即 20 世纪 80 年代之前，百事可乐一直经营惨淡，由于其竞争手法不够高明，尤其是广告的竞争不得力，所以被可口可乐远远甩在后头。然而

---

① 资料来源：鲁小萌：《广告在竞争中的作用——谈百事事可乐与可口可乐百年广告战》，《中外企业家》2005 年第 3 期。有所删减。

经历了与可口可乐无数交锋之后，百事可乐终于明确了自己的定位，以"新生代的可乐"形象对可口可乐实施了侧翼攻击，从年轻人身上赢得了广大的市场。

一、竞争过程

1983年，百事可乐公司聘请罗杰·恩里克担任总裁，他一上任就把焦点对准广告。对软饮料而言，百事可乐和可口可乐的产品味觉很难分清孰优孰劣，因此，焦点便在塑造商品性格的广告上了。

为了确定自己的产品定位，百事公司作了一次市场调查。调查人员发现：当消费者在挑选软饮料时，他们实际上做出了三项选择，他们先拿定主意喝软饮料，而不是果汁、水或者牛奶；接着他们选择了可乐，而不是雪碧、七喜或者其他软饮料。只有在这时，他们才开始从百事可乐和可口可乐及其他可乐中挑选。同时，调查结果还表明，消费者认为百事可乐公司是一家年轻的企业，具备新的思想，富有朝气和创新精神，是一个发展很快、赶超第一的企业，不足之处是鲁莽，甚至有点盛气凌人。而可口可乐得到的积极评价是：美国的化身，可口可乐是"真正的"正牌可乐，具备明显的保守传统；不足之处是老成迟钝、自命不凡，还有点社团组织的味道。

随即，恩里克查阅了BBDO广告代理公司接受百事可乐委托后写的一份名为"领带备忘录"的报告。其要点是：男人之所以花那么多时间和精力购买领带，是因为领带表达了买主的性格。领带并没有使买主对领带的制造商产生好感，但它使他对自己感到满意。所以，别吹捧你的产品有多好，而应吹捧选择了你产品的消费者。弄清楚他是谁，然后称赞这个人。

于是，恩里克决心选择青少年形象作为自己的形象，年轻人充满情趣，令人振奋，富有创新精神，正是百事可乐生机勃勃、大胆挑战的写照，他决心重新启动20世纪60年代"百事的一代"这一广告战略。

经过与广告代理公司BBDO的多次接洽，最终将"百事可乐：新一代的选择"作为广告主题。围绕这一主题，BBDO为百事创作了许多极富想象力的电视广告，如"鲨鱼"、"太空船"等，这些广告，针对第二次世界大战后高峰期出生的美国青年要独树一帜的消费方式、独特的消费品、鲜明地和老一代划清界限的叛逆心理，提出"新一代"的消费品位及生活方式。结果使百事可乐的销售量扶摇直上。

1994 年，百事可乐又投入 500 万美元聘请了流行乐坛巨星迈克尔·杰克逊拍摄广告片。此举被誉为有史以来最大手笔的广告运动。而且调查表明，这也是有史以来最成功的广告片，这部广告片开播不到 30 天，百事可乐的销售量就开始上升。

从百事可乐的广告攻势看，一直保持着咄咄逼人的进攻优势。同时，这一攻势集中而明确，都围绕着"新的一代"而展开，从而使广告的进攻具备极大杀伤力。"二战"结束时，可口可乐与百事可乐市场销售额之比是 3.4∶1，到了 1985 年，这一比例已变为 1.15∶1。

二、广告的作用

如果按照案例中所提及的调查结果，消费者先是选择可乐，然后再选择百事可乐或者可口可乐，那么在"可乐"行业，可以看做是两家厂商的双寡头垄断。而百事可乐与可口可乐的口味相差甚微，其产品的本身可以认为是基本同质的。并且，根据软饮料行业的特征，一方面其技术不是资本密集型，另一方面其原材料也是十分容易获得的，因此，产量是相对容易调整的。这些方面都与伯特兰模型的假定极为相符，理论上将会产生价格战，直至价格等于边际成本。

事实也的确是这样的，早期的"两乐之战"就曾经采取了价格竞争的形式。20 世纪 30 年代，百事可乐便在世界上首次通过广播宣布，将当时最高价为 10 美分的百事降价一半，使顾客用 5 美分就能买到 10 美分的饮料，从而拉开了美国软饮料工业中首场价格争夺战的序幕。在之后的几十年中，两家公司虽经过了多次的价格较量，但为了保持各自饮料在消费者心目中的地位，双方在价格上的较量是相当谨慎的。

可以预见得到，价格竞争对于双方都是有强大的负效应的。由于双方都没有明显的成本优势，价格竞争的结果是两家企业的利润都下降了，但却都没有退出这一行业。在意识到价格竞争的结果是双方没好处时，非价格竞争逐步提上了日程，而广告则是现代社会中非价格竞争的最重要途径之一，最终，百事和可口可乐的竞争转移到了广告竞争上。正如可口可乐公司的前老板伍德拉夫的一句名言："可口可乐99.61%是碳酸、糖浆和水。如果不进行广告宣传，那还有谁会喝它呢？"从历史上看，可口可乐公司一向在广告上投入巨额资金。如今可口可乐在全球每年广告费超过6亿美元。而百事可乐公司也从早期广告竞争不得力的泥淖中走了出来，在广告竞争的道路上迎头赶上。

三、百事广告的心理效应

首先，可乐是一种经验品，因此巨额的广告支出仅是产品高质量的信号。然而仅是这样，对于百事而言并不够。在大多数消费者心目中，毕竟可口可乐是第一家生产可乐的企业，而百事可乐一直都有模仿之嫌，这个"第一"所创造的无形价值成为了百事可乐进一步发展的巨大障碍。

在这一形势下，百事可乐摒弃了可口可乐一贯采用无差异市场涵盖策略，而从年轻人入手，对可口可乐实施了侧翼攻击。并且通过广告，百事力图树立其"年轻、活泼、时代"的形象，而暗示可口可乐的"老迈、落伍、过时"。百事可乐完成了自己的定位后，针对年轻人追求流行、新潮、独特的风格特点。利用这一心理特征，开始推出了一系列以年轻人认为最流行的明星为形象代言人的广告。从1994年在美国本土聘请迈克尔·杰克逊，到1998年力邀郭富城、王菲、珍妮·杰克逊和瑞奇·马丁四大歌星做它的形象代表，并在2002年邀请F4和郑秀文等当红明星加盟百事，百事这一始终以年轻人为市场目标的策略，使百事可乐年轻、有活力的形象深入人心，对百事在年轻人当中的销售起到了很重要的作用。在中国，百事可乐15~24岁消费者的比重是30.1%，可口可乐则是28.5%。总而言之，可以认为百事可乐以新生代喜欢的超级巨星做形象代言人正是抓住了年轻人的心理，与其品牌的定位、目标市场的选择一脉相承，是它广告策略中最成功的一点。百事公司成功的利用广告，造成了产品的主观心理差异化。这种差异又分为两方面，一方面是百事与可口可乐之间的横向差异，另一方面是这两者与其他可乐生产商的纵向差异。因此，铺天盖地地围绕着"百事可乐：新一代选择"的广告，使百事不但能够与其他生产可乐的小厂商区分开来，还能够与可口可乐区分开来。根据霍特林模型的结论，产品存在横向差异化时两个寡头都能获得超额利润，并且差异越大、市场势力越大，超额利润越多。然而问题的关键是，为什么广告的结果却只使得百事一方获利呢？这一案例与霍特林模型的关键差异在于，霍特林模型假定顾客均匀分布的前提下，到达两家厂商的单位运输成本是相等的。而百事的广告的成功之处就在于，它能够将心理上更靠近百事的顾客改变其选择的心理成本抬升得很高，即只有可口可乐的价格下降相当大的幅度时，忠实于百事的年轻人才会选择可口可乐。而这种心理成本的提升，也就提高了百事品牌的核心价值。

可以看出，在经验品的市场上，广告不仅要使得自己的产品与其他企业的产品产生比较大的心理差异，而且更重要的是要提高自己的目标顾客改变选择的心理成本。针对年轻人想要超越过去、勇于创新的心理，百事在宣扬自己年轻、有活力的同时还不断暗示可口可乐是墨守成规、老派、落伍、过时的象征，增加了年轻人选择可口可乐的心理成本，牢牢地抓住了年轻的消费人群。另外，对于这一案例可能用产品定位的模型解释更为恰当，因为百事公司主动地选择了自己的产品定位，而不是在既定的产品差异的前提下进行可口可乐的博弈，最终达到均衡的过程。但是由于语言表述比较困难，这里仅用霍特林模型做了简单的分析。

然而在中国，一贯采用无差异市场涵盖策略的可口可乐也逐渐把广告的受众集中到年轻的朋友身上，广告画面以活力充沛的健康的青年形象为主体。先是1999年起用张惠妹，这个女歌手泼辣、野性、"妹"力四射，赢得了一大批青少年的喜爱，然后由新生代偶像谢霆锋出任可口可乐数码精英总动员。2001年又推出当红偶像张柏芝作为可口可乐夏季市场推广活动的形象代言。"活力永远是可口可乐"成为其最新的广告语。毫无疑问，可口可乐公司也希望在中国发展年轻人的市场，也许是由于百事的年轻的形象在中国不及在美国那么深入人心，因此可口可乐想尽早占据这一市场，这一举动缩小了百事与可口可乐的产品差异，如果双方都坚持这一策略，百事可乐与可口可乐在中国的广告战也许将日趋激烈。

四、广告的外部性

虽然可口可乐公司的雇员不愿承认，但百事可乐公司事实上却给他们带来了很多的好处。人们喜欢看可口可乐公司和百事可乐公司之间的"可乐之战"。两个公司精明的销售人员也都意识到，无论哪一个公司赢得了某一回合，通过激烈竞争建立起来的知名度都有助于商品的销售。

换言之，广告是有着强大的外部性的。仍然以案例中的调查结果为依据，既然消费者做出的三步选择分别是软饮料、可乐、百事可乐/可口可乐，那么百事可乐的广告首先促使人们选择可乐，而后才扩大了百事可乐本身的销售量。也就是说，百事的广告首先扩大了可乐的市场，而这一效果对于双方都是有利的，当然，可口可乐的广告也会产生同样效果。特别是在两个公司打开外国市场的过程中，这种外部性尤为明显。初始条件是销售额为零，此时无论是哪一家的广告都会改变当地消费者的消费习惯和口味，逐渐选择购买可乐类产品。从这个角度来讲，广告对于双方，成了一种"公共物品"。然而，虽然存在这种外部效应，但是两家企业为了更多地挤占对方的市场份额，扩大销售量却不得不选择多做广告，这也是两家不存在合谋关系的企业博弈的最终结果。

五、广告与市场效率

有了以上的分析，我们不禁要思考一个经济学的基本问题，就是广告究竟是增进了还是损害了市场的效率。从理论的视角出发，这是不容易衡量的。一般而言，广告总是与更大的产量相联系，这通常被认为是福利的提升。但是广告还经常与更高的价格和价格——成本差额相联系，这些又通常被认为是福利的提升。另外，如果移动需求曲线的广告业移动了需求曲线推导出的个人效用曲线，那么它也就改变了衡量福利的标准。这一难题的现实含义其实已经超出了经济学的范围。再回到百事的这一案例中，其成功的要点主要在于它创造了一种主观的满足和认同感，在消费者购买的过程中提高了其主观效用，那么这样的广告投入是否创造价值呢？更进一步说，在现代社会中，广告已经不仅是促销的一种手段，而且形成了一种文化，此时我们是否还能认为广告会创造虚假的产品差异、大多数广告都是一种浪费而且是反竞争和绝对有害的呢？这已经不能单纯从经济学的角度来考虑了。

虽然对于广告的价值一向褒贬不一，但是无疑广告已经成为现代市场经济中运用得最为广泛的销售手段之一。从百事可乐与可口可乐的百年广告战之中，我们可以看到，正确的广告策略能够给企业带来更高的销售额，以至于更高的利润。对于经验品而言，巨额的广告投入一方面是高质量的信号；另一方面在造成产品主观差异化的同时也提高了行业的进入壁垒，巩固了企业的市场势力，维持了高价格和高利润。此外，某一企业的广告对于整个行业而言是有着一定的外部性的，但这并不会从根本上削弱企业做广告的热情。

当然，对于广告的产生效果的研究仍然处于发展的过程中，关于广告的理论也是有待发展的。

五、垄断竞争媒介市场中企业的策略

在垄断竞争市场，产品差别是主要的特征，我们以下例来说明垄断竞争市场的产品差别、消费者选择以及均衡结果。

假设在一条街道上有两家报亭，它们销售不同的报纸，但报纸的内容大致相同，而且价格也完全一样。也就是说，报纸内容没有差别，只是销售的地理位置存在差别。居民——即报纸的潜在购买者沿着街道均匀分布，假设街的起点为0，街的终点为1。另外，我们假设，居民沿着街道步行如购买报纸需要花费成本（时间和磨鞋底成本），因此，居民宁愿就近购买报纸。我们来看一下，报亭究竟如何选址。

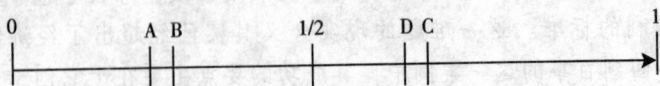

图 7-6　报亭的选址

在图 7-6 中，假如其中一个报亭 1 选择了 A，也就是选在 1/2 处的左边，另外一个报亭 2 会如何选址？

显然，另外一个报亭 2 会选择 B，即紧挨着 A 点的右侧。为什么？因为选择 A 点的报亭 1 会获得从 0 到 A 的用户，而 B 则会获得从 B 到 1 的用户。显然，报亭 2 会从中获益。但是报亭 1 不会罢休，它会重新选址，选在 B 的右侧，而报亭 2 也会重新选址，选在报亭 1 的右侧，最后，两个报亭在 1/2 处达到均衡。

同样，重新开始，假如其中一个报亭 1 选择了 C，也就是选在 1/2 处的右边，另外一个报亭 2 会选在 D。报亭 1 重新选在 D 的左边，报亭 2 选在报亭 1 的左边。以此类推。最后，两个报亭在 1/2 处达到均衡。

在地理上，竞争性的报亭在选址的区域上互相接近。这样我们也可以理解为什么饭馆、旅店经常集中在一起，同时，我们也可以理解媒介企业的信息产品在时间选择上的集中：电视台在晚上 6 点半到 8 点之间集中播放新闻，在 8 点到 10 点之间集中播放电视剧；在周一到周五播放电视剧，在周六、周日却播放娱乐节目；干脆无论哪一天，都集中播放娱乐节目。

延伸阅读 2

红罐王老吉品牌定位战略①

一、品牌释名

凉茶是广东、广西地区的一种由中草药熬制，具有清热去湿等功效的"药茶"。在众多老字号凉茶中，又以王老吉最为著名。王老吉凉茶发明于清道光年间，至今已有 175 年的历史，被公认为凉茶始祖，有"药茶王"之称。到了近代，王老吉凉茶更随着华人的足迹遍

---

① 摘自 http://www.chengmei-trout.com/achieve-4.asp，原载于《哈佛商业评论》中文版 2004 年 11 月号。有所删减。

及世界各地。

20 世纪 50 年代初由于政治原因，王老吉凉茶铺分成两支：一支完成公有化改造，发展为今天的王老吉药业股份有限公司，生产王老吉凉茶颗粒（国药准字）；另一支由王氏家族的后人带到香港。在中国内地，王老吉的品牌归王老吉药业股份有限公司所有；在中国内地以外的国家和地区，王老吉品牌为王氏后人所注册。加多宝是位于东莞的一家港资公司，经王老吉药业特许，由香港王氏后人提供配方，该公司在中国内地独家生产、经营王老吉牌罐装凉茶（食字号）。

2002 年以前，从表面看，红色罐装王老吉（以下简称"红罐王老吉"）是一个很不错的品牌，在广东、浙南地区销量稳定，盈利状况良好，有比较固定的消费群，红罐王老吉饮料的销售业绩连续几年维持在一亿多元。发展到这个规模后，加多宝的管理层发现，要把企业做大，要走向全国，就必须克服一连串的问题，甚至原本的一些优势也成为企业继续成长的障碍。

而所有困扰中，最核心的问题是企业不得不面临一个现实难题——红罐王老吉当"凉茶"卖，还是当"饮料"卖？

现实难题表现一：广东、浙南消费者对红罐王老吉认知混乱。

在广东，传统凉茶（如颗粒冲剂、自家煲制、凉茶铺煲制等）因下火功效显著，消费者普遍当成"药"服用，无须也不能经常饮用。而"王老吉"这个具有上百年历史的品牌就是凉茶的代称，可谓说起凉茶想到王老吉，说起王老吉就想到凉茶。因此，红罐王老吉受品牌名所累，并不能很顺利地让广东人接受它作为一种可以经常饮用的饮料，销量大大受限。

另外，加多宝生产的红罐王老吉配方源自香港王氏后人，是经国家审核批准的食字号产品，其气味、颜色、包装都与广东消费者观念中的传统凉茶有很大区别，而且口感偏甜，按中国"良药苦口"的传统观念，消费者自然感觉其"降火"药力不足，当产生"下火"需求时，不如到凉茶铺购买，或自家煎煮。所以对消费者来说，在最讲究"功效"的凉茶中，它也不是一个好的选择。

在广东区域，红罐王老吉拥有凉茶始祖王老吉的品牌，却长着一副饮料化的面孔，让消费者觉得"它好像是凉茶，又好像是饮料"，陷入认知混乱之中。面对消费者这些混乱的认知，企业急需通过广告提供一个强势的引导，明确红罐王老吉的核心价值，并与竞争对手区别开来。

现实难题表现二：红罐王老吉无法走出广东、浙南。

在两广及浙南以外，人们并没有凉茶的概念，甚至在调查中频频出现"凉茶就是凉白开"、"我们不喝凉的茶水，泡热茶"这些看法。输入凉茶概念显然费用惊人。而且，内地的消费者"降火"的需求已经被填补，他们大多是通过服用牛黄解毒片之类的药物来解决。

做凉茶困难重重，做饮料同样危机四伏。如果放眼整个饮料行业，以可口可乐、百事可乐为代表的碳酸饮料，以康师傅、统一为代表的茶饮料、果汁饮料更是处在难以撼动的市场领先地位。

而且，红罐王老吉以"金银花、甘草、菊花等"草本植物熬制，有淡淡的中药味，对口味至上的饮料而言，的确存在不小的障碍，加之红罐王老吉 3.5 元的零售价，如果加多宝不能使红罐王老吉和竞争对手区分开来，它就永远走不出饮料行业"列强"的阴影。这就使红罐王老吉面临一个极为尴尬的境地：既不能固守两地，也无法在全国范围推广。

现实难题表现三：推广概念模糊。

如果用"凉茶"概念来推广，加多宝公司担心其销量将受到限制，但作为"饮料"推广又没有找到合适的区隔，因此，在广告宣传上不得不模棱两可。很多人都见过这样一条广告：一个非常可爱的小男孩为了打开冰箱拿一罐王老吉，用屁股不断蹭冰箱门。广告语是"健康家庭，永远相伴"。显然这个广告并不能够体现红罐王老吉的独特价值。

在红罐王老吉前几年的推广中，消费者不知道为什么要买它，企业也不知道怎么去卖它。在这样的状态下红罐王老吉居然还平平安安地度过了好几年。出现这种现象，外在的原因是中国市场还不成熟，存在着许多市场空白；内在的原因是这个产品本身具有一种不可替代性，刚好能够填补这个位置。但在发展到一定规模之后，企业要想做大，就必须搞清楚一个问题：消费者为什么买我的产品？

二、重新定位

2002 年底，加多宝找到成美营销顾问公司（以下简称"成美"），初衷是想为红罐王老吉拍一条以赞助奥运会为主题的广告片，要以"体育、健康"的口号来进行宣传，以推动销售。成美经初步研究后发现，红罐王老吉的销售问题不是通过简单的拍广告可以解决的——这种问题目前在中国企业中特别典型：一遇到销量受阻，最常采取的措施就是对广告片动手术，要么改得面目全非，要么赶快搞出一条"大创意"的新广告——红罐王老吉销售问题首要解决的是品牌定位。

红罐王老吉虽然销售了 7 年，其品牌却从未经过系统、严谨的定位，企业都无法回答红罐王老吉究竟是什么，消费者就更不用说了，完全不清楚为什么要买它——这是红罐王老吉缺乏品牌定位所致。这个根本问题不解决，拍什么样"有创意"的广告片都无济于事。正如广告大师大卫·奥格威所说：一个广告运动的效果更多的是取决于你产品的定位，而不是你怎样写广告（创意）。经一轮深入沟通后，加多宝公司最后接受了建议，决定暂停拍广告片，委托成美先对红罐王老吉进行品牌定位。

按常规做法，品牌的建立都以消费者需求为基础展开，因而大家的结论与做法也大同小异，所以仅符合消费者的需求并不能让红罐王老吉形成差异。而品牌定位的制定，是在满足消费者需求的基础上，通过了解消费者认知，提出与竞争者不同的主张。

又因为消费者的认知几乎不可改变，所以品牌定位只能顺应消费者的认知而不能与之冲突。如果人们心目中对红罐王老吉有了明确的看法，最好不要去尝试冒犯或挑战。就像消费者认为茅台不可能是一个好的"啤酒"一样。所以，红罐王老吉的品牌定位不能与广东、浙南消费者的现有认知发生冲突，才可能稳定现有销量，为企业创造生存以及扩张的机会。

为了了解消费者的认知，成美的研究人员一方面研究红罐王老吉、竞争者传播的信息；另一方面与加多宝内部、经销商、零售商进行大量访谈，完成上述工作后，聘请市场调查公司对王老吉现有用户进行调查。以此基础，研究人员进行综合分析，厘清红罐王老吉在消费者心智中的位置——在哪个细分市场中参与竞争。

在研究中发现，广东的消费者饮用红罐王老吉主要在烧烤、登山等场合。其原因不外乎"吃烧烤容易上火，喝一罐先预防一下"、"可能会上火，但这时候没有必要吃牛黄解毒片"。

而在浙南，饮用场合主要集中在"外出就餐、聚会、家庭"。在对当地饮食文化的了解过程中，研究人员发现：该地区消费者对于"上火"的担忧比广东有过之而无不及，如消费者座谈会桌上的话梅蜜饯、可口可乐都被说成了"会上火"的危险品而无人问津（后面的跟进研究也证实了这一点，发现可乐在温州等地销售始终低落，最后"可口可乐"和"百事可乐"几乎放弃了该市场，一般都不进行广告投放）。而他们对红罐王老吉的评价是"不会上火"，"健康，小孩老人都能喝，不会引起上火"。这些观念可能并没有科学依据，但这就是浙南消费者头脑中的观念，这是研究人员需要关注的"唯一的事实"。

消费者的这些认知和购买消费行为均表明，消费者对红罐王老吉并无"治疗"要求，而是作为一个功能饮料购买，购买红罐王老吉的真实动机是用于"预防上火"，如希望在品尝烧烤时减少上火情况发生等，真正上火以后可能会采用药物，如牛黄解毒片、传统凉茶类治疗。

再进一步研究消费者对竞争对手的看法，则发现红罐王老吉的直接竞争对手，如菊花茶、清凉茶等由于缺乏品牌推广，仅是低价渗透市场，并未占据"预防上火的饮料"的定位。而可乐、茶饮料、果汁饮料、水等明显不具备"预防上火"的功能，仅是间接的竞争。

同时，任何一个品牌定位的成立，都必须是该品牌最有能力占据的，即有据可依。如可口可乐说"正宗的可乐"，是因为它就是可乐的发明者，研究人员对于企业、产品自身在消费者心智中的认知进行了研究，结果表明，红罐王老吉的"凉茶始祖"身份、神秘中草药配方、175年的历史等，显然是有能力占据"预防上火的饮料"这一定位。

由于"预防上火"是消费者购买红罐王老吉的真实动机，自然有利于巩固加强原有市场。而能否满足企业对于新定位"进军全国市场"的期望,则成为研究的下一步工作。通过二手资料、专家访谈等研究表明,中国几千年的中医概念"清热祛火"在全国广为普及,"上火"的概念也在各地深入人心,这就使红罐王老吉突破了凉茶概念的地域局限。研究人员认为:"做好了这个宣传概念的转移,只要有中国人的地方,红罐王老吉就能活下去。"

至此,品牌定位的研究基本完成。在研究一个多月后,成美向加多宝提交了品牌定位研究报告,首先明确红罐王老吉是在"饮料"行业中竞争,竞争对手应是其他饮料;其品牌定位——"预防上火的饮料",独特的价值在于——喝红罐王老吉能预防上火,让消费者无忧地尽情享受生活:吃煎炸、香辣美食,烧烤,通宵达旦看足球……这样定位红罐王老吉,是从现实格局通盘考虑,主要益处有以下三点:

其一,利于红罐王老吉走出广东、浙南。由于"上火"是一个全国普遍性的中医概念,而不再像"凉茶"那样局限于两广及浙南地区,这就为红罐王老吉走向全国彻底扫除了障碍。

其二,避免红罐王老吉与国内外饮料巨头直接竞争,形成独特区隔。

其三,成功地将红罐王老吉产品的劣势转化为优势:淡淡的中药味,成功转变为"预防上火"的有力支撑;3.5元的零售价格,因为"预防上火"的功能,不再"高不可攀";"王老吉"的品牌名、悠久的历史,成为预防上火"正宗"的有力的支撑。

由于在消费者的认知中,饮食是上火的一个重要原因,特别是"辛辣"、"煎炸"饮食,因此建议在维护原有的销售渠道的基础上,加大力度开拓餐饮渠道,在一批酒楼打造旗舰店的形象。重点选择在湘菜馆、川菜馆、火锅店、烧烤场等。凭借在饮料市场丰富经验和敏锐的市场直觉,加多宝董事长陈鸿道当场拍板,全部接受该报告的建议,决定立即根据品牌定位对红罐王老吉展开全面推广。

"开创新品类"永远是品牌定位的首选。一个品牌如若能够将自己定位为与强势对手所不同的选择,其广告只要传达出新品类信息就行了,而效果往往是惊人的。红罐王老吉作为第一个预防上火的饮料推向市场，使人们通过它知道和接受了这种新饮料，最终红罐王老吉就会成为预防上火的饮料的代表，随着品类的成长，自然拥有最大的收益。

确立了红罐王老吉的品牌定位，就明确了营销推广的方向，也确立了广告的标准，所有的传播活动就都有了评估的标准，所有的营销努力都将遵循这一标准，从而确保每一次的推广在促进销售的同时都对品牌价值（定位）进行积累。这时候才可以开始广告创意，拍广告片。

三、品牌定位的推广

明确了品牌要在消费者心智中占据什么定位，接下来的重要工作，就是要推广品牌，让它真正地进入人心，让大家都知道品牌的定位，从而持久、有力地影响消费者的购买决策。

紧接着，成美为红罐王老吉确定了推广主题"怕上火，喝王老吉"，在传播上尽量凸显红罐王老吉作为饮料的性质。在第一阶段的广告宣传中，红罐王老吉都以轻松、欢快、健康的形象出现，避免出现对症下药式的负面诉求，从而把红罐王老吉和"传统凉茶"区分开来。

为更好地唤起消费者的需求，电视广告选用了消费者认为日常生活中最易上火的五个场景：吃火锅、通宵看球、吃油炸食品如薯条、烧烤和夏日阳光浴，画面中人们在开心享受上述活动的同时，纷纷畅饮红罐王老吉。结合时尚、动感十足的广告歌反复吟唱"不用害怕什么，尽情享受生活，怕上火，喝王老吉"，促使消费者在吃火锅、烧烤时，自然联想到红罐王老吉，从而促成购买。

红罐王老吉的电视媒体选择主要锁定覆盖全国的中央电视台，并结合原有销售区域（广东、浙南）的强势地方媒体，在2003年短短几个月，一举投入四千多万元广告费，销量立竿见影，得到迅速提升。同年11月，企业乘胜追击，再斥巨资购买了中央电视台2004年黄金广告时段。正是这种急风暴雨式的投放方式保证了红罐王老吉在短期内迅速进入人们的视野，给人们一个深刻的印象，并迅速红遍全国大江南北。

2003 年初，企业用于红罐王老吉推广的总预算仅 1000 万元，这是根据 2002 年的实际销量来划拨的。红罐王老吉当时的销售主要集中在深圳、东莞和浙南这三个区域，因此投放量相对充足。随着定位广告的第一轮投放，销量迅速上升，给企业极大的信心，于是不断追加推广费用，滚动发展。到 2003 年底，仅广告费投放累计超过 4000 万元（不包括购买 2004 年中央电视台广告时段的费用），年销量达到了 6 亿元——这种量力而行、滚动发展的模式非常适合国内许多志在全国市场，但力量暂时不足的企业。

在地面推广上，除了强调传统渠道的广告外，还配合餐饮新渠道的开拓，为餐饮渠道设计布置了大量终端物料，如设计制作了电子显示屏、灯笼等餐饮场所乐于接受的实用物品，免费赠送。在传播内容选择上，充分考虑终端广告应直接刺激消费者的购买欲望，将产品包装作为主要视觉元素，集中宣传一个信息："怕上火，喝王老吉饮料。"餐饮场所的现场提示，最有效地配合了电视广告。正是这种针对性的推广，消费者对红罐王老吉"是什么"、"有什么用"有了更强、更直观的认知。目前餐饮渠道业已成为红罐王老吉的重要销售传播渠道之一。

在频频的消费者促销活动中，同样是围绕着"怕上火，喝王老吉"这一主题进行。如在一次促销活动中，加多宝公司举行了"炎夏消暑王老吉，绿水青山任我行"刮刮卡活动。消费者刮中"炎夏消暑王老吉"字样，可获得当地避暑胜地门票两张，并可在当地度假村免费住宿两天。这样的促销，既达到了即时促销的目的，又有力地支持巩固了红罐王老吉"预防上火的饮料"的品牌定位。

同时，在针对中间商的促销活动中，加多宝除了继续巩固传统渠道的"加多宝销售精英俱乐部"外，还充分考虑了如何加强餐饮渠道的开拓与控制，推行"火锅店铺市"与"合作酒店"的计划，选择主要的火锅店、酒楼作为"王老吉诚意合作店"，投入资金与他们共同进行节假日的促销活动。由于给商家提供了实惠的利益，因此红罐王老吉迅速进入餐饮渠道，成为主要推荐饮品。

这种大张旗鼓、诉求直观明确"怕上火，喝王老吉"的广告运动，直击消费者需求，及时迅速地拉动了销售；同时，随着品牌推广的进行，消费者的认知不断加强，逐渐为品牌建立起独特而长期的定位——真正建立起品牌。

四、推广效果

红罐王老吉成功的品牌定位和传播，给这个有 175 年历史的、带有浓厚岭南特色的产品带来了巨大的效益：2003 年红罐王老吉的销售额比去年同期增长了近 4 倍，由 2002 年的 1 亿多元猛增至 6 亿元，并以迅雷不及掩耳之势冲出广东，2004 年，尽管企业不断扩大产能，但仍供不应求，订单如雪片般纷至沓来，全年销量突破 10 亿元，之后几年持续高速增长，2008 年销量突破 100 亿元大关。

五、结语

红罐王老吉能取得巨大成功，总结起来，以下几个方面是加多宝公司成功的关键所在：一是为红罐王老吉品牌准确定位；二是广告对品牌定位传播到位，这主要有三点：广告表达准确、投放量足够、确保品牌定位进入消费者心智。企业决策人准确的判断力和果敢的决策力。优秀的执行力，渠道控制力强。量力而行，滚动发展，在区域内确保市场推广力度处于相对优势地位。

内容提要

● 垄断竞争是指许多企业出售相近但非同质，且具有差别的商品的市场结构。

● 一般而言，垄断竞争的媒介市场有以下特征：市场上有许多消费者，有许多企业争夺同样的顾客群体；产品之间存在差别，每个企业生产的一种产品至少与其他企业生产的这种产品略有不同；厂商可以自由进入，企业可以没有限制地进入（或退出）一个市场。

● 垄断竞争市场媒介企业短期均衡的条件是边际收益等于短期边际成本；垄断竞争市场媒介企业长期均衡的条件是边际收益等于长期边际成本。垄断竞争企业在长期内的利润等于零。

关键概念

垄断竞争　产品差别　产品变异　推销

复习题

1. 请解释垄断竞争市场的概念与原因。
2. 请解释垄断竞争市场媒介企业长期均衡的条件。
3. 请评价广告的作用。

第八章 寡头垄断的媒介市场

你早上打开电脑，上网浏览新闻，第一个打开的网站是哪家？不出意外的话，你打开的无外乎搜狐、新浪、网易、腾讯这几家中的一个，可以说这几家网站控制了整个门户网站市场；同样，在报业市场，一个城市里通常拥有党报、日报、晚报，如果它们不属于一个集团的话，它们就属互相竞争。在媒介市场之外也是如此，如果你拥有汽车，当你的汽车需要加油时，你是否注意过加油站的大牌子上的标志？在中国，除了少数的民营企业，几乎所有的加油站都属于中石油和中石化两大公司。中石油、中石化以及中海油三家公司则瓜分了中国从陆地到海洋的石油资源。门户网站、报业市场和石油市场的市场结构并不是垄断，因为厂商的数目不止一个，但该市场又不同于垄断竞争或完全竞争，市场中厂商数量很少。

我们能如何描述门户网站、报业市场或中国的石油市场呢？它不是完全竞争。在完全竞争市场上，每家企业如此之小，以至于不能影响其产品的价格。因此只能接受市场价格。另外，它不是垄断。在垄断市场上，一个企业为整个市场供给某种物品，而且，企业可以根据市场需求曲线选择任何一种价格和数量。

门户网站、报业市场或中国的石油市场既不适合于垄断竞争模型，又不适合于垄断模型。它们属于寡头市场。当少数几家媒介统治了媒介市场，向消费者和广告主出售大致相似的产品并展开竞争时，称为寡头垄断市场。

即问即答 举出两个寡头的例子，并说明其区别。

第一节　寡头市场的特征

寡头行业可以按不同方式来分类。根据产品特征，可以分为纯粹寡头和差别寡头两种。在纯粹寡头行业中，产品之间无差别，如石油行业；在差别寡头行业中，产品之间存在一定差别，例如，报业与电视台。根据寡头之间的行为方式，可以分为合作与不合作两种。

形成寡头垄断的原因与形成垄断的原因差不多，包括由竞争导致的寡头垄断、规模经济、政府特许和资源控制等。而后两个原因通常是结合在一起的。

首先，企业可以通过自身的竞争优势获取寡头垄断地位，比如微软对操作系统软件领域的垄断。微软公司主要是依靠技术与竞争战略的选择才获取了较大的市场份额，当然，微软的操作系统与浏览器的捆绑销售也遭到了人们的指责，人们认为这是一种不正当竞争方式。

其次，寡头垄断的市场存在明显的进入障碍。这是少数企业能够占据绝大部分市场份额的必要条件，也可以说是寡头垄断市场结构存在的原因。最重要也是最基本的因素是这些行业存在较明显的规模经济性。某些产品的生产必须在很大的规模上进行生产才能达到好的经济效益，如果这些行业中要容纳大量企业，则每家企业都将因生产规模过小而造成很高的平均成本。规模经济性使得大规模生产占有强大的优势，大公司不断壮大，小公司无法生存，最终形成少数企业激烈竞争的局面。对试图进入这些行业的企业来说，除非一开始就能形成较大的生产规模，并能占据比较可观的市场份额，否则过高的平均成本将使其无法与原有的企业相匹敌。

最后，政府特许以及资源控制也是导致寡头垄断的原因。前者是指政府通过法律法规赋予行业中的某个企业以垄断权力，同时对其进行一定的管制，以改善效率。这种市场形态主要出现在一些具有自然垄断属性的行业当中，比如电视台、供水、管道煤气等行业。后者如石油行业，我国政府对石油资源的分割导致了该行业的寡头形态。

在垄断竞争行业中，企业数量较多，每家企业都只占很小的市场份额，因此单个企业产销量的变化对于其他各个竞争者的影响是微不足道的。假设某一家企业决定稍微降低其产品的售价以扩大销售量，其他竞争者将会丧失一部分顾客，但该企业所扩大的销售量在整个市场上本来所占份额就很小，再分散到许多竞争者之中，因而其他竞争者并不会明显感受到这种影响。

在寡头垄断市场中，这种相互依存关系是被明确认识到的，某一家企业降低价格或扩大销售量，其他企业都会受到显著影响，从而作出相应的对策。这就使得任何一家企业作出某项决策的时候，都必须考虑其竞争对手的反应，并对这种反应作出估计。

相互依存是寡头垄断市场的基本特征。由于企业数目少而且占据市场份额大，不管怎样，一家企业的行为都会影响对手的行为，影响整个市场。所以，每个寡头在决定自己的策略和政策时，都非常重视对手对自己这一策略和政策的态度和反应。作为企业的寡头垄断者是独立自主的经营单位，具有独立的特点，但是他们的行为又互相影响、互相依存。

由于寡头垄断企业之间存在很强的相互依存性，使其在经营上有着与其他类型的企业不同的重要特点，即寡头垄断者的某项决策会产生什么结果完全取决于其对手的反应。因此，寡头垄断者的竞争结果具有很大的不确定性。对实践中的企业来说，这种不确定性使其决策的难度相应提高。在此意义上，寡头垄断市场中的竞争比其他三种市场都更为激烈。

寡头竞争者之间行为的相互依存性给我们的分析带来了困难。产量之间的竞争、价格之间的竞争、行动之间的先后顺序等都可以成为决定竞争结果的重要因素。

第二节　产量竞争——古诺模型

古诺模型（Cournot Model）是由法国经济学家古诺于 1838 年提出的早期寡头模型。古诺模型通常被作为寡头理论分析的出发点。古诺模型是一个只有两个寡头企业的简单模型，该模型也被称为"双头模型"。古诺模型的结论可以很容易地推广到有三个或三个以上的寡头企业的情况中去。

古诺模型假定一种产品市场只有两个生产者，并且相互间没有任何勾结行为，但相互间都知道对方将怎样行动，从而各自怎样确定最优的产量来实现利润最大化。这是产量竞争的典型方式。

古诺模型分析的是两个出售相同产品的生产成本为零的寡头厂商的情况。例如，一个城市有两家报纸 A 和 B，他们生产和销售相同的产品，且实力相当。为简单起见假设生产成本为零；它们共同的市场需求曲线是线性的，A、B 两家报纸都准确地了解市场的需求曲线；A、B 两家报纸都是在已知对方产量的情况下，各自确定能够给自己带来最大利润的产量，即每一个产商都是消极地以自己的产量去适应对方已确定的产量，如图 8-1 所示。

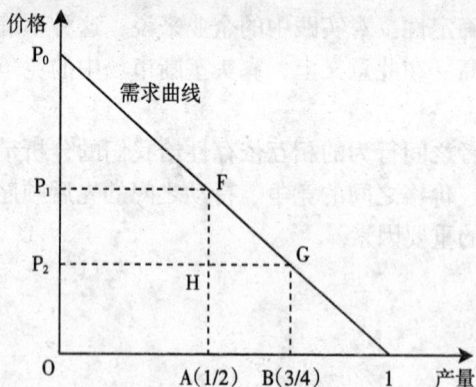

图8-1　古诺模型

在图 8-1 中，由于成本为零，在完全竞争市场，价格应该等于边际成本，也为零，当价格为零时，产量应该为需求曲线与横轴的交点，为方便起见，我们假设该产量为 1。竞争（实际上是心理上的）开始。

第一轮，我们假设 A 先行动，由于成本为零，因此收益等于利润。A 会选择生产多少产量？这实际上就是在三角形中内接一个矩形使其面积最大的问题。显然，A 厂商应该生产总量的 1/2，价格为 P_1，其利润为 OP_1FA。然后，B 进入市场，B 会生产多少？B 不会生产剩下的全部产量，因为那样的话，价格会变为零。B 会生产剩下市场份额的一半以保证在当前情况下的利润最大化，也就是说，B 会生产 1/4。市场价格降到 P_2，A 的利润下降为 OP_2HA，B 的利润为 $AHGB$。

但事情远远没有结束，第二轮，A 发现，B 目前生产市场总容量的 1/4，A 将重新调整增加的生产，它会生产剩下市场的一半来获取最大利润，即生产 3/4 的一半即 3/8。与第一轮相比，A 的产量下降了 1/8。B 也要重新调整，生产剩下市场的一半来获取最大利润，B 将生产 5/8 的一半 5/16，与第一轮相比，B 的产量增加了 1/16。

第三轮，A 发现，B 目前生产市场总容量的 5/16，A 将重新调整增加的生产，它会生产剩下市场的一半来获取最大利润，即生产 11/16 的一半即 11/32。与第二轮相比，A 的产量下降了 1/32。B 也要重新调整，生产剩下市场的一半来获取最大利润，B 将生产 21/32 的一半 21/64，与第一轮相比，B 的产量增加了 1/64。

我们可以发现，A 的产量逐渐减少：第一轮为 1/2，第二轮减少了 1/8，第三轮减少了 1/32，以此类推。B 的产量逐渐增加：第一轮为 1/4，第二轮增加了 1/16，第三轮增加了 1/64，以此类推。

最后达到均衡时 B 的产量为：

$$\frac{1}{4} + \frac{1}{16} + \frac{1}{64} + \cdots = \frac{1/4}{1 - 1/4} = \frac{1}{3}$$

A 的产量为：

$$\frac{1}{2} - \frac{1}{8} - \frac{1}{32} - \cdots = \frac{1}{2} - \frac{1}{2}\left(\frac{1}{4} + \frac{1}{16} + \cdots\right) = \frac{1}{2} - \frac{1}{2} \times \frac{1}{3} = \frac{1}{3}$$

以上的双头模型可以推广。令寡头厂商的数目为 N，则一般结论为：

每个寡头厂商的均衡产量为市场总容量的 $\dfrac{1}{N+1}$，行业的均衡总产量为市场总容量的 $\dfrac{N}{N+1}$。

当 N 的值越大，该市场越接近完全竞争，N 为无穷大时，寡头市场就变成了完全竞争市场。

以上通过代数方法求得了古诺模型的均衡解，也可以采用微积分的方法求解。

假设市场需求曲线为：

P = 3000 − Q

其中，Q = Q_A + Q_B，Q_A 和 Q_B 分别代表 A 和 B 的产量。

由于成本为零，因此，如果是完全竞争，则均衡价格应该为零，产量应该为 3000，即市场总容量为 3000 份。

对于 A 来讲，利润函数为：

$\pi_A = P \cdot Q_A = (3000 − Q_A + Q_B) \cdot Q_A$

用该利润函数对 A 的产量求导数，并令导数等于零，得到：

$$\dfrac{d\pi_A}{dQ_A} = 3000 − 2Q_A + Q_B = 0 \Rightarrow Q_A = 1500 − \dfrac{Q_B}{2}$$

$Q_A = 1500 − \dfrac{Q_B}{2}$ 就是 A 对 B 选择产量的反应函数，即每给定 B 的一个产量，A 根据此函数进行反应。同理，可以求得 B 对 A 选择产量的反应函数 $Q_B = 1500 − \dfrac{Q_A}{2}$。

将两个反应函数联立，求解得到：

$Q_A = Q_B = 1000$

可以发现：每个寡头厂商的均衡产量为市场总容量的 1/3。

我们可以比较一下古诺模型与完全竞争两种情况下社会福利的不同。

在图 8-2 中，如果在完全竞争市场，价格为零，数量为 3000 份。注意 A 点的值也是 3000。消费者总福利为三角形 OAB，其面积

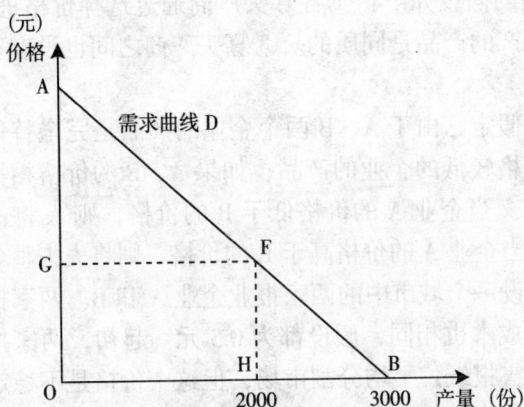

图 8-2 古诺模型与完全竞争的比较

为 450 万。在寡头垄断市场，数量为 2000 份，价格为 1000 元，利润为 200 万元。而此时，消费者总福利变为三角形 GAF，其面积为 200 万，减少了 250 万。这样，社会总福利减少了 50 万元，如表 8-1 所示。

表 8-1 古诺模型与完全竞争的比较

项目 名称	价格（元）	产量（份）	利润（元）	消费者福利（元）	社会总福利（元）
完全竞争	0	3000	0	450 万	250 万
古诺模型	1000	2000	200 万	200 万	

第三节 价格竞争——伯特兰模型

数量竞争仅是寡头媒介竞争的一种方式，更为常见的是采取价格竞争。伯特兰模型是由法国经济学家约瑟夫·伯特兰于 1883 年建立的。伯特兰模型的假设如下：①各寡头厂商通过选择价格进行竞争。②各寡头厂商生产的产品是同质的。③寡头厂商之间也没有正式或非正式的串谋行为。

根据模型的假定，由于 A、B 两个企业的产品是完全替代品，所以消费者选择价格较低的企业的产品；如果 A、B 的价格相等，则两个企业平分需求。当企业 A 的价格低于 B 的价格，则 A 将占领全部市场；反过来，当企业 A 的价格高于 B 的价格，则将失去整个市场。

我们仍然假设一个城市中的两家报业企业 A 和 B。两家报纸内容基本相同，边际成本也相同，假设都为 0.5 元。起初，两家报纸都以 1 元/份的价格销售报纸，平均分割市场，但这个价格是不稳定的，两家报纸都有动机将价格下降以占领全部市场将对手挤出。

假设 A 将价格下降为 0.8 元，B 将完全失去市场。B 不会坐以待毙，也会将价格下降比如到 0.7 元，A 也会继续降价。这就是典型的"价格战"。

那么，价格下降到何时才会稳定下来呢？价格会一直下降到边际成本处即 0.5 元。这是双方所能承受的极限，利润为零。

这是个令人惊讶的结果，两个寡头垄断企业的竞争导致了完全竞争才有的结果，这有时被称为"伯特兰悖论"。

图 8-3 是伯特兰模型。

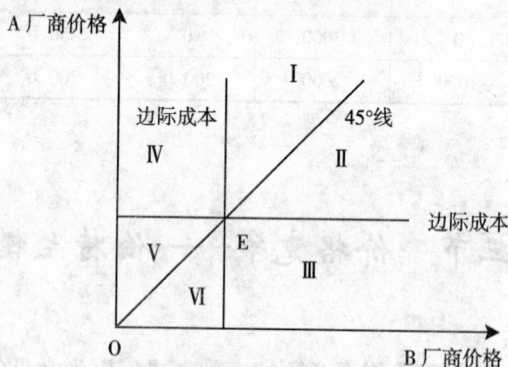

图 8-3　伯特兰模型

在 8-3 中，45°线和边际成本曲线将该空间分为以下六个部分：

Ⅰ区，A 厂商的价格高于 B 厂商的价格，A 企业不能生存；

Ⅱ区，B 厂商的价格高于 A 厂商的价格，B 企业不能生存；

Ⅲ区，A 厂商的价格低于自身的边际成本，A 企业不能忍受；

Ⅳ区，B 厂商的价格低于自身的边际成本，B 企业不能忍受；

Ⅴ区，A 厂商的价格低于自身的边际成本，A 企业不能忍受；

Ⅵ区，B 厂商的价格低于自身的边际成本，B 企业不能忍受。

综上所述，只有在 45°线及 E 点之上才是 A 和 B 都能接受的价格。但是在 E 点之上，双方都有降价从而驱逐对方的动机，因此，只有 E 点才是均衡点。

结论：只要有一个竞争对手存在，伯特兰模型中寡头垄断企业的行为就同在完全竞争的市场结构中一样，价格等于边际成本。

这看起来似乎并不符合现实，但这是由该模型的假设导致的。该模型假设双方生产的产品是没有差别的，实际上，在媒介市场中没有完全相同的产品。产品之间存在差异，会影响伯特兰模型的结果。

当然，伯特兰模型并不是没有实际的例证。1872 年，《上海新报》与《申报》的竞争就是明证。当时《上海新报》的价格定价为每份 30 文铜钱，而《申报》为了抢占市场，定价为每份 8 文，《上海新报》为了应对，也定价为每份 8 文。5 个月之后，《上海新报》宣告破产。

第四节　先动模型——斯塔克尔伯格模型

在古诺模型和伯特兰模型里，竞争厂商在市场上的地位是平等的，因而它们的行为是相似的。而且，它们的决策是同时的。当企业甲在作决策时，它并不知道企业乙的决策。但事实上，在有些市场，竞争厂商之间的地位并不是对称的，市场地位的不对称引起了决策次序的不对称。通常小企业先观察到大企业的行为，再决定自己的对策。德国经济学家斯塔克尔伯格建立的模型，即斯塔克尔伯格模型就反映了这种不对称的竞争。

例如，一个城市有两家报纸 A 和 B，两家报纸实力悬殊。A 的实力更强，我们命名为领导者，B 为追随者。报纸 A 先行动，先做出产量决策，B 在观测了 A 的产量后随后做出反应，选择自己的产量。

要注意，我们说，报纸 A 先行动，先做出产量决策，并不是指 A 可以随意决策，它在行动时必须事先考虑到 B 可能的反应。例如，B 厂商的反应函数是 FB（QA），那么，A 的决策函数就是 FA（FB（QA））。也就是说，先求出 B 的反应函数，然后再将 B 的反应函数代入 A 的利润函数，求 A 的决策函数。这就是斯塔克尔伯格模型，它是由斯塔克尔伯格提出的。

我们仍然利用古诺模型的例子，假设：

$P = 3000 - Q$

式中，$Q = Q_A + Q_B$。

对于 B 来讲，其反应函数与古诺模型中没有区别，仍然是给定 A 的产量，求自身的利润最大化，因此，报纸 B 的反应函数仍然是：$Q_B = 1500 - \dfrac{Q_A}{2}$。

我们将报纸 B 的反应函数代入 A 的利润函数，得到：

$$\pi_A = P \cdot Q_A = (3000 - Q_A - Q_B) \cdot Q_A = \left[3000 - Q_A - \left(1500 - \frac{Q_A}{2}\right) \right] \cdot Q_A$$

$$\pi_A = 1500 Q_A - \frac{Q_A^2}{2}$$

用利润函数对 A 的产量求导数，令导数等于零，得到：

$$\frac{d\pi_A}{dQ_A} 1500 - Q_A = 0 \quad Q_A = 1500$$

将 $Q_A = 1500$ 代入 $Q_B = 1500 - \dfrac{Q_A}{2}$，得到 $Q_B = 750$。

总产量为 $Q_A + Q_B = 2250$，价格为 750。

与古诺模型相比，在斯塔克尔伯格模型中，价格下降，则产量增加，利润减少，消费者福利略有增加。

第五节　竞争与合作

由于寡头市场只有几个生产者，所以寡头的关键特征是合作与竞争之间的冲突。如果寡头采取合作的策略，那么整个市场就和垄断一样，这对合作者都有好处——可以分割垄断带来的超额利润。但由于每个寡头只关心自己的利润，所以有一种强大的激励在起作用，这使寡头之间很难维持垄断的结果。

我们分析一个存在两个寡头的市场，这被称为双头。双头的结论可以推广到更多的寡头。假设实力相当的 A 和 B 两厂商瓜分了一个市场，而且，为简单起见，假设他们的成本为零，这样，他们各自的收益就等于利润。

假设需求曲线为 $P = 12 - Q$，该市场的需求量、价格以及总收益（总利润）如表 8-2 所示。

表 8-2　寡头市场的需求状况

需求量	价格	总收益（总利润）
1	11	11
2	10	20
3	9	27
4	8	32
5	7	35
6	6	36
7	5	35
8	4	32
9	3	27
10	2	20
11	1	11
12	0	0

如果 A 和 B 采取合作态度，那么两厂商就构成对市场的垄断。从表 8-2 可以看出，当产量为 6 时，利润最大，为 36。如果双方达成协议，因为双方实力相当，那么 A 和 B 将各自生产 3 单位，价格为 6，利润都是 18。我们称这种寡头之间的合作为卡特尔。一旦形成了卡特尔，实际上就变成了垄断市场。

思考　举出一个卡特尔的例子，并说明其存在的原因。

虽然我们的分析证明：寡头间如果形成卡特尔就可以赚到垄断利润，但这往往是不可能的。一方面，有反垄断法的限制，寡头之间的公开协议是反垄断法要限制的重点。另一方面，卡特尔成员之间的竞斗也使它们之间的长期协议成为不可能。

我们还是以上文中 A 和 B 为例。

根据卡特尔的协议，因为双方实力相当，那么 A 和 B 各自生产 3 单位，价格为 6，利润都是 18。

A 厂商会想：如果 B 遵守协议，生产 3 单位，那么自己可以不遵守协议，而偷偷生产 4 单位。这样，总产量为 7，价格为 5。B 得到利润 15，A 得到利润 20。这时，A 厂商的利润要高于双方都遵守协议时的利润。

同样，B 厂商也会这样想，如果 A 遵守协议，生产 3 单位，那么自己可以不遵守协议，而偷偷生产 4 单位。这样，总产量为 7，价格为 5。A 得到利润 15，B 得到利润 20。这时，B 厂商的利润要高于双方都遵守协议时的利润。

但如果双方都这样想，结果是什么呢？

结果是双方都不遵守协议，都生产 4 单位，总产量为 8，价格为 4。总利润为 32，各自的利润为 16。可以看出，双方都不遵守协议的代价是利润减少。

但事情并没有结束。双方都生产 4 单位究竟是不是均衡呢？

考虑 A，假如给定 B 生产 4 单位，A 会不会再度改变产量？如果 A 生产 5 单位，总产量为 9，价格为 3，A 的利润为 15，利润减少。

如果 A 生产 3 单位，总产量为 7，价格为 5，A 的利润仍为 15，利润减少。可见 A 既不会增加也不会减少产量。

对于 B 也是如此，既不会增加也不会减少产量，因此，双方都生产 4 单位是某种均衡。我们可以用表 8-3、表 8-4 来展示各种情况下的产量和利润。

表 8-3 寡头市场可能的产量

		B	
		遵守协议	不遵守协议
A	遵守协议	3, 3	3, 4
	不遵守协议	4, 3	4, 4

表 8-4 寡头市场可能的利润

		B	
		遵守协议	不遵守协议
A	遵守协议	18, 18	15, 20
	不遵守协议	20, 15	16, 16

表 8-3 说明了寡头市场可能的产量，双方都遵守协议时产量均为 3，但双方都想在对方遵守协议的时候自己不遵守协议，于是结果是双方都不遵守协议，产量均为 4。

表 8-4 说明了寡头市场可能的利润，双方都遵守协议时利润均为 18，但双方都想在对方遵守协议的时候自己不遵守协议，于是结果是双方都不遵守协议，利润均为 16。

这个例子说明了合作和竞争之间的冲突。合作并达到垄断的结果会使寡头的状况更好，但由于他们追求自己的私利，他们最后不能达到垄断结果，并不能使他们共同的利润最大化。每一个寡头都有增加生产并占有更大市场份额的诱惑，当他们每一个都这样做时，总产量增加，利润下降。

第六节 广告战——案例分析

中央电视台与地方卫视之间在广告市场上存在激烈的竞争，我们把所有的地方卫视看成一个整体，广告商不是把广告投放在中央电视台就是投放在地方卫视。这样就构成了双寡头竞争的格局。

同时，我们假设中央电视台与地方卫视在运营成本上差别不大。Q为整个市场也就是全国的广告量，P为广告价格，C为成本。

$P = A - Q$

式中，$Q = Q_1 + Q_2$，Q_1 是央视的广告量，Q_2 是地方卫视的广告量。A大于C。

中央电视台的利润函数为：$\pi_1 = (A - Q) \times Q_1 - CQ_1$

地方卫视的利润函数为：$\pi_2 = (A - Q) \times Q_2 - CQ_2$

我们把竞争分为两种，第一种是假设央视领先、地方卫视跟随的模式，也就是假设央视实力要领先于地方卫视；第二种是假设中央电视台和地方卫视实力相当。第一种假设实际上是斯塔克尔伯格先动模型；第二种假识实际上是古诺模型。

一、央视领先、地方卫视跟随的竞争模式

我们先求地方卫视的反应函数。地方卫视的利润函数为：

$\pi_2 = (A - Q) \times Q_2 - CQ_2 = (A - Q_1 - Q_2) \times Q_2 - CQ_2 = AQ_2 - Q_1Q_2 - Q_2^2 - CQ_2$

将利润函数对数量求导数，并令导数等于零，可以求出其反应函数。

$$\frac{d\pi_2}{dQ_2} = A - Q_1 - 2Q_2 - C = 0 \Rightarrow Q_2 = \frac{A - Q_1 - C}{2}$$

将地方卫视的反应函数代入央视的利润函数：

$$\pi_1 = (A - Q) \times Q_1 - CQ_1 = (A - Q_1 - Q_2) \times Q_1 - CQ_1$$

$$\pi_1 = (A - Q_1 - \frac{A - Q_1 - C}{2}) \times Q_1 - CQ_1$$

将利润函数对数量求导数，并令导数等于零，可以求出 Q_1：

$$\frac{d\pi_1}{dQ_1} = A - 2Q_1 - \frac{A}{2} + Q_1 + \frac{CA}{2} - C = 0 \Rightarrow Q_1 = \frac{A - C}{2}$$

将 Q_1 代入地方卫视的反应函数，可以求出 Q_2。

$$Q_2 = \frac{A - C}{4}$$

将产量代入需求函数，可以求出广告价格为：

$$P = \frac{A}{4} + \frac{3C}{4}$$

央视的利润为：

$$\pi_1 = \frac{(A - C)^2}{8}$$

地方卫视的利润为：

$$\pi_2 = \frac{(A - C)^2}{16}$$

可以发现，央视的广告量是地方卫视的两倍，其利润也是地方卫视的两倍。

二、央视与地方卫视实力平衡的竞争模式

近年来，地方卫视试图通过联盟等策略试图实现与央视竞争，我们假设双方市场地位平等，且双方同时行动，展开产量竞争，其他条件保持不变。

央视的利润函数为：

$$\pi_1 = (A - Q_1 - Q_2) \times Q_1 - CQ_1$$

将利润函数对数量求导数，并令导数等于零，可以求出央视的反应函数：

$$\frac{d\pi_1}{dQ_1} = A - 2Q_1 - Q_2 - C = 0 \Rightarrow Q_1 = \frac{A - Q_2 - C}{2}$$

同理，可以求得地方卫视的反应函数为：

$$Q_2 = \frac{A - Q_1 - C}{2}$$

将反应函数联立，求解：

$$Q_1 = Q_2 = \frac{A - C}{3}$$

将产量代入需求曲线可以得到价格：

$$P = \frac{A}{3} + \frac{2C}{3}$$

央视的利润和地方卫视的利润相等：

$$\pi_1 = \pi_2 = \frac{(A - C)^2}{9}$$

比较两种竞争模式，可以发现：第一种情况下央视的广告量大于第二种情况；第一种情况下地方卫视的广告量小于第二种情况。第一种情况下央视的利润量大于第二种情况；第一种情况下地方卫视的利润量小于第二种情况。

也就是说，地方卫视通过联盟可以获得更多的广告量和利润。值得注意的是，第一种情况下广告价格要低于第二种情况，也就是说央视领先的模式下价格更低一些，如表 8-5 所示。

表 8-5　央视斯塔克尔伯格模型与古诺模型的比较

指标＼项目	斯塔克尔伯格模型		古诺模型	
	中央电视台	地方卫视	中央电视台	地方卫视
价格	$\frac{A}{4} + \frac{3C}{4}$		$\frac{A}{3} + \frac{2C}{3}$	
利润	$\frac{(A-C)^2}{8}$	$\frac{(A-C)^2}{16}$	$\frac{(A-C)^2}{9}$	
产量	$\frac{A - C}{2}$	$\frac{A - C}{4}$	$\frac{A - C}{3}$	

第七节 博弈论

一、博弈论的概念

假设两个人上课，上课有 8 元成本。假设如果两个人都不来上课，将没有人会得到惩罚；但是如果其中一人来上课，另一人就要罚款 10 元，而来上课的人得到另一人由于不来上课而交的罚款；那么两个人会不会来上课呢？两个人都不来上课是最好的选择，但这个结果不会出现。结果一定是都来上课。

若上课的成本是 10 元，这个问题就复杂了。如果一个同学来，那么另一个同学来不来是无所谓的；如果一个同学不来，那么另一个同学来不来仍然是无所谓的。具体结果怎么样？这就要分析概率。

将上述问题一般化，如果学生不能相互勾结，学生来不来取决于老师是否惩罚和惩罚的数量；反过来，老师的是否惩罚取决于学生是否都来了。而学生是否能整体行动取决于每个人的想法。每个人的想法取决于其他人的想法。这就是博弈论要解决的问题。博弈论是解决不确定性问题的学科。

博弈可以称为游戏理论（Game Theory）和对策论，也可以称为竞赛理论。它是描述和研究行为者之间相互依存和相互作用的一种决策理论。

博弈论严格来说并不是经济学的一个分支，而仅是它的一个工具。

二、博弈案例

著名经济学家、诺贝尔经济学奖获得者斯蒂格利茨曾经举过这样一个例子：假如，突然从天上掉下来一笔钱，每个人的座位边上都有一张，正好是 100 元。那么大家是否去捡钱呢？去捡钱是最好的选择，但是会破坏课堂秩序。

假设 1：没有制度制约，有些人不去捡，有些人去捡，那么不去捡的人吃亏。如果天上还会掉钱，所有的人都会去捡。

假设 2：怎样捡？是先捡自己座位边上的？还是先捡别人座位边上的？如果能保证两张都捡到，是最好的结果，但也可能一张也捡不到。如何选择依赖于人们属于何种类型的人：有人是喜欢风险的，有人是厌恶风险的，有人对发现不在乎。不同类型的人选择不同。

结果 1：天上不断掉钱，大家慢慢就不再去抢，因为最好的结果总是一样的。

结果 2：有些人天生体力好、敏捷，又喜欢风险，于是就总能得到更多的钱。这就是资本的原始积累，也是不平等的起点。现代社会就是这样的。

如果有制度，什么样的制度是最好的？是允许抢钱，还是不许抢钱？美国为全世界所定的制度是：先允许抢钱，等自己完成了资本积累后，就不许抢钱了。

在任何一个社会，博弈的结果最后形成了制度，但结果也许不是最好的。大家不一定必须去改变制度，增强自己的力量，也可以直接改变博弈的过程。

我们再考虑经典案例囚犯困境。

假设：两名犯罪嫌疑人 A 和 B 被抓，他们不能订立攻守同盟，并且有坦白从宽、抗拒从严的条件。如果双方都坦白，各判刑 5 年；如果一方坦白，另一方抵赖，则坦白者被判刑 1 年，抵赖者被判刑 7 年；如果双方都抵赖，则各判两年。表 8-6 是各种选择构成的支付矩阵。

表 8-6　囚徒困境

		B	
		坦白	抵赖
A	坦白	-5, -5	-1, -7
	抵赖	-7, -1	-2, -2

表 8-6 中四项中数字中第一列代表 A 的结果，数字中第二列代表 B 的结果。

假如双方都抵赖，是最好的选择，但这个结果不会出现。

如果 A 坦白，B 的最好选择是什么？如果 B 坦白，B 判刑 5 年；如果 B 抵赖，则判刑 7 年。因此，B 选择坦白。

如果 A 抵赖，B 的最好选择是什么？如果 B 坦白，B 判刑 1 年；如果 B 抵赖，则判刑 2 年。因此，B 选择坦白。

同样，如果 B 坦白，A 的最好选择是什么？如果 A 坦白，A 判刑 5 年；如果 A 抵赖，则判刑 7 年。因此，A 选择坦白。

如果 B 抵赖，A 的最好选择是什么？如果 A 坦白，A 判刑 1 年；如果 A 抵赖，则判刑 2 年。因此，A 选择坦白。

均衡结果是，双方都坦白，个人理性最终战胜了团体理性。

三、媒介市场进入的博弈分析

假设媒介市场上有一个垄断的在位者，如果没有其他企业进入市场，它将获得 300 的利润。市场上有一个潜在的进入者，它有两个选择，进入市场或不进入市场；在位者也有两个选择，斗争或者不斗争。

如果进入者进入，在位者默许，则双方分割市场，各得 150。

如果进入者进入，在位者斗争，则两败俱伤，进入者得到-10，在位者也付出巨大代价，得到 100。

如果进入者不进入，在位者默许，则与最初状态没有区别。进入者得到零，在位者保持利润。

如果进入者不进入，在位者斗争，则在位者要保持斗争的态势也要花费成本，因此在位者利润减少为 200，与最初状态没有区别。进入者仍然得到零。

表 8-7 为以上四种情况的矩阵。

如果进入者进入，在位者默许，在位者可以得到 150，如果在位者选择斗争，得到 100，因此，在位者选择默许。

表 8-7　媒介市场的进入

		在位者	
		默许	斗争
进入者	进入	150, 150	-10, 100
	不进入	0, 300	0, 200

如果进入者不进入，在位者默许，在位者可以得到 300，如果在位者选择斗争，得到 200，因此，在位者选择默许。

也就是说：无论进入者采取进入还是不进入，在位者的最优选择都是默许。

进入者也是有足够理性的，给定在位者一定会保持默许，那么进入者应该如何选择？给定在位者一定会保持默许，进入者进入可以得到 150，不进入只能得到 0，因此进入者一定选择进入。

最后的结果是（进入，默许）。这个结果可能不同于我们一般的认识，我们可能都会认为，垄断者必将阻挠进入者来保持垄断地位，但事实上，如果没有其他原因，如政府特许等因素，只要进入者的实力足够强大，媒介市场的垄断很难保持下去。

当然，之所以得到以上的结果，和我们在表 8-7 中设计的数据有关。如果我们把数据修改为表 8-8，结果会怎样？

表 8-8　媒介市场的进入

		在位者	
		默许	斗争
进入者	进入	150, 150	-10, 100
	不进入	0, 300	0, 200

如果进入者进入，在位者默许，在位者可以得到 150，如果在位者选择斗争，得到 200，因此在位者选择斗争。

如果在位者选择斗争，进入者进入，进入者得到 -10，不进入得到零，因此进入者选择不进入。

如果进入者选择不进入，在位者默许，在位者可以得到 300，如果在位者选择斗争，得到 200，因此在位者选择默许。

如果在位者默许，进入者进入，进入者得到 150，不进入得到零，因此进入者选择进入。

这样就构成一个循环：进入则斗争，斗争则不进入，不进入则默许，默许则进入。

那么，是否该博弈就没有均衡？不是的，该博弈存在混合战略均衡，也就是说进入者采取一定的概率选择进入或不进入；在位者采取一定的概率选择默许或斗争。

延伸阅读

广州报业市场三大寡头竞争策略的新变化①

广州的报业竞争可说是全国最激烈的区域之一，在这里，南方报业传媒集团、羊城晚报报业集团、广州日报报业集团三大全国顶尖的报业集团同台竞技。每个都是传媒改革的"标兵"，每个报业集团都是新闻创新的"高手"，每个报业集团都不是竞争的"弱者"。在三大报业集团的共同推动下，传统的报业竞争内容和方式很快就被顶到了"天花板"。

一、"天花板"呈现，竞争格局已定

南方报业传媒集团在国际金融危机和新媒体冲击的"严冬"情况下，仍实现了两位数增长，旗下报纸发展态势良好，有的报纸更是达到 50% 多的增长。《南方日报》已经启动新世纪以来第七次改版，并且提出到 2012 年距第一次改版十周年时，广告收入要达到 3 亿元的目标。《南方日报》2009 年广告额 2.0998 亿元，2010 年有可能达到 2.3 亿元。

---

① 陈国权、尹伟欣：《来自广州报业竞争内容升级的报告》，《中国记者》2010 年第 11 期。略有改动。

　　由于广东乃至珠三角地区居民有着良好的读报传统，广州、深圳等地的报纸发行市场萎缩不多，只是出现苗头，并未像北京、上海等地表现明显。《南方日报》总编辑王春芙说："《南方日报》目前保持85万~90万份的发行量，突破90万很难，降至85万以下也不容易。"据介绍，《广州日报》连同其手机报的发行量稳定在180万份左右。广州日报报业集团社长戴玉庆说："进一步扩大报纸市场份额的前景还是存在的，关键是看我们做得怎么样。换个角度说，报业的盈利情况还很好，影响力仍非常大，谁也不会也不可能削弱报纸的市场地位。这是一个基本点，必须把握住。"羊城晚报报业集团总编辑刘海陵说，从发行量上看，《羊城晚报》的发行量受新媒体的影响还不太大，"有冲击，但不明显"。他们也很清醒，不再像以前那样攻城略地，大搞发行战，相互厮杀。毕竟，平面媒体的生存危机已经是不得不考虑的问题。

　　在数字化时代，思想意识更加多元，利益诉求更加明晰，信息传播更加迅捷，传统媒体承受的竞争压力明显增大。主要体现在：一是公共话语权迅速崛起。以往，话语权主要掌握在传统媒体手中，受众单向"被指导"，参与公共事务的渠道、积极性受限。现在，"人人都有麦克风"、"个个分享发言权"。在网络公共事件中，往往"网民是主角，网络是平台，报纸做跟进"，传统媒体一统天下的局面被打破。二是信息传播速率加快。10年前，完成一条重要信息的传播大概要几个小时乃至几天。现在，以微博为主要代表的新媒体使得信息的传播以分秒来计。

　　形势很明朗。2009年我国网民数已达3.9亿人，远远超出了全国所有平面媒体读者的总和，在未来两三年里，网民数和手机报用户还将呈现爆炸式增长。据此情况，南方报业传媒集团社长杨兴锋认为："如果不能在传统媒体还有比较大的影响力、比较高的利润率的情况下开辟第二、第三战场，不完成传统媒体与新媒体的融合，转型为全媒体的话，传统的平面媒体集团很可能在若干年后陷入与西方报业同样的下滑趋势。"

　　正是因为新媒体的出现，挤压了传统媒体的发展空间，迫使传统媒体必须做出选择：不在融合创新中发展，就在因循守旧中灭亡。

二、抬升"天花板"：传统报业突围

在文化体制改革大背景下，报业改革创新成为常规动作。广州报业不断调整报纸定位、生产、分工，力求在多元传播格局中保持独特优势。南方报业传媒集团旗下媒体近几年开展了报网融合的有益尝试。《南方日报》2009年实现了重大新闻报道的报纸报道与网络视频、音频报道相结合，并在第七次改版中进行流程重组，实现信息采集、制作、发布、销售的全媒体化运营。在改版过程中，《南方日报》着力整合深度报道板块，将高端访谈、对话等版面整合成深度报道板块，将高端新闻做深做透，提升媒体品位。其中"外眼探粤"栏目影响力很大，相关部门给予积极评价。

《南方日报》总编辑王春芙介绍说，流程再造中十分重要的一点就是强调即时新闻，第一时间去现场采集新闻，并发送回来，第一时间在网络平台上滚动报道。为此，《南方日报》打造了两个编辑部：一个是新媒体编辑部，目前有十多人，每天24小时安排人员值班，随时滚动播发来自网络、手机等媒体的稿件，强调新闻的短、平、快；另一个是要闻编辑部，有30多人，主要是编辑第二天见报的新闻信息，强调新闻的深度和力度。

《羊城晚报》正在尝试分段出版、分区发行——早晨出版的《羊城晚报》面向除广州之外的珠三角地区，下午出版的《羊城晚报》则是面向广州地区。两个区域发行、两个版本都不一样。相应地，根据不同读者对象处理版面内容。比如头版头条不同，广州市发生的重要事情可以做成晚报版的头条，全省性的重要新闻则做成上午版的头条，以增强贴近性。两个版本互为基础，滚动出版，就是为了形成差异竞争，突出自身优势，以便达到"本地晚报更晚，外地版本更当天、更精彩"的效果。为了分段出版、分区发行顺利开展，羊城晚报报业集团重新整合机构，另设立了区域新闻中心和广州新闻中心，记者24小时滚动发稿，分别供稿。此外，《羊城晚报》在星期日推出了"壹周刊"，专门刊发深度报道，以深度应对速度，以深度传递价值，以深度打造影响。目前，已初步完成了"网媒像流水，报纸若静石"

的内容分工，综合竞争优势得以初显。

《南方都市报》为适应地方化的要求，抓住各个地区的特色及心理特征，尽量占有更大的市场份额，继续采取"多版本"发行战略。在立足广州、深圳的基础上，"2+6"（2 为广州和深圳，6 为东莞、佛山、珠海、中山、惠州、江门）珠三角城市发展战略正纵深推进。《南方都市报》执行总编辑庄慎之就《南方都市报》发展"榕树模式"如此释义：像榕树的气根，从一枝干长出气根，然后气根下地又长成新的枝干，最终由独木而成森林，由此来寻求大发展。

《新快报》力求真正扎根社区，把精力集中放在本地新闻的经营上。为此，《新快报》创办了阳光社区版，突出都市报特色。阳光社区版主要做资讯服务，努力打造成贴近社区居民的生活伴侣。目前它还仅是一个大社区的新闻报，希望将来做得更细一些，在条件成熟时办一份社区报。

三、突破"天花板"：适应新媒体竞争的改变

广州报业也正为适应新媒体发展而不断尝试变革。为推动集团由平面媒体集团向全媒体集团转型，南方报业传媒集团正着力打造全媒体复合出版平台。杨兴锋介绍，这一平台是南方报业传媒集团向全媒体转型的支撑平台，通过它的建设，在大力发展新媒体的同时，提升集团平面媒体竞争力，支持集团跨媒介、跨地域发展。整个平台包括全媒体内容的采集与汇聚、生产和加工、运营与管理、发布和营销四部分，最终实现内容的一次采集、多渠道发布，提升新闻资源的复用率。

例如，全媒体内容的采集与汇聚包括：全媒体的新闻报料与线索的采集与汇聚，将目前分散在电话呼叫中心、网站、QQ、微博等报料线索来源的信息汇聚起来，并实现共享；全媒体的新闻稿件（包括文字、图片、音视频、动漫）的采集与汇聚；全覆盖的背景资料（包括新华社多媒体稿件、互联网信息、广播电视、卫星节目等背景资料）的采集与汇聚，并从中发现新闻热点；全媒体的采集手段（包括通过手机、网络等）；全民的新闻参与（包括市民报料、投稿，通讯员投稿等）。这样，新闻采编的流程就像一条条生产线，新闻素材通

过采集系统汇聚后，根据原材料的特性进入各自的生产线进行加工生产，并通过其内在的关系建立关联，协同生产。素材经过加工后，进入组装车间进行组装，文字和图片组装形成纸媒的内容，文字、图片、音视频组装形成网站、移动终端、电子阅报栏等的内容，音视频内容组装形成户外大屏幕的内容。

《羊城晚报》利用数字化技术，创新信息采集渠道，使人人皆可成为信息的采集者、制作者、发布者。2009 年 8 月，羊城晚报报业集团与腾讯合作，推出了 QQ 报料平台，这个平台具有即时交流、报料、服务等系统性功能，目前此 QQ 号"87776887"的好友数已达 17 万；2009 年 11 月，它与广东移动达成战略合作，共同开发了"飞信报料"平台；2009 年 12 月，它与广东电信携手开通 V 博客平台，这三个平台收到的信息呈现出典型的"年轻化、时尚型、无疆域"，比传统的报料"量大、质优、速度快"。据不完全统计，仅 QQ 报料这一个平台，每天的有效访问量就达千人左右，收到的有价值的线索近百条。

羊城晚报报业集团李宜航介绍，利用 QQ 报料平台主要做以下四件事情：一是推送重要新闻；二是收集新闻线索；三是进行活动的前后期宣传；四是进行网络调查。它改变了传统媒体与受众的关系，成为受众表达、参与、互动的重要平台。

2007 年 6 月，广州日报报业集团成立滚动新闻部，探索传统媒体给新媒体的供稿机制，加快媒体融合步伐。从 2009 年开始，在集团内部先后出台了报纸采编人员向新媒体供稿激励机制、采编副主任兼任新媒体协调人制度等一系列措施，推动报网互动和融合，加快传统媒体向新媒体的转型以及积极探索互联网业务发展机会。2010 年 4 月，建立新媒体总编室制度，尝试让新媒体编辑骨干进驻《广州日报》夜编部门，实行传统媒体与新媒体的协同指挥，探索全媒体策划机制。

四、另一个空间：争做新媒体的尝试

这两年，广州报业在发展新媒体方面动作频频，不乏大手笔。谋篇布局，抢占阵地，可谓风生水起，竞争之激烈丝毫不亚于当年的平面媒体。

广州日报报业集团今年的新媒体发展以整体布局为主，目前正在积极跟踪、研究、探索 CMB 电子阅读器和电子商务市场的发展。在重组上市的背景下，新媒体步伐加快。重组预案就是把广州日报报业集团 42 亿元优质资产注入粤传媒，这些资产包括印刷、广告、发行、子报子刊的经营等，新媒体的全部业务注入股份公司。重组成功的话，广州日报报业集团将成为国内第一家整体上市的报业集团，这对新媒体的发展是一个有利契机。

2009 年，羊城晚报报业集团明确提出了数字化战略：以原创新闻为基础，通过体制创新和科技创新，形成新的媒体业态，打造强大的数字化传媒集团。战略具体分三步走：由报网互动到报网互通，由报网竞合到报网融合，由报网融合到数字统合，最终实现信息的二次加工、多次生成，按需发布至互联网、报纸、手机、便携式阅读器等多种信息接收终端，满足受众的个性化需求。

按照这个数字化战略，羊城晚报报业集团目前正大力推进五个方面的报业转型，包括形态转型、渠道转型、内容转型、功能转型、营销转型。比如，为发挥数字技术优势，消弭媒介的介质壁垒，实现同一内容多介质传播。2009 年 9 月 3 日，羊城晚报报业集团推出了报网融合的真实版——《网事博览》版，由金羊网编辑从浩如烟海的网络信息中，选取热闻、热图、热点人物等提供给《羊城晚报》，《羊城晚报》再借鉴网页的界面特色编辑后呈现于报端。2010 年 7 月，羊城晚报报业集团又在原有纸质《羊城晚报》的基础上，在金羊网上推出了真正意义上的数字报——数字《羊城晚报》。数字《羊城晚报》迥异于《羊城晚报》的电子版，它是即时更新的，主要发布羊城晚报报业集团记者采写的尚未见报的动态消息。数字《羊城晚报》，以报纸之名，行网媒之实，很好地解决了报业集团普遍存在的两个难题：一是报纸记者稿件见报迟、传播慢、发表难；二是网站原创新闻少、首发新闻少。

2009 年，南方报业传媒集团正式提出要把全媒体战略作为集团下一步发展的重大战略。2010 年，南方报业把例行的年度战略研讨会主题定为："平面媒体集团如何向全媒体转型"，吹响了向全媒体集团转型的冲锋号。南方报业传媒集团社长杨兴锋说："我们已经定下的发展全媒体集团计划，简称'三全'计划，就是全媒体生产、全介质传播、全方位运营。突破之前的单一的版面经营模式，变成资本、品牌运营，由平面媒体生产商变成全媒体运营商。"

近几年，南方报业传媒集团在向全媒体转型方面开展了一系列积极的探索。主要包括以下几方面：在网络媒体方面，南方报业在 2008 年初已取得奥一网 91% 的股权，形成绝对控股的格局；2008 年 7 月，广东省委宣传部正式批复同意将南方网整体并入南方报业传媒集团。2009 年，南方网第一次股东大会顺利召开，选举产生了董事会、监事会，集团以此为契机成立了"新媒体工作委员会"，正式拉开了整合全集团网络资源、打造网络"航母"的序幕，提升向全媒体集团进军的力度和速度。目前集团旗下三大网站——南方网、奥一网、南方报业网已经形成了在新媒体方面的核心竞争力。此外，集团已占有凯迪社区网 30% 的股份，成为该网最大股东；集团已经获得政府颁发的网络视频许可牌照。

内容提要

●当少数几家媒介统治了媒介市场，向消费者和广告主出售大致相似的产品并展开竞争时，称为寡头垄断市场。

●相互依存是寡头垄断市场的基本特征。由于厂商数目少而且占据市场份额大，不管怎样，一个厂商的行为都会影响对手的行为，影响整个市场。所以，每个寡头在决定自己的策略和政策时，都非常重视对手对自己这一策略和政策的态度和反应。

关键概念

寡头垄断　古诺模型　斯塔克尔伯格模型　卡特尔　囚犯困境

复习题

1. 请解释寡头市场的特征与原因。

2. 请解释古诺模型的过程与结果。

3. 请解释斯坦克伯格模型的过程与结果。

4. 寡头之间为什么不能长久合作?

5. 假设警方逮捕甲、乙两名嫌疑犯,但没有足够证据指控二人有罪。于是警方分开囚禁嫌疑犯,分别和二人见面,并向双方提供以下相同的选择:

若一人认罪并作证检举对方,而对方保持沉默,此人将即时获释,沉默者将判监10年。

若二人都保持沉默,则二人同样判监1年。

若二人都互相检举,则二人同样判监2年。

利用寡头之间竞争的知识分析一下甲、乙可能的选择和结果。

第九章　我国媒介产业评价

前面我们介绍了媒介产业市场各种可能的结构，每一种不同市场结构都会带来不同的结果。例如，某个市场接近于完全竞争，我们可以判断在这个市场中，不会存在很高的利润率；某个市场只有一家企业在经营，那么我们可以判断在这个市场中必然存在垄断，并存在超额利润。我们基本的判断是，完全竞争优于垄断竞争、垄断竞争优于寡头垄断、寡头垄断优于垄断。

针对各种市场结构的区分无疑都是现实的反映。那么，我国的媒介市场究竟属于何种市场结构，针对这样的市场结构，应该采取什么样的改革措施？本章首先对各种市场结构进行理论上的比较；其次分析影响媒介市场结构的因素，并对我国的媒介市场展开评价；最后探讨我国媒介行业的变革。

第一节　媒介市场结构的比较与评价

一、各种市场结构的比较

对于完全竞争市场来讲，由于厂商是价格的接受者，其需求曲线是一条水平线。在短期内，厂商可以获利，也可能亏损。在长期内厂商的超额利润必然为零。完全竞争厂商长期均衡时，价格等于长期平均成本最低点，产量也等于长期平均成本最低点对应的产量，如

图9-1所示。

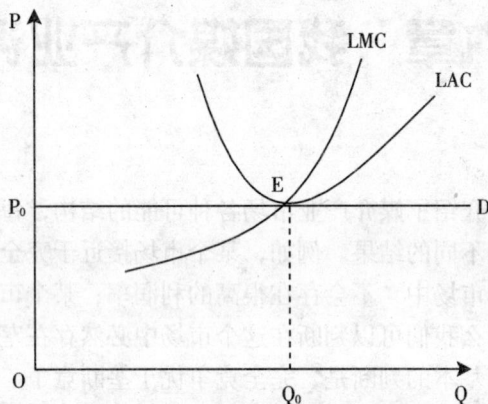

图 9-1　完全竞争长期均衡

　　垄断竞争市场接近于完全竞争市场。该市场中的厂商面临一条向右下方倾斜的需求曲线。短期均衡的条件是边际收益等于短期边际成本,利润可以大于、小于、等于零。长期内垄断竞争厂商的经济利润为零,如图 9-2 所示。

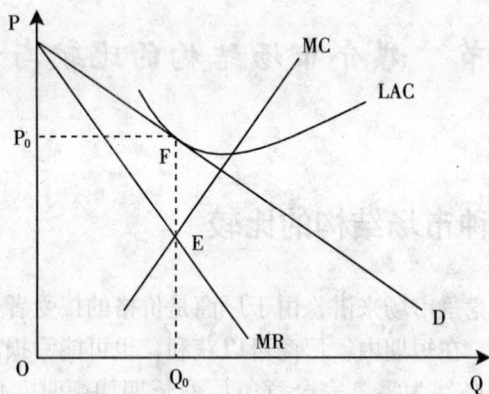

图 9-2　垄断竞争长期均衡

图 9-2 中，边际成本曲线与边际收益曲线相交于 E 点，决定均衡产量为 Q_0，在 Q_0 处，长期平均成本曲线 LAC 与需求曲线 D 相切于 F 点，对应价格为 P_0。此时，总收益为 OP_0FQ_0，总成本也是 OP_0FQ_0。经济利润为零。

寡头市场接近于垄断，但寡头厂商的行为模式是不确定的：如果寡头之间采取真诚的合作态度，那么该市场就等同于垄断；但这种合作通常是不稳固的，由于它们追求自己的私利，通常不能达到垄断结果。我们以古诺模型（双头）为例，显示其均衡。图 9-3 中 P 为寡头收取的价格，Q_1 和 Q_2 分别代表两寡头生产产量之和及市场总容量。可以发现，两寡头分别生产市场总容量的 1/3。

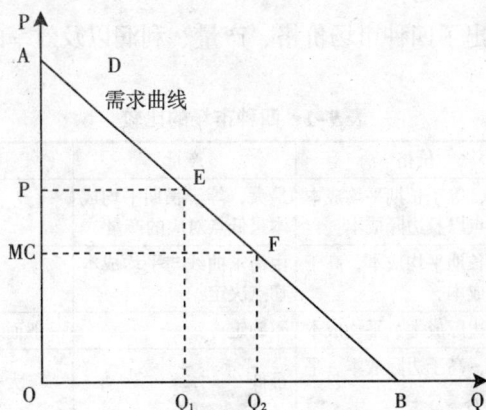

图 9-3 寡头均衡（以古诺模型为例）

对于垄断企业来讲，由于市场中只有一个厂商，那么市场的需求曲线就是垄断厂商所面临的需求曲线。该曲线向右下倾斜。在短期内，厂商可以获利，也可能亏损。在长期内厂商的经济利润必然大于零。垄断被认为是经济效率最低的一种市场结构，从资源配置的效率来看，垄断使产量不足市场的价格偏高，因而缺乏效率，如图 9-4 所示。均衡价格为 P_0，对应的长期平均成本为 GQ_0，垄断者可以获得超额利润，利润额为由 TP_0FG 围成的面积。

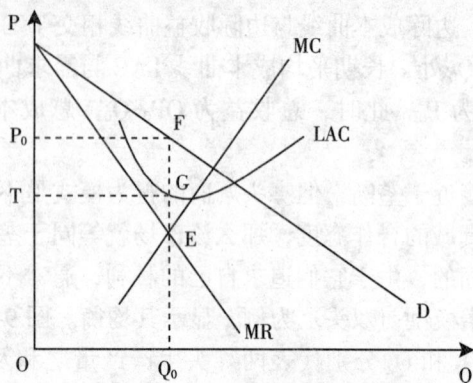

图 9-4 垄断企业长期均衡

表 9-1 给出了四种市场价格、产量、利润以及效率的比较。

表 9-1 四种市场的比较

长期均衡	价格	产量	利润	效率
完全竞争	最低，等于长期平均成本最低点以及边际成本	最大，等于长期平均成本最低点对应的产量	零	最高
垄断竞争	等于长期平均成本，高于边际成本	由需求曲线与平均成本切点决定	零	较高
寡头	高于边际成本、平均成本	不确定	一般而言大于零	较低
垄断	最高，高于边际成本、平均成本	最低	大于零	最低

关于我国媒介市场的评价，我们可以采取很多方式。但本章采取最朴素、最有效的方式，即分析我国的媒介市场属于什么结构，是什么原因导致的。我们的目标就是促使我国的媒介市场走向真正的竞争。

二、影响市场结构的因素

决定市场结构的因素主要有市场集中度、垄断力量、产品差别化和进入壁垒。

1. 市场集中度

市场集中度（Market Concentration Rate）是对整个行业的市场结构集中程度的测量指标，它用来衡量企业的数目和相对规模的差异，是市场势力的重要量化指标。市场集中度是决定市场结构最基本、最重要的因素，集中体现了市场的竞争和垄断程度，经常使用的集中度计量指标有：行业集中率（CRn）、赫希曼指数—赫尔芬达尔（Hirschman–Herfindahl Index，HHI）、洛仑兹曲线、基尼系数、逆指数和熵指数等，其中行业集中率（CRn）与赫希曼指数（HHI）两个指标被经常运用在反垄断经济分析中。

行业集中率是指该行业的相关市场内前 N 家最大的企业所占市场份额的总和。例如，CR_4 是指 4 家最大的企业占有该相关市场的份额。同样，5 家企业集中率（CR_5）、8 家企业集中率（CR_8）均可以计算出来。其计算公式为：

$$CR_n = \frac{\sum_{i=1}^{n} X_i}{\sum_{i=1}^{N} X_i}$$

式中，CR_n 为 X 产业中规模最大的前 n 家企业的市场集中度；X_i 为 X 产业第 i 位企业的市场份额，也可以指别的指标，如利润额等；N 为 X 产业的全部企业数；$\sum_{i=1}^{n} X_i$ 为 n 家企业的市场份额总和。

经济学家贝恩根据产业内前 4 位和前 8 位企业绝对集中度指标，对不同垄断竞争程度产业的市场结构进行了分类，如表 9-2 所示。

表 9-2 贝恩的市场结构分类

市场结构	寡占 I 型	寡占 II 型	寡占 III 型	寡占 IV 型	寡占 V 型	竞争
CR_4（%）	≥75	75≥CR_4≥65	65≥CR_4≥50	50≥CR_4≥35	35≥CR_4≥30	CR_4≤30
CR_8（%）		≥85	85≥CR_4≥75	75≥CR_4≥45	45≥CR_4≥40	CR_4≤40

HHI 指数是指基于该行业中企业的总数和规模分布，即将相关市场上的所有企业的市场份额平方后再相加的总和，赫希曼指数计算公式如下：

$$HHI = \sum_{i=1}^{n}(\frac{X_i}{X})^2 = \sum_{i=1}^{n} S_i^2$$

式中，X 为市场总规模；$\frac{X_i}{X}$ 为第 i 企业的市场占有率；N 为 X 产业的全部企业数。

HHI 指数综合地反映了企业的数目和相对规模，能够反映出行业集中度所无法反映的集中度的差别。当市场由一家企业独占，即 X_1=X 时，HHI 指数=1；当所有的企业规模相同，即 $X_1 = X_2 = \cdots = X_n = 1/n$ 时，HHI 指数 = 1/n。产业内企业的规模越是接近，且企业数越多，HHI 指数就越接近于 0。因此，HHI 指数可以在一定程度上反映市场结构状况。例如，市场上共有 4 家企业，每家企业的市场份额分别为 0.4、0.25、0.17 和 0.18，那么这一市场的 HHI 便是：

$$HHI = 0.4^2 + 0.25^2 + 0.17^2 + 0.18^2 = 0.2838$$

HHI 值越大，表明市场集中度越高。

当市场处于完全垄断时，HHI = 1；当市场上有许多企业，且规模都相同时，HHI = 1/n，n 趋向无穷大，HHI 就趋向 0。

在实际应用中，常常将 HHI 乘以 10000，并加以分类，如表 9-3 所示。

表 9-3　根据 HHI 进行的市场结构分类

	市场结构类型	HHI 值
寡占	高寡占 I 型	HHI ≥ 3000
	高寡占 II 型	1800 ≤ HHI < 3000
	低寡占 I 型	1400 ≤ HHI < 1800
	低寡占 II 型	1000 ≤ HHI < 1400
竞争	竞争 I 型	500 ≤ HHI < 1000
	竞争 II 型	1HHI < 500

2. 垄断力量

在评价垄断力量的指标中，勒纳指数最为著名，勒纳指数度量的是价格对边际成本的偏离程度。其计算公式如下：

$$L = (P - MC)/P$$

式中，L 为勒纳指数；P 为价格；MC 为边际成本。

勒纳指数通过对价格与边际成本偏离程度的度量，反映了市场中垄断力量的强弱。勒纳指数在 0~1 变动，勒纳指数越大，市场中的垄断力量越强；反之，竞争程度越高。在市场完全竞争时，勒纳指数等于 0。例如，MC=5 美元，垄断价格=10 美元，则勒纳指数就等于 0.5。

同时，勒纳指数还可以表示为：

$$L = \frac{1}{E_d}$$

式中，E_d 为该商品的需求价格弹性。推导如下：

由于有 $MR = P\left(1 - \frac{1}{E_d}\right)$（见第六章），则因为企业在均衡时有 MR=MC，因此有：

$$MR = P\left(1 - \frac{1}{E_d}\right), \quad P - \frac{P}{E_d} = MC \Rightarrow P - MC = \frac{P}{E_d} \Rightarrow \frac{P-MC}{P} = \frac{1}{E_d}, \quad 即$$

$$L = \frac{1}{E_d}。$$

产品的需求价格弹性越小，价格就越可能偏离边际成本，从而企业的垄断力量就越强。

3. 产品差别化

在垄断竞争一章，我们学习过产品差别。在这里，差别化成为一种战略，成为获取垄断力量的手段。产品差别化是由于顾客或用户对企业产品的质量或品牌信誉的忠诚程度不同而形成的产品之间的差别。

产品差别化战略是指企业在其提供给顾客的产品上，通过各种方法造成足以引发顾客偏好的特殊性，使顾客能够把它同其他企业提供的同类产品有效地区别开来，从而达到企业在市场竞争中占据有利地位的目的。

产品差别化包括价格差别、技术差别、功能差别、文化差别等。价格差别通俗讲是高、中、低档定位不同，档次不同，消费群体也不同；技术差别是指生产技术上的差别；功能差别是指不改变基本使用价值的前提下，通过延伸或附加不同的功能来提高竞争力；文化差别是指根据销售对象的文化取向不同而制造的差别。

产品的物理特性不同是构成产品差别的基础，但宣传、广告、销售的地理位置以及售后服务的不同可以使产品之间本来细微的差别变得更大。而正是由于产品差别的存在，使得消费者对某些产品形成了偏好或忠诚度。即使该产品提高价格，消费者的购买数量也不会下降太多。也就是说，该产品的需求价格弹性会变小，而弹性变小，勒纳指数就会提高，垄断力量增强。

4. 进入壁垒

进入壁垒（Barriers to Entry）是影响市场结构的重要因素，是指产业内既存企业对于潜在进入企业和刚刚进入这个产业的新企业所具有的某种优势的程度，即潜在进入企业若与既存企业竞争可能遇到的种种不利因素。进入壁垒具有保护产业内已有企业的作用，也是潜在进入者成为现实进入必须首先克服的困难。芝加哥大学经济学家施蒂格勒指出，进入壁垒可以理解为打算进入某一产业的企业而非已有企业所必须承担的一种额外的生产成本。

进入壁垒的高低，既反映了市场内已有企业优势的大小，也反映了新进入企业所遇障碍的大小。可以说，进入壁垒的高低是影响该行业市场垄断和竞争关系的一个重要因素，同时也是对市场结构的直接反映。

形成壁垒的原因很多，主要有：规模经济、必要资本量、沉没成本、产品差别、绝对费用、政策法律、既存企业的战略性阻止行为，等等。

（1）规模经济壁垒。企业在取得一定市场份额前，不能以最低成本生产。单位产品成本最低时的最小最佳规模（单位生产成本最低时的最小产量）占市场规模（产业需求量）比重很大的产业，往往集中度很高，也是垄断程度较高的产业。新企业的进入不仅需要大量的投资和较高的起始规模，而且难以站稳脚跟。

（2）必要资本量壁垒。必要的资本量是指企业进入某一产业时最低限度的资本数量。必要资本量越大，筹措越困难，壁垒就越高。

（3）沉没成本壁垒。如果企业能够在筹集资金进入，并且在进入早期遭到失败后，能够将设备、厂房按接近于原值的价格卖给其他企业，那么巨额的必要资本量不能成为强大的壁垒。但如果按比较低的价格出售，或只能转卖一部分设备，剩下的不可能回收的资金称为"沉没成本"，因此，沉没成本的大小成为进入壁垒的重要因素。

（4）产品差别壁垒。产品差别对企业产品的销路和市场占有率有很大的影响，当由产品差别（设计、广告等）形成的成本对新厂商更高时，产品差别才成为进入壁垒。消费者对差别化产品的心理上的认同感颇深。对于原有企业来说，它们在广告宣传上只保持原有的力度或稍加改变即可，无须花费巨额的支出。但对于新企业，万事需从头做起，在解决了设计和制造方面的难点之后，还要想方法使公众相信新企业的产品与众不同，这无疑要比原有企业花费更多的广告和设计费用。例如，在报纸行业，原有企业建立了区域性或全国性的发行网，新企业要建立与之相匹敌的系统不是一朝一夕能做到的。因此原有企业的产品差别程度便成为一道进入壁垒。

（5）绝对费用壁垒。既存企业一般都已占有一些稀缺的要素和资源，购买这些要素和资源所付费用是很大的，这就是绝对费用。相对于新企业，既存企业在绝对费用和资源占有方面有很大的优势，包括对资源的占有、技术、销售渠道和市场的垄断，以及对本行业的专家和技术工人的拥有等方面，因而生产、经营和研究开发的成本相对比较低。

（6）法律和行政规制（管制）壁垒。所谓法律、行政规制壁垒，是指为了保证资源有效配置，采取立法形式指导和干预企业进入行为，调整企业关系的公共政策。从现象上看，无论行政性壁垒还是法规性壁垒都要使用一定的强制手段，这是它们的共同之处。在某些行业内存在的实业许可制、认可制，使得其他企业进入的可能性变得很小。

（7）既存企业的战略性阻止行为壁垒。原有企业为了巩固自己在市场上的地位，采取各种对策以阻止和威慑新企业的进入。在卖方高度集中的寡头垄断产业中，原有企业互相协调，把利润率限制到自己产业中相当于进入壁垒高度的程度，采取有效的阻止进入政策，并相应地采取一些阻止进入的行动，如一次性降低价格，重新获得或强化绝对费用壁垒中原有企业的优势。

进入壁垒由多个因素结合而成。但即使进入壁垒很高，如果在相当长的时间内，该产业的利润率和需求成长率都很高，那么也会诱发进入。

第二节　我国的媒介市场

改革开放以来，我国传媒产业发展较快。平面媒体政策相对宽松、广电媒体市场准入大门渐启，传媒业正呈现出产业化发展趋势，传媒产业雏形已经形成，并且传媒业的快速发展带动或促进了相关行业的发展。从传媒资本的角度看，中国传媒的市场化改革的进程在加快，而且国家的有关政策也开始松动，由原来的严格控制到现在的限制性进入。

随着中国经济的发展，2004~2009 年的 6 年间，中国传媒产业产值几乎翻番。2009 年，中国传媒产业的总产值为 4907.96 亿元，比 2008 年增长 16.3%。2010 年，中国传媒产业的总产值预计将达 5620 亿元。在广告收入方面，各类媒体广告经营额均出现较快增长，其中根据占全国广告经营额的比例的排序依次是电视、报纸、广播、期刊和网站，但报纸、广播的广告经营额增长率要远低于期刊和网站，如表 9-4 所示。

但是，在报纸、广播、电视、期刊、图书以及网络等市场，实际上包括媒介行业的所有分支，都存在行政准入制度（审批制度），私人无法自由经营媒介企业，而在大部分媒介行业，又存在由行政准入而导致的行政垄断。

表 9-4 　2008 年主要媒介广告经营指标

项目＼指标	广告经营额（亿元）	广告经营增长率（%）	占全国广告经营额的比例（%）
电视	501.50	13.22	26.40
报纸	342.67	6.36	18.04
广播	68.34	8.79	3.60
期刊	31.02	17.23	1.63
网站	27.76	10.21	1.46

资料来源：国家工商行政管理总局。

一、我国的报业市场

1. 概况

根据新闻出版总署发布的数据，2008 年全国共出版报纸 1943 种，平均期印数 21154.79 万份，总印数 442.92 亿份，总印张 1930.55 亿印张，定价总金额 317.96 亿元，折合用纸量 444.03 万吨。与上年相比，种数增长 0.26%，平均期印数增长 2.97%，总印数增长 1.13%，总印张增长 13.51%，定价总金额增长 3.73%。广告经营额增长率为 6.3%。可见，我国报业市场总量巨大，但从定价总金额、广告经营额增长率来看，报纸在全部媒介行业中增长不快。

2. 市场结构

我国的报业市场可以分为以下两个层次：全国性市场、地方性市场。其主要特征如下：一方面除某些特殊报纸如《人民日报》外，广告资源向地方综合性报纸倾斜，而面向全国性市场的报纸发展空间相对有限。另一方面在地方性市场上，存在"发行螺旋"效应，即广告资源更多地流向在发行市场上处于优势地位的报纸，处于劣势地位的报纸经营愈发困难。

（1）全国性报业市场。表 9-5 为全国性报业市场集中度，从中可以看出，我国全国性报业市场的集中率不断上升，2006 年市场集中率的大幅下降是因为政策的变化。

表 9-5　全国性报业市场集中度（根据广告额计算）

年份	CR_4	CR_8	CR_{10}
2000	24.27	39.02	44.78
2001	25.58	35.13	38.71
2002	26.42	36.17	39.88
2003	27.32	38.40	42.97
2004	27.43	40.04	45.01
2005	28.58	41.19	46.68
2006	21.84	32.08	36.24

　　根据产业经济学相关理论，如果 CR_4 低于 35%，则该行业属于原子型，也即垄断竞争型。我们可以认为我国全国性报业市场结构的现状具有以下特点：全国性报业市场逐渐成形，但仍呈碎片化。当然，这种结构与我国报业自身的发展特点是分不开的。自 1978 年我国报业确立"事业单位、企业经营"的理念以后，我国报业才逐步走上产业化发展的道路，前后不过 30 年，与西方国家成熟的报业市场结构相比，差距很大。另外，在我国，跨区域办报存在着相当大的困难，像一般的企业一样进行集团之间的兼并收购以实现规模扩张更是短期内无法实现的事情。

　　（2）地方性报业市场。地方性报业市场的特点是区域发展不平衡、同质竞争激烈。我国地区性报业市场主要是指地区性中心城市报业市场。促使这一市场形成的主要原因是，地区性城市是该地区的经济、政治、文化中心，而且中心城市拥有最大的支付能力和购买力，拥有最多的潜在读者和广告的消费群体。另外，根据新闻接近性的原理，越是地区性地方化的报纸，越是与读者贴近的报纸，就越容易受到读者的欢迎，广告商日益重视区域化市场开拓也是促使报纸地区性市场形成的因素。部分城市报业广告市场集中度的数据见表 9-6。

　　从表 9-6 的数据可以看出，地方性报业市场的集中程度要超过全国性市场。相对我国全国性报业市场来说，集中度的数值高了很多，这与我国长期以来形成的按区域划分的报业结构相吻合。然而与西方

表 9-6 部分城市报业广告市场集中度

城市	第一位（%）	第二位（%）	第三位（%）	CR_2（%）	CR_3（%）
北京	20.30	19.36	10.87	39.66	50.53
上海	31.09	19.60	9.07	50.69	59.76
成都	46.35	33.47	6.73	79.82	86.55
西安	65.94	17.87	7.30	83.81	91.11
武汉	28.23	27.05	16.28	55.28	71.56
南京	34.00	26.45	21.44	60.54	81.98
太原	27.75	27.07	11.45	54.82	66.27
杭州	29.45	22.43	14.52	51.88	66.40
重庆	27.26	22.07	21.22	49.96	71.18
济南	46.31	19.50	13.01	65.81	78.82

报业市场平均水平相比，我国部分城市的报业集中度依然偏低。例如，北京报业市场中占据前两名的《北京晚报》和《京华时报》两者在 2007 年的月均广告份额仅相差 0.9 个百分点，排在前五名的还有《北京青年报》、《精品购物指南》、《新京报》等，市场份额相差不大，竞争异常激烈。类似的还有上海、杭州等城市。另外，区域之间报业市场结构不均衡。在我国西部的部分城市，报业结构已出现寡头垄断的势头。例如，在西安，《华商报》的月均广告收入几乎达到了排名第二位的《西安晚报》4 倍，CR_2 达到了 83.81 的高值。再如成都，其《成都商报》的广告额也达到了近乎垄断的地位。

无论在全国性市场还是地方性市场，都存在一定的进入壁垒，如规模经济、沉没成本以及最重要的行政规制壁垒。不过全国性市场的壁垒要略大于地方性市场，但部分地方性市场由于已经出现了寡头垄断，进入壁垒也很高。

二、我国的广播电视业市场

1. 概况

根据中国统计年鉴（2009）提供的数据，截至 2008 年底，全国广播电台 306 家，电视台 296 家。2008 年，全国广播电视综合人口覆盖率分别为 95.96%、96.95%，比 2007 年增长 0.56%、0.39%。表 9-7 为 2008 年全国广播电视发展情况。

全国有线广播电视用户达到 1.64 亿户，其中，数字电视用户 4527.86 万户，付费数字电视用户 449.34 万户，分别比 2007 年增长 7%、68.57%、156.19%。全国广播电视系统 2008 年全年共制作广播节目 649.40 万小时、电视节目 264.19 万小时，分别比 2007 年增长 2.55%、3.47%；播出公共广播节目 1162.97 万小时、公共电视节目 1495.34 万小时，分别比 2007 年增长 3.17%、2.8%。2008 年全国广播电视总收入为 1583.91 亿元，比 2007 年增长 20.28%。全年全国广播电视广告收入达到 701.75 亿元，比 2007 年增长 16.85%。其中，广播广告收入 72.23 亿元，比上年增长了 10.45%；电视广告收入比上年增长了 17.32%，达到 609.16 亿元。部分数据见表 9-7。

2. 我国电视业的市场结构与体制

国内电视业的体制是四级办台。1983 年，当时的广播电影电视部确立了"四级办广播、四级办电视、四级混合覆盖"的方针。对于电视来讲即中央电视台、省级电视台、省辖市（地、州、盟）级电视台和县（旗）级电视台。当然其中各省级电视台中的卫视频道已远远超出了本省范围，能够覆盖多个省份。其特点可以归纳为"台网合一、逐层覆盖、行政垄断"。"台网合一"指的是电视台与电视网络是一体的，电视台不仅制作、编排节目，而且各地的电视网络也归各级电视台所有。

在国外，如美国，其内容供应商、频道运营商、网络提供商分工明确，电影、电视剧以及很多其他节目内容由专门的内容供应商提供，电视台一般只制作新闻、娱乐类节目，其他节目则向内容供应商购买，然后再购买网络提供商的网络服务进行播放。也就是说，国外的电视台大多是频道运营商。

而中国，电视台被赋予的意义超越了商业意义，它更多的是承担宣传功能。也正因为如此，所有的地方台都必须转播中央电视台的节目。在中国任何一个地方，只要有电视信号，哪怕是在偏远的山区，

表 9-7 2008 年广播电视发展情况

年份	广播						电视									
	广播节目综合人口覆盖率(%)	#农村(%)	广播节目套数(套)	#公共广播节目套数(套)	全年制作广播节目时间(万小时)	全年公共广播节目播出时间(万小时)	电视节目综合人口覆盖率(%)	#农村(%)	全国有线广播电视用户数(万户)	#农村(万户)	电视节目套数(套)	#公共电视(套)	付费电视(套)	全年制作电视节目时间(万小时)	全年公共电视节目播出时间(万小时)	全国广播电视总收入(亿元)
2006	95.04	94.11	2366	2365	619.2	1078.05	96.23	95.56	13995	5490	3092	2983	109	261.80	1360.45	1099.12
2007	95.43	94.12	2433	2432	633.3	1127.24	96.58	95.60	15325	6180	3214	3127	87	255.33	1454.70	1316.40
2008	95.96	94.74	2437	2436	649.4	1162.97	96.95	96.06	16398	6568	3287	3198	89	264.19	1495.34	1583.91

都可以看到中央电视台的节目。这一方面保证了中央的声音被及时传递;另一方面,在收益上也造成了中央电视台的一枝独秀。

关于我国电视业的市场结构,可以用寡头垄断中的领导—追随模型来描述,领导者当然是中央电视台。连续多年,收视率排名前10名的频道中,中央电视台占至少5个以上,其他电视台难望其项背。全国性电视市场集中度的部分数据见表9–8。

表 9–8　全国性电视市场集中度

年份	CR$_4$ (%)	CR$_8$ (%)	HHI
2004	61.5	83.5	1525
2005	62.6	89.0	1568

资料来源:央视—索福瑞媒介研究。

无论是 CR$_4$、CR$_8$,还是 HHI 指数,都可以说明我国电视(全国性)市场属于寡占类型。这种寡占将导致消费者福利下降,急需改革。

3. 我国广播业的市场结构与体制

与电视业类似,我国广播业也是四级办广播,电视业存在的问题同样也存在于广播业,但在当前,由于电视业的高额垄断利润转移了人们的注意力,广播业的垄断地位并未引起人们的特别关注,甚至有人提出,如果非要改革广播电视,那么就改电视,把电视商业化,广播仍然保持行政化,这样还能够保证宣传政策的执行。

实际情况是什么呢?以广告收入来比较,2008 年电视广告收入超过 500 亿元,而广播广告收入仅为 68 亿元。很多统计资料显示如"有 64% 的听众经常收听广播、全国广播听众超过 5 亿人",实际上这些资料都不能说明实际情况。具体分析广播"听众"的阶层、消费能力,就可以发现收听广播的听众主要包括农民、老人、体力劳动者以及其他消磨时间的人,他们的消费能力较低,这必将影响广告主投放广告的动机。当然,出租车司机也是一个重要的群体,但他们往往也只是锁定交通台而已。不过,根据发达国家的经验,随着私人轿车的普及,广播业仍然具备复兴的可能。

三、我国的期刊、图书、音像出版市场

此外所指期刊、图书、音像出版并不包括网络出版，网络出版将在网络媒体市场中阐述。

1. 期刊业

期刊与报纸、广播电视有很大不同，后者的收入主要来自广告。而期刊业同时靠出售版权和广告来获取收益。因为期刊的内容通常具备专业性和指向性，公共性较弱，因此期刊可以直接作为商品销售，期刊大约 50%的收入来自于销售。

从发展情况来看，我国期刊业还有巨大的发展空间。2008 年全国共出版期刊 9549 种，平均期印数 16767 万册，总印数 31.05 亿册，定价总金额 187.42 亿元。尽管总量巨大，但我国人均平均占有期刊不到 3 册。与发达国家相比存在较大差距。

我国期刊业问题很多。一是体制问题，大多数期刊仍然在依赖补贴。二是缺乏有影响力的期刊。三是整体质量有待提高。另外，在期刊业改革方向不甚明朗的情况下，部分（学术）期刊为了尽快致富，向撰稿人收取发表费用，这种费用我们称为"刊号出租费"。这样，除了版权费、广告费之外，部分期刊就又增加了"刊号出租费"，这体现了我国期刊业在市场化改革中出现的混乱状况。

2. 图书、音像出版市场

从经济性的角度讲，图书、音像出版业主要靠出售商品本身来获得收益，广告收入很少。当然，图书出版业也有两个市场，一个是图书发行市场；一个是版权贸易市场，主要指图书翻译、改编等再加工。

2008 年，全国共有出版社 579 家（包括副牌社 34 家），其中中央级出版社 220 家（包括副牌社 14 家），地方出版社 359 家（包括副牌社 20 家）。2008 年，全国共出版图书 274123 种，总印数 70.62 亿册（张），总印张 561.13 亿印张，定价总金额 802.45 亿元。其中课本定价总金额 280.36 亿元，占 34.9%。

随着网络的发展，我国音像出版业出现严重下滑趋势，为听音乐、戏剧而购买音像制品的人在逐年减少。2008 年，全国共出版录音制品 11721 种，出版数量 2.54 亿盒（张），发行数量 2.49 亿盒（张），发行总金额 11.21 亿元。与上年相比，品种下降了 23.46%，出版数量增长了 23.49%，发行数量增长了 24.53%，发行总金额下降了 2.69%。

录像制品出版行业更是委靡。2008 年，全国共出版录像制品 11772 种，出版数量 1.79 亿盒（张），发行数量 1.61 亿盒（张），发行总金额 7.23 亿元。与上年相比，品种下降了 29.26%，出版数量下降了 37.37%，发行数量下降了 31.92%，发行总金额下降了 63.74%。

表 9-9 为 2008 年音像出版业的基本情况。

表 9-9　2008 年音像出版业基本情况

指标 项目	品种（种）	与上年同比（%）	发行数量（亿盒(张))	与上年同比（%）	总金额（亿元）	与上年同比（%）
录音制品	11721	-23.46	2.49	24.53	11.21	-2.69
录像制品	11772	-29.26	1.61	-31.92	7.23	-63.74

如果广大消费者在版权方面的认识不能得到提高，则若干年后这两个行业将会萎缩到可以忽略不计的地步。

四、网络媒体市场

当互联网刚刚登陆中国的时候，人们把它称做"第四媒体"，于是早期的网站经营者认为只要有受众就有广告收入，这种对广告的心理依赖导致了第一批经营者的失败。事实证明，目前网络媒体的经营模式包括网络广告、网络游戏、无线增值服务、在线交易，等等，随着时间的推进，网络与经济实体将会越来越紧密地融合，这会促使新的盈利模式出现。

截至 2009 年 12 月底，我国网民数量达到 3.1 亿人，年增长 7369 万人，年增幅 31.5%；网络新闻使用率为 80.1%，覆盖八成以上的网民群体，较 2008 年提升了 1.6 个百分点。网络广告总收入为 27.76 亿元，比 2008 年增加 10.21%。

从市场结构来看，门户网站领域属于寡兴独占类型。根据 2006 年的数据，CR_4 为 64.4%，CR_8 为 77.1%，属于中度寡兴独占类型。当然，这与我国网络媒体发育时间较短有关，新兴市场的先入者会获取巨大的优势并取得垄断地位。但我们并不能说这几家门户网站垄断了互联网，网络只是个载体，理论上可以实现与实体经济同样多的服务模式，谁能发现新的服务模式，谁就可以在该领域处于优势地位。

第三节 我国媒介行业的变革

一、我国媒介行业存在的主要问题

我国报业存在的问题如下：

(1) 行政订购。

(2) 同质化。

(3) 真实性不高。

我们国家的报纸有人看吗？有多少人自己花钱订报纸？如果没有单位公费订报，我国报业的发行量将立即减少 2/3。如果不算打发时间的老年人，我们不容易发现别的自费订购者。其中原因很简单，几乎所有的综合性报纸内容都是大部分雷同的，除了地方性报纸公布的一些于民生相关的消息——实际上这些消息也可以通过别的渠道得到——除了分类广告外，报纸几乎没有什么阅读价值，当然，一些专业性报纸尚且有一定的阅读价值，但也几乎无用。比如财经类报纸，这些报纸的很多报道的真实性或正确性也值得怀疑。

再说电视，消费者花了更多的钱，安装了所谓数字电视，节目增加了，也许可以收看 100 多个频道，但这些频道又有什么值得观看的内容？地方卫视的节目几乎完全一样，专业性频道又需要再交费，可以这么说，电视对于很多家庭来说只是个摆设，是打发时间的工具（多么悲哀？！时间就是这样被打发）。低俗的娱乐、低俗而冗长的电视剧、故弄玄虚的各种不知是否真实的故事，这些就是我国电视业的现状，但如此无聊的内容却不能阻止电视经营者获取高额利润。

广播业的颓势尽人皆知，除非自然灾害和突发事件发生，广播业的听众已经不再是社会的主流，这也几乎决定了广播业的前途，如果不改革，实际上也就是没有前途。目前来看，广播业的发展方向应该是：①进一步专业化，变"广播"为"窄播"。确立频道定位，设计节目内容，使频道及节目具有明确的指向性，吸引并稳定某一类听众。②不断创新，保持生命力。创新包括节目创新、形式创新等。20世纪80年代后期以"主持人直播、大时段、开放式"为特征的"珠江模式"和20世纪90年代初以"全天24小时直播，加强热线电话的运用"为内涵的"东广模式"都是典型的节目创新。[①]另外，还要注意形式创新，如广播与手机、网络等新兴媒介工具的结合。

再说图书和期刊。与电视业相比，图书和期刊出版业的改革较为缓慢。目前流行的提法是"五跨"：跨地区、跨媒体、跨所有制、跨行业和跨国发展。但这几个方面都存在一定障碍，也仅仅是形式上的变革。跨地区会遇到地方利益既得者的障碍。跨媒体也多是对新兴媒体感兴趣而已，在当前尚且能够赚取一些超额利润的情况下，跨媒体仅仅是一种居安思危的手段，能够实现彼此双方的各自需求，还要有待于实践的检验，进一步的摸索。跨所有制，也就是与民营出版机构的合作，这实际上是个假命题——为什么出版机构不能成为商业性的？商业性就一定会降低出版物的质量？跨行业，实际上也是一个相当含混的概念，也与媒介企业本身的性质无关，只要能获取利润，只要存在职业经理人市场，多元化经营从来就不是问题，归根结底要看

母公司的控制力和经营方式。跨国发展，如成立跨国公司、进行版权交流、召开书展，从目前来看，也仅仅是一种试探性的举措。

网络呢？网络好一些，它毕竟是新生事物，改革在存量领域很艰难，但在增量领域要好得多。也许在网络领域，主要存在问题是监管以及定位问题。例如，在法律领域，无论是民法还是刑法，对网络的规定不甚明确，这也导致了公民浏览信息、发布信息缺乏法律的保护，注意，这里是说法律的保护，而不是说法律的限制。法律要做的是保护，而不是限制。法律不能先把人看成是坏人，总是限制这、限制那。再比如政府网站，我们要问？政府网站是否属于政府信息公开的一部分，如果是，那么政府网站的信息就属于政府行政职能的一部分，其信息透明度、回复率等就必须有明确的规定，没有规定，一切就会沦为摆设。

二、对策

针对媒介行业在改革过程中出现的以上问题，现提出以下对策：

1. 确保中央政策、相关信息的宣传渠道通畅

任何一个政党都有自己的宣传工具。所以第一个原则就是确定核心领域不放开，其他领域则应彻底放开。比如保留中央电视台（新闻以及国际频道）、中央人民广播电台（新闻波段已经对外广播）、人民日报等机构，保持行政或事业编制，而其他领域则允许全社会资本进入。对外资的进入要适度开放。

2. 取消各种不合理的限制

我国宪法第三十五条规定，中华人民共和国公民有言论、出版自由。这一自由应该可以理解成无障碍的。对中国公民经营报纸、电视、出版、网站等媒介行业不能再实行审批制，而应该改为备案制，不能再有什么主管主办单位的限制，取消各种行业准入和许可制。我们总是害怕：一旦放开，就会天下大乱，实际上这里的"乱"就是指竞争。改革，不能害怕竞争。如果不改，就不会乱，会稳定，但仅是那种如一潭死水般的稳定。

3. 存量改革与增量改革要分别对待

对于现存的媒介机构，除第一条中所说的核心领域外，其他领域都要进行改制。没有股份制改革的，要将其股份分割，平均分配给每一个公民（这也是全民所有的实际含义），公民可以自由交易（上市或不上市）；对于已经实行过股份制改革的，如果仍然有国家股，为保证公平，应该由国资部门将流通股以合理的价格全部收回后注销并将全部资本重新按股出售。总之，改革的目的就是国家全面退出竞争领域，确保产权清晰。对于新进入的社会资本，要实行优惠政策，以确保进入者可以挑战原先市场占领者的优势地位。

4. 电视业是改革的重点

原有的电视网络本来就是国家建的，实际上就是全体公民建的，因此其收益必须归全体公民。可以由各级人大批准成立网络公司运营该网络，公司必须受全体公民或代表的监督。各级电视台除保留转播中央信号的少部分频道外，放开经营。电视台（旧的或新的）要使用电视网络必须支付租金。租金收入归全体公民所有。

此外，要完善相关法律法规建设，尽快拟定《新闻出版法》，以便改革有切实的依据可行。

延伸阅读

2009 中国电视业回顾与展望①

一、资本合作、市场合作不断翻新

2009 年，国际金融危机的阴影继续蔓延，包括美国在内的国际传媒业市场仍未走出低谷。相比而言，受金融危机影响较小的中国文化传媒领域却掀起了阵阵整合热潮。不少地方的电视媒体主动出击，频频组建跨地域的合作联盟，一则"抱团过冬"；二则图谋更大的市场

---

① 陆小地：《风雷激荡大潮涌——2009 中国电视业回顾与展望》，《新闻战线》2010 年第 1 期。略有删减。

发展空间。

从 2009 年 1 月开始，长沙广电集团先后和山西公共频道、湖南教育台和海口经济频道等进行跨市场经营。

2009 年 2 月 10 日，内蒙古电视台经济生活频道发起成立的"内蒙古地面电视民生频道协作体"正式运行，实现了 13 家成员台民生类节目的上传和下载。

2009 年 2 月 24 日，随着广州、佛山同城化步伐的加快，一直固守各自行政边界的两地电视频道之间正式实现了相互落地，实现了广佛两地市场的初步融合，也使各自媒体迈上了合作与竞争的双行道。

2009 年 5 月，民营电视的新贵新华悦动传媒和陕西卫视传出"绯闻"：前者以 9000 万的基数获得了后者 10 年的广告经营权（以后每年递增 10%）。这是新华悦动在风险与机会巨大的省级卫视市场的第二次试手。此前，新华悦动已经辗转获得了内蒙古卫视汉语频道的广告代理权。这意味着，民营电视企业与国营电视企业的跨所有制合作已逐渐起步。这是中国电视业的一个巨大进步。

2009 年 11 月，湖南电广传媒与青海卫视达成并购合作协议，前者以 6000 万的基数获得了后者的广告和节目经营权。此后，湖南电广传媒和青海卫视将对未来的年收益按照四六比例分成，水涨船高。可以预见，青海卫视的加盟，将有利于"电视湘军"在全国省级卫视市场上巩固霸主地位。据悉，2010 年，湖南卫视还将与国内网络购物的领导者淘宝网建立战略合作关系，新旧媒体平台结合，网购优势跟电视购物的优点整合，打造一个全新的面向全球消费者的购物平台。这是一个具有创新理念的购物平台，一旦建成，影响将横跨新旧媒体，直达国际市场。

二、省级卫视竞争加剧，洗牌加速

2009 年，中国卫视战场硝烟弥漫。以湖南卫视的娱乐火焰和浙江卫视的蓝色潮水为代表，把省级卫视的竞争拉近白热化阶段。

2009 年 3 月 5 日，经过大肆炒作，一部质量平平的电视剧《我的团长我的团》开始在全国多个卫视频道登场。作为首轮播放电视台，东方卫视、江苏卫视、云南卫视等打破契约和市场"潜规则"，争先恐后，引发了一场电视剧播出大战，最后不得不由广电总局发出一纸公约而收场。这场电视剧播出大战不过是省级卫视全面竞争的序幕。湖南卫视秉持"电视湘军"打造"最具活力的中国娱乐品牌"的理念，除巩固娱乐电视的金牌地位之外，向影视制作业、网络游戏业、新闻出版业全面进军，力图缔造一个全媒体、全业务的全方位传播平台。

江苏卫视则在江苏广电总台的强力引导下，以差异化的频道定位和创新性的栏目开发在市场上继续维持上升的势头。名牌栏目《名师高徒》开地方广电媒体向海外输出节目创意和模式的先河。浙江卫视则是2009年卫视中的一匹"黑马"。在浙江卫视定位为"中国蓝"后，这股来势汹涌的蓝色狂潮不可思议地席卷全国市场。《我爱记歌词》唱响大江南北，浙江卫视的收视率在不到一年的时间里从全国卫视第八名一举跃升至仅次于湖南卫视的第二名，创造了一个中国电视市场的收视神话。

与此同时，安徽卫视、辽宁卫视、河北卫视、东方卫视、广西卫视、深圳卫视等也在不断探索，不断上升，为中国电视节目整体质量的提升和体制与机制改革做出了自己的贡献。总的来看，2009年，中国省级卫视的竞争已经从"电视剧+综艺节目"的竞争，上升到"内容"、"资源"、"资本"等综合实力的比拼。富有创意的自制节目成为省级卫视竞争的撒手锏，电视台利用自身的资本优势不断向上游和下游产业延伸。

三、央视改版，重申新闻立台

2009年7月2日，中央电视台重新组建的新闻中心正式成立。新机构整合新闻节目中心、海外节目中心、广告经济信息中心、社教节目中心、文艺节目中心的新闻采编力量，统一管理，统一指挥，统一对外，建立新闻资源共享平台。重组新闻中心，是中央电视台对"新闻立台"发展战略的再次重申，也是适应国内外电视竞争新形势，实现资源共享，不断改进和提高新闻报道质量和效率的务实之举。

放眼全球，新闻立台不仅是国际一流大台生存发展的根基，亦是中央电视台国家媒体公信力的重要保证。8月17日，中央电视台新闻频道改版完成，全新亮相。改版后的新闻频道加大了新闻信息量，包装上也更显大气和国际化，给人耳目一新之感。新闻频道的改版也拉开了央视改版的序幕，一套、二套、三套、四套随后纷纷跟进。作为中国电视媒体的龙头，中央电视台此举备受社会关注，新闻频道的包装风格甚至受到了一些地方电视台的效仿。

四、高清电视沙场秋点兵

2009 年，高清电视由一种概念炒作上升到产业运作层面。推进高清电视也成为国家广电总局 2009 年的一项重点工作。

8 月 6 日，广电总局发出《广电总局关于促进高清电视发展的通知》，要求各级广播影视部门将发展高清电视作为 2009 年工作重点。8 月 28 日，央视一套和北京卫视、东方卫视等 9 个省级卫视高、标清频道同步开播，中国电视由此开启高清新时代。

高清电视播出后，通过消费升级，将带动集成电路、软件、数字电视前端、传输、接收显示等数字电视产业的技术进步和快速发展，据有关部门估计，可带动上千亿元的产业市场规模。

但是，尽管有国家政策的扶持推动，高清电视的发展却也面临不少难题。

首先，高清内容严重匮乏。对于播出机构来说，高清节目设备成本高，动辄数以亿元计，技术难度大，制作和播出以及运营成本远远高于标清节目，而产出效益短期内却难以显现。在没有国家财力补贴扶持的情况下，开播高清频道对于任何电视台都无疑是一个沉重的包袱。目前，高清电视的市场还没有发展到让电视台自觉、主动地播出高清节目的地步，导致节目内容稀缺。

其次，在消费终端上，昂贵的机顶盒让多数老百姓对高清电视望而却步。目前，普通机顶盒二三百元一个，而高清机顶盒至少也要一两千元，面对近 10 倍的价格差距（不包括收视费），多数消费者当然不愿为高清埋单。

播出端的犹豫和消费端的脱节致使高清电视上下游产业链断裂，即上游高清节目的供不应求和下游高清电视设备的供过于求。

尽管高清电视上下游的产业链衔接还不顺畅，但视听产业的数字化转型是国际大势所趋。中国的高清电视也必将怀揣产业振兴的梦想继续前行。

五、媒体融合迈上新台阶

面对新媒体的强大冲击和媒体融合的时代潮流，2009 年，传统电视媒体加快了与新媒体的合作与融合。

2009 年 2 月 19 日，广电总局网站上发布的一则公告"央视网正在筹备建立国家网络电视台"引起轩然大波。尽管业界对国家网络电视台的看法各有不同，但毫无疑问的是，国家网络电视台将依靠中央电视台丰富的节目资源，打造视网融合发展的国家舰队。2009 年 12 月 28 日，国家网络电视台已正式开播。2009 年 3 月，海信、TCL、长虹等国内彩电企业巨头纷纷向市场推出了带上网功能的"互联网电视"。

即便是新华社这样的传统通讯社，也在通过大力发展视频、与网络媒体合作开办传统电视台等手段，开始新媒体时代产业融合发展的战略转型。一年来，新华社通过大力发展"新华社电视"，融合业态的生产销售初具规模。对中国乃至国际电视市场来说，24 小时全天候播放的新华社中国国际电视台（CITV）的成立是最值得关注的重大事件之一。2009 年 8 月 7 日，新华社音视频部与航天科技集团控股的亚太卫星集团签署备忘录。这意味着，新华社将通过航天科技集团公司的卫星平台向世界发布电视新闻。这也是新华社自 1931 年成立以来，首度以开办电视台的方式介入新闻报道。英国广播公司（BBC）中文网日前报道称，CITV 是"全新闻"电视频道，开播后会首先采用中文报道，随后推出英语新闻，播出地区首先集中在亚太地区，逐渐推向欧美，并以 24 小时滚动的形式报道中国与国际新闻。未来，随着中国国际电视台（CITV）的建成，新华社经营业务将涵盖报纸、杂志、互联网、手机新媒体、电视等几乎所有传媒领域，且业务上相互打通，彻底实现向融合形态的全媒体供稿平台转变。

2009 年视网融合的另一个经典现象是传统电视媒体与开心网的联姻。随着以"种菜"、"偷菜"为消遣娱乐的开心网的迅速蹿红，电视媒体也开始向这一新阵地延伸触角。6 月下旬，"新华社电视"作为首家机构用户入驻开心网，"粉丝"数量半月内即突破 20 万人。2009 年

7月1日，上海文广新闻传媒集团正式进驻开心网，将SMG旗下东方卫视、第一财经、新闻综合等9个电视频道及3个广播频率的网络音视频资源集成在开心网上。随后，央视经济频道等电视机构也纷纷开通了开心网账户。

六、小屏幕进军大屏幕

如果说内容是媒体发展的一个车轮，那么资本运营就是媒体发展的另一个车轮。只有内容和资本运营双轮同时驱动，媒体企业才能做大做强。2009年，小荧屏资本进军大银幕成为电视台产业经营新动向。

2009年初，走红银屏的《喜羊羊与灰太狼》以600万元的投资创造了8500万元的票房奇迹，成为贺岁档的最大黑马。而幕后投资者上海文广新闻传媒集团又"得寸进尺"，积极投入众星云集的"年度大戏"《十月围城》（1.5亿元的投资中有上海文广20%的投资份额）。

浙江广电集团控股的浙江影视集团在投资参与冯小刚的《集结号》受益匪浅之后，2009年又出资5000万元参投冯氏喜剧片《非诚勿扰》，并把该片的全球首映礼设在杭州举行，通过浙江卫视的直播，达到了"一石二鸟"的宣传效应。

江苏广电总台则从《南京！南京！》和《人间正道是沧桑》、《潜伏》等影视剧投资中尝到甜头，新成立的蓝海集团不仅投资电影产业，而且依托电视台等资源优势，整合台内电影制作、发行、放映及相关延伸产业，全面启动了从制片到院线、从影院到影视基地的整个电影产业布局。

电视台投资电影业一方面是对自身资源和品牌的延伸利用，另一方面也是对中国电影未来市场的乐观预期。国家广电总局公布的数据显示，2008年全国广播电视收入为1452亿元，其中广播电视的广告收入695亿元，电影票房只有42.15亿元，但电影产业却连续5年保持了30%左右的高速增长。而2009年1~11月，全国的电影票房已经达到56亿元。这个快速增长的数字再次为资金雄厚的电视机构开拓潜力巨大的电影市场，实现多元化发展找到了充分的依据。

七、制播分离，想说爱你不容易

广电行业多年的发展经验充分表明，在事业体制内，电视产业的规模化举步维艰，而发展的突破口只有一个，那就是必须从体制动刀。

2009 年 10 月 21 日，由上海文广新闻传媒集团分拆而成的上海广播电视台、上海东方传媒（集团）有限公司揭牌。新成立的上海东方传媒（集团）有限公司包括第一财经、星尚传媒等以上市为目的的 16 家子公司。而上海广播电视台将继续维持事业体制，承继原上海文广新闻传媒集团的播出资源和涉及"新闻制作"的部门。

这一改制实际上是由政府主导的电视台事业产业分开运营、孵化市场主体的一次尝试。长期以来，我国电视台宣传经营不分，事业产业不分，广电旧有的体制在市场化程度愈加开放的今天，难以适应产业化发展的要求。

2009 年 8 月，广电总局正式下发了《关于认真做好广播电视制播分离改革的意见》，提出了制播分离改革的总体要求、范围和方式，以及一系列培育新型市场主体、深化媒体内部管理改革的指导性意见。

而在此前的 7 月份，国务院通过了《文化产业振兴规划》，把振兴文化产业由企业的财富梦想变为国家的发展战略，鼓励以兼并重组、上市融资等多种手段做大做强传媒产业。正是在此背景之下，上海文广新闻传媒集团改制得以顺利获批。

虽然制播分离不是解决中国电视所有问题的万能良药，对制播产业链的衔接问题也是众说纷纭，但不可否认的是，制播分离是现行体制下广电实现事企分开、转企改制和培育市场主体的突破口之一。随着文化体制改革的进一步深入，2009 年以来，天津电视台、河北电视台、黑龙江广电局、山西广电局等纷纷加快了"制播分离"的改革步伐，其目的都是进一步走向市场，寻求更好的发展空间。

但是，在新媒体互联、互通、互动蔚然成风的环境下，广电领域大刮"制播分离"之风，到底是福是祸，业界和学界都有不同看法。制播分离带来的人员身份转换问题、资产划拨问题、税赋问题和国有文化资产流失问题，等等，委实让一些观者生疑，疑者生惧，惧者生退。那么，制播分离到底是不是一副良药呢？其实，对症者即是"良药"，不对"症"则可能产生"副作用"。

八、结语

在中国的电视市场上，竞争还是主旋律，改革仍是最强音。但是，"四级办电视"的旧体制将成"城南旧事"，代之而起的将是"两大阵营、三种类型、四个等级"。

所谓的"两大阵营"，就是电视媒体将分成有"上市"企业与"无上市"企业两大阵营。所谓"三种类型"，就是电视媒体将被分为纯电视业务媒体、以电视业务为主的多媒体和涉足电视业务的其他媒体。所谓"四个等级"，就是电视媒体将被分为国际电视媒体、全国性电视媒体、区域性电视媒体和地方电视媒体。

当然，市场无情常变幻，竞争有道谋者胜。"上市"企业未必能占上风，"类型"亦非定型，等级之间更无鸿沟。无能生有，小能变大，弱能变强。

内容提要

● 市场结构基本的判断是：完全竞争优于垄断竞争、垄断竞争优于寡头垄断、寡头垄断优于垄断。

● 决定市场结构的因素主要有市场集中度、垄断力量、产品差别化和进入壁垒。

● 在报纸、广播、电视、期刊、图书、音像以及网络市场，实际上包括媒介行业的所有分支，都存在行政准入制度（审批制度），私人无法自由经营媒介企业，而在大部分媒介行业，又存在由行政准入而导致的行政垄断。

关键概念

市场集中度 垄断力量 产品差别化 进入壁垒

复习题

1. 比较四种市场结构的优劣。
2. 我国媒介行业存在的主要问题是什么？
3. 我国媒介行业如何改革？

第十章 媒介企业的
并购与反并购

  传媒企业如果要扩大自身的规模，至少有两种方法：靠自身的发展逐渐积累；靠兼并或收购迅速扩大规模。在目前，后者甚至已经成为传媒企业扩大规模的主要方法。

  与其他行业一样，国际间传媒企业的并购与反并购案例层出不穷，同样，随着社会主义市场经济体制改革的深入，我国传媒企业的对外并购、跨国公司对我国传媒企业的并购以及我国传媒企业之间的相互并购案例将会不断增加。这也为我们研究媒介企业的并购与反并购提供了足够的理由。

  实际上，在发达国家，传媒企业之间的相互并购案例甚多，但在我国，传媒企业的改革向来滞后，其中的新闻出版业一直被称为市场化改革的最后一个堡垒，不管此堡垒是谁设置的，它终有一天会被外部力量或者内部力量突破，突破就意味着投资结构的多元化，资本跨行业、跨地域乃至跨国籍的流动，相信我国传媒企业的并购与反并购将会越来越频繁。本章主要介绍并购与反并购的概念与方式。

第一节 传媒并购概述

  传媒并购是指传媒企业间的兼并和收购，英文称 Mergers and acquisition（M&A）。并购是一个公司通过产权交易取得其他公司一定程度的控制权，以增强自身经济实力，实现自身经济目标的一种经济行为。并购是证券市场发展到一定阶段的产物，是现代市场经济背景下极为普遍和正常的现象。但并购、兼并和收购都不是严格意义上的法律名词，我国法律中的相关名词是"公司合并"。《中华人民共和国公司法》专设"公司合并、分立"一章。

兼并是指一个企业采取各种形式有偿接收其他企业的产权，使被兼并方丧失法人资格或改变法人实体的经济行为。企业兼并的形式有：①承担债务式兼并，即在资产与债务等价的情况下，兼并方以承担被兼并方债务为条件接收其资产的兼并方式。②购买式兼并，即兼并方出资购买被兼并方企业资产的兼并方式。③吸收股份式兼并，即被兼并企业的所有者将被兼并企业的净资产作为股金投入兼并方，从而成为兼并方企业的一个股东的兼并方式。④控股式兼并，即一个企业通过购买其他企业的股权，达到控股，实现兼并的方式。

收购是指一个企业能够通过购买另一个公司的资产或购买上市公司的股票而使该公司经营决策权易手的行为。也就是说，收购包括资产收购和股份收购。狭义的收购一般仅指股份收购。

合并是指两家以上的公司依据契约及法令归并为一个公司的行为。企业合并包括吸收合并和创新合并两种形式。所谓吸收合并，是指两个以上的公司合并中，其中一个公司因吸收了其他公司而成为存续公司的合并形式；所谓创新合并，是指两个或两个以上的公司通过合并创新一个新公司。

合并、兼并和收购基本上是一种从属关系，兼并和收购包含在广义的合并概念中。兼并是合并中的一种形式，即吸收合并；而收购是兼并中的一种形式，即控股式兼并（最多加上购买式兼并）。兼并、收购与合并的关系如图 10-1 所示。

企业间（无论是传媒企业还是非传媒企业）并购的最终目的是为了形成垄断，历史上，企业垄断的组织形式至少包括以下两种：单独企业的垄断、企业联合的垄断。而后者又包括托拉斯、辛迪加与卡特尔等形式。

以美国为代表的西方传媒之间的并购主要经历了以下五个阶段：

第一阶段：19 世纪末到 20 世纪初，报业集团开始横向兼并，形

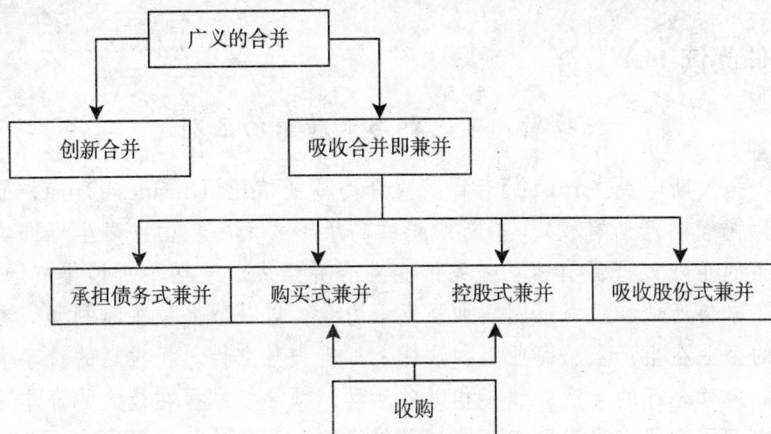

图 10-1 兼并、收购与合并的关系

成了赫斯特、普利策等报业集团。

第二阶段：20 世纪 20 年代，金融资本开始购买报业集团，开始跨行业兼并，其代表为摩根、洛克菲勒等财团。

第三阶段：第二次世界大战以后，资本对新闻事业的支持和控制进一步加强。例如，在广播市场，哥伦比亚广播公司（CBS）、全国广播公司（NBC）和美国广播公司（ABC）三足鼎立，共同垄断了美国广播市场。

第四阶段：20 世纪 80 年代，杠杆收购（借钱收购，以被收购企业的资产或现金还债）开始流行，"小鱼吃大鱼"的案例频繁出现。

第五阶段：20 世纪 90 年代以来，由于美国、欧洲等国修改传媒法和电信法，出现了电信产业和传媒产业的融合，掀起了传媒并购狂潮。

延伸阅读 1

托拉斯、辛迪加与卡特尔的区别

托拉斯即英文 trust 的音译。直译为商业信托（Business Trust，原意为托管财产所有权）。垄断组织的高级形式之一。由许多生产同类商品的企业或产品有密切关系的企业合并组成。旨在垄断销售市场、争夺原料产地和投资范围，加强竞争力量，以获取高额垄断利润。参加的企业在生产上、商业上和法律上都丧失独立性。托拉斯的董事会统一经营全部的生产、销售和财务活动，领导权掌握在最大的资本家手中，原企业主成为股东，按其股份取得红利。参加的资本家为分配利润和争夺领导权进行激烈的竞争。

在社会主义国家，托拉斯也是社会主义企业的组织形式之一。我国 1963~1964 年，中央工业交通部门先后试办了烟草、盐业、医药、橡胶、铝业、汽车、纺织机械、地质机械仪器等 12 个托拉斯企业。

辛迪加是法语 syndicate 的音译，原意是"组合"。资本主义垄断组织的重要形式之一。由同一生产部门的少数资本主义大企业，通过签订统一销售商品和采购原料的协定以获取垄断利润而建立的垄断组织。

辛迪加是垄断组织形式之一。参加辛迪加的企业，在生产上和法律上仍然保持自己的独立性，但是丧失了商业上的独立性，销售商品和采购原料由辛迪加总办事处统一办理。其内部各企业间存在着争夺销售份额的竞争。

卡特尔（Cartel）是由一系列生产类似产品的独立企业所构成的组织，集体行动的生产者，目的是提高该类产品价格和控制其产量。根据美国反托拉斯法，卡特尔属于非法。卡特尔是垄断组织形式之一。生产或销售某一同类商品的企业，为垄断市场，获取高额利润，通过在商品价格、产量和销售等方面订立协定而形成的同盟。参加这一同盟的成员在生产、商业和法律上仍然保持独立性。

可以看到，由卡特尔——辛迪加——托拉斯，企业紧密程度是逐步增加的。最后干脆是合并。三者之间的区别如下：

（1）卡特尔。各企业保持独立性，仅靠协定成为价格、产量或销售同盟。

（2）辛迪加。生产上各企业保持独立性，但丧失商业独立性。

（3）托拉斯。参加的企业在生产上、商业上和法律上都丧失独立性。

延伸阅读 2

关于哥伦比亚广播公司的趣闻

1938 年 10 月 30 日晚 8 时，哥伦比亚广播公司（以下简称 CBS）开始播放广播剧《星际战争》（War of the Worlds）。逼真的演播效果，使得当时众多听众信以为真，感到末日来临，引发了大规模恐慌。这次恐慌虽未有一人死亡，但成千上万的美国人觉得自己受到愚弄。为此，CBS 遭到指控，人们要求赔偿 75 万美元。后来，美国为此颁布一项新法规："禁止播放虚构新闻"。四年后智利圣地亚哥的一家广播电台用西班牙语重播了这个节目，智利的听众和美国听众反应一样。不过，这一次愤怒的人们烧掉了这家电台。

第二节　传媒并购的方式

根据不同的标准对传媒企业并购的方式分类。按并购双方的行业特征，可以分为横向并购、纵向并购和混合并购；按付费方式，可以分为现金并购与股票并购；按是否用目标企业自身资产，可以分为杠杆并购和非杠杆并购；按合作性质，可以分为善意并购和恶意并购。其中，第一种划分更加具有经济学意义。

一、横向并购、纵向并购和混合并购

1. 横向并购

横向并购是指商业上的竞争对手间进行的并购，如生产同类商品的公司或者是在同一市场领域出售相互竞争商品的公司之间进行并购。横向并购的目的是生产、销售向一个企业的集中。优势公司并购劣势公司组成横向大企业集团，扩大生产规模，其目的在于消除竞争、扩大市场份额、增加买方公司的垄断实力或形成规模效应。

2. 纵向并购

纵向并购是指买方公司并购与其生产经营紧密相关的前后顺序生产、营销等上下游公司，以形成纵向生产经营一体化。在美国视听行业，垂直联合是一个大趋势。哥伦比亚公司并购了许多电影院，而且这些公司还拥有许多别的媒体产品展示形式，如广播、有线电视、录像带出租网络；1996 年，迪士尼公司以 190 亿美元兼并首府/美国广播公司，就是节目生产制作和节目传播销售一体化的结合，是上游和下游的连接；新闻集团 1984 年并购福克斯（FOX），并且构造了同名的新电视网；维亚康姆拥有 PARAMOUNT 和正在走向成熟的 UPN 网络，并在 1999 年并购了 CBS；时代华纳支配了有线网络，并且在 1997 年通过并购 TNT 拥有了关键的有线频道。

纵向并购的结果是扩大生产经营规模，节约通用的设备、费用等，加强生产经营各环节的配合，加速生产流程，缩短生产周期，节省运输、仓储、资源和能源等。同时，纵向并购还可以避开横向并购中经常遇到的反垄断法的限制。

3. 混合兼并

混合兼并是一种传媒系统内部兼并与传媒系统外部兼并相互"融合"的兼并方式，也就是说，实力强大的媒体为扩大自身的规模，提高市场占有率，可以超出本系统的范围实施兼并。例如，实力强大的电视台既可以兼并电视产业部门内的有关实体，也可以兼并广播产业部门的有关实体或者报业部门；同时，还可以兼并非传媒产业部门。

通过这种兼并方式可以实现多元化经营，既可以降低传媒产业经营的风险，又可以保证传媒产业的稳定效益；同时，又拓宽了传媒产业的经营范围，真正突出了传媒产业在信息社会的支柱地位。

二、现金并购与股票并购

1. 现金并购

现金并购是指一家企业通过支付现金的方式购买另一家企业的全部或主要资产，使对方停止营业或解散，从而取得其控制权的行为。通常情况下，现金并购要求并购方的财务状况良好，有充足的流动资金。当然，并购方也可以通过借债等方式增加流动资金。

2. 股票并购

股票并购是指并购方不以现金为媒介完成对目标公司的并购，而是并购者通过购买目标公司的股票以获得目标公司控制权的一种方式。并购对象一般是上市公司。

三、杠杆并购和非杠杆并购

1. 杠杆并购

杠杆并购是指并购者用自己很少的本钱为基础，然后从投资银行或其他金融机构筹集、借贷大量的，足够的资金进行并购活动，并购后公司的收入（甚至包括拍卖目标资产的营业利益）足以支付因并购而产生的高比例负债，这样能达到以很少的资金赚取高额利润的目的。这种方式也有人称为高度负债的并购方式。这种方式能够帮助一些小公司实现"小鱼吃大鱼"。

2. 非杠杆并购

非杠杆并购是指不以目标公司自己的资金及营运所得来支付或担保支付兼并价金的并购方式，早期兼并风潮中的并购形式多属此类。非杠杆并购并不意味着并购公司不利用贷款，实践中，几乎所有的并购都是利用贷款完成的，只是借贷数额不占并购所需资金的多数。

四、善意并购和恶意并购

1. 善意并购

善意并购是指当并购方有理由相信目标公司的管理层会同意并购时，并购方就向目标公司的管理层提出友好的并购建议。彻底的善意并购建议由并购方私下而保密地向目标公司提出，且不被要求公开披露。在整个并购活动中，并购方不会采取出其不意的手段，成功率也较高。

2. 恶意并购

恶意并购又称敌意并购，是指并购公司在未经目标公司董事会允许，不管对方是否同意的情况下，所进行的并购活动。当事双方采用各种攻防策略完成并购行为，并希望取得控制性股权，成为大股东。当中，双方强烈的对抗性是其基本特点。除非目标公司的股票流通量高到可以使并购方容易在市场上吸纳，否则并购困难。敌意并购可能引致突袭并购。进行敌意并购的并购公司一般被称作"黑衣骑士"。

第三节　传媒反并购策略

2005 年 2 月 19 日清晨 8 时，总部设在上海的盛大交互娱乐有限公司（纳斯达克股票代码 SNDA，以下简称"盛大"）在其网站和纳斯达克同时发表声明称，截至 2 月 10 日，盛大与其控股股东已通过在二级市场交易，持有新浪公司总计 19.5% 的股份，并根据美国证券法的规定，向美国证券交易委员会（SEC）提交了受益股权声明 13–D 文件。在这份文件中，盛大坦承购股的目的是战略投资，并意欲控得实质性所有权（a Substantial Ownership Position），进而获得或影响对新浪的控制（Acquire or Influence Control of the Issuer）。此举使盛大一夜之间成为新浪的最大股东，并开启了互联网界此前非常罕见的一幕：一场收购/反收购大战。

2005年2月22日晚10时，新浪宣布将采纳股东购股权计划，即所谓"毒丸"计划，以保障公司所有股东的最大利益。据此，一旦盛大及其关联方再收购新浪0.5%或以上的股权，或者某个人或团体获得10%的新浪普通股，"毒丸"计划就自动启动；于股权确认日（预计为2005年3月7日）当日记录在册的每位股东，均将按其所持的每股普通股而获得一份购股权。这一举动被认为系属针对"敌意收购"的反收购行动。

上市企业盛大觊觎门户网站新浪网控股权事件引起了人们对传媒并购和反并购问题的关注。20世纪90年代中期以来，美国、欧洲各国纷纷修改《媒体法》和《电信法》，推动电信产业和媒体产业的重组和融合，掀起了又一次的全球范围内的媒体并购浪潮。根据美国证券数据公司的统计，电信业和传媒业与银行业一道，是当今美国兼并收购最盛的行业。据统计，1986~1990年，美国有400个独立电视台和电台集团在产权市场上被出售，等于全美75%的电视台被交换了一次所有权。而1993~1994年，又有200个以上的电视台进入产权市场，经历了产权并购和重组的过程。在这个过程中，许多设备陈旧、缺乏创意、竞争力不强的电视台被淘汰了，而充满活力的电视台则经过重组，注入了新的资本，成为大众传媒行业的优良资本。

随着我国市场经济体制的建立和发展，传媒的并购、反并购也随之启动。2003年4月，星美出资3000万元取得阳光卫视和阳光文化网络各70%的股权，并预付给阳光文化5000万元节目制作费用。2003年12月1日，保利出资4.1亿元，成功并购华亿，与北大华亿组成新的公司——中国保利华亿文化传媒有限公司（以下简称"保利华亿"），双方各占股50%。保利文化出的4.1亿元并不单是收购华亿的资金，这4.1亿元将主要通过保利华亿投资于旅游卫视，将主要用于打造一个全新的旅游卫视。

有竞争就有并购，中国传媒业不可避免要卷入并购与反并购的大潮。在当今公司并购之风盛行的情况下，越来越多的公司从自身利益出发，在投资银行等外部顾问机构的帮助下，开始重视采用各种积极有效的防御性措施进行反并购，以抵制来自其他公司的敌意收购。

一、反并购的预防策略

在对目标传媒企业进行并购时，可能会引起目标传媒企业的两种不同反应，即同意和不同意。目标传媒企业不同意并购的原因可能是多方面的，不论出于何种原因，都可能导致目标企业采取各种反并购策略。传媒企业并购数量和规模日益增加，并购和反并购斗争日益激烈，管理层务必保持对市场各构成因素的敏感性，这里的市场构成因素一般是指股东、潜在的攻击方和各大投资机构。传媒企业应事先采取一些预防性的措施，并制定可以立即实施的应急措施，避免在收购行为骤然发生时措手不及。

1. 建立"合理的"持股结构

收购传媒公司的关键是收购到"足量"的股权。一个传媒上市公司为了避免被收购，应该建立一种股权结构，在这种股权结构中，传媒公司股权难以"足量"地转让到收购者的手上。主要有以下几种方法以改善持股结构：

（1）自我控股。它是指公司的发起组建人或其后继大股东为了避免公司被他人收购，而掌握一定量的股票以达到对公司的控股地位。可以在一开始设置公司股权时就让自己控有公司"足量"的股权。我国法律和政策要求某些行业（主要是与国计民生关系重大的行业）的上市公司，要由国家（政府）控股，就属这种情况。也可以通过增持股份加大持股比例来达到控股地位，其目的就是为了巩固自己第一大股东的地位。自我控股如果达到51%的比例，那么敌意收购不再可能发生，收购与反收购问题不复存在。一般来说，在股权分散的情况下，对一个公司持有25%左右的股权就能控制该公司。

（2）发行表决权不同的股票。并非所有国家都遵循一股一投票权的原则。从理论上讲，股票的表决权可以任意设计。例如，每张股票仅有一份表决权的股票称单权股票；每张股票享有多份表决权的股票称多权股票；没有表决权的股票称无权股票。如果国家政策允许，公司可以向董事、管理机构和监事发行多权股票，或干脆只向社会发行无权股票，这样，即使全部的流通股都被买走了，也不会影响企业重大事项的表决。实际上如果真是这样，就不会有企业对其并购。

（3）相互持股或交叉持股。相互持股或交叉持股是指在不同的企业之间互相参股，在一方面临并购威胁时，另一方则锁定股份，加大并购方吸纳股份的难度。相互持股最早开始于日本的阳和房地产公司事件。1952 年该公司被恶意收购，从而引发了三菱集团内部结构调整。1953 年，日本《反垄断法》修改后，出于防止被从二级市场收购的需要，三菱集团下属子公司开始交叉持股。从此以后，交叉持股在日本作为一种防止被收购的策略而大行其道。20 世纪 50 年代，日本企业还把相互持股作为跟银行保持密切关系以获取资本的一种策略。

2. 在章程中设置反收购条款

出于反收购的目的，公司可以在章程中设置一些条款，并以此作为并购的障碍。这些条款被称作"拒鲨"（Shark Repellent）条款或"箭猪"条款，又称做反接收条款。这些条款有以下几种：

（1）分期分级董事会制度。此制度又称董事会轮选制，即公司章程规定董事的更换每年只能改选 1/4 或 1/3 等。这样，收购者即使收购到了"足量"的股权，也无法对董事会做出实质性改组，即无法很快地入主董事会控制公司。

（2）多数条款。多数条款，即由公司规定涉及重大事项（如公司合并、分立、任命董事长等）的决议须经过绝大多数持有表决权者同意方可通过。更改公司章程中的反收购条款，也需经过绝对多数股或董事同意。这就增加了收购者接管、改组目标公司的难度和成本。

（3）限制大股东表决权条款。为了更好保护中小股东，也为了限制收购者拥有过多权力，可以在企业章程中加入限制股东表决权的条款。股东的最高决策权实际上就体现为投票权，其中至关重要的是投票选举董事会的表决权。

（4）订立公正价格条款。这要求出价收购人对所有股东支付相同的价格。溢价收购主要是企图吸引那些急于更换管理层的股东，而公正价格条款无疑阻碍了这种企图的实现。有些买方使用"二阶段出价"，即以现金先购股 51%，另外再用债券交换剩下的 49%股票。目标公司股东因怕收到债券而会争先将股票低价卖出。

（5）限制董事资格条款，增加买方困扰。在公司章程中规定公司董事的任职条件，非具备某些特定条件者不得担任公司董事；具备某些特定情节者也不得进入公司董事会。这会增加收购方选送合适人选出任公司董事的难度。

二、反并购的手段

反并购可以运用的经济手段主要有：提高收购者的收购成本、降低收购者的收购收益或增加收购者风险、收购收购者等。

1. 提高收购者的收购成本

（1）资产重估。在现行的财务会计中，资产通常采用历史成本来估价。常见的通货膨胀使历史成本往往低于资产的实际价值。多年来，许多公司定期对其资产进行重新评估，并把结果编入资产负债表，提高净资产的账面价值。由于收购出价与账面价值有内在联系，因而提高账面价值会抬高收购出价，抑制收购动机。

（2）股份回购与死亡换股。股份回购是指目标公司或其董事、监事回购目标公司的股份。回购股份在实战中往往是作为辅助战术来实施的。如果单纯通过股份回购来达到反收购的效果，往往会使目标公司库存股票过多，一方面不利于公司筹资；另一方面也会影响公司资金的流动性。目标公司财务状况是制约这一手段的最大因素。

死亡换股即目标公司发行公司债券、特别股或其组合以回收其股票。这同样起到减少在外流通股份和提升股票价格的作用。但死亡换股对目标公司的风险很大，因负债比例过高，财务风险增加，即使公司价值不变，但权益比重降低，股价不见得会随在外流通股份的减少而升高。更有甚者，即便股价等比例上涨，但买方收购所需要的股数也相应地减少，最后收购总价款变化不大，目标公司可能只是白忙一场。

（3）寻找"白衣骑士"。寻找"白衣骑士"是指目标公司在遭到敌意收购袭击的时候，主动寻找第三方（即所谓的"白衣骑士"）来与袭击者争购，造成第三方与袭击者竞价收购目标公司股份的局面。显然，"白衣骑士"的出价应该高于袭击者的初始出价。在这种情况下，袭击者要么提高收购价格，要么放弃收购。往往会出现"白衣骑士"与袭击者轮番竞价的情况，造成收购价格上涨，直至逼迫袭击者放弃收购。如果袭击者志在必得，也将付出高昂代价甚至使得该宗收购变得不经济。

（4）"金降落伞"、"灰色降落伞"和"锡降落伞"。公司收购往往导致目标公司的管理人员被解职，普通员工也可能被解雇。为了解除管理人员及员工的这种后顾之忧，美国有许多公司采用"金降落伞"（Golden Parachute）、"灰色降落伞"（Pension Parachute）和"锡降落伞"（Tin Parachute）的做法。

"金降落伞"是指目标传媒公司董事会通过决议，由公司董事及高层管理者与目标公司签订合同规定：当目标公司被并购接管、其董事及高层管理者被解职的时候，可一次性领到巨额的退休金（解职费）、股票选择权收入或额外津贴。该项收益就像一把降落伞让高层管理者从高高的职位上安全下来，故名"降落伞"计划；又因其收益丰厚如金，故名"金降落伞"。"灰色降落伞"主要是向下面几级的管理人员提供较为逊色的同类保证，根据工龄长短领取数周至数月的工资。"锡降落伞"是指目标公司的员工若在公司被收购后两年内被解雇的话，则可领取员工遣散费。从反收购效果的角度来说，"金降落伞"、"灰色降落伞"和"锡降落伞"策略，能够加大收购成本或增加目标公司现金支出从而阻碍购并。"金降落伞"法可有助于防止管理者从自己的后顾之忧出发阻碍有利于公司和股东的合理并购。

2. 降低收购者的收购收益或增加收购者风险

（1）焦土战术。

第一，售卖"冠珠"。在并购行为中，人们习惯性地把一个公司里富于吸引力和具收购价值的"部分"，称为"冠珠"。它可能是某个子公司、分公司或某个部门，可能是某项资产，可能是一种营业许可或业务，可能是一种技术秘密、专利权或关键人才，更可能是这些项目的组合。"冠珠"富于吸引力，诱发收购行动，是收购者收购该公司的真正用意所在，将"冠珠"售卖或抵押出去，可以消除收购的诱因，粉碎收购者的初衷。

第二，虚胖战术。一个公司，如果财务状况好，资产质量高，业务结构又合理，那么就具有相当的吸引力，往往诱发收购行动。在这种情况下，一旦遭到收购袭击，它往往采用虚胖战术，作为反收购的策略。其做法有多种，或者是购置大量资产，该种资产多半与经营无关或盈利能力差，令公司包袱沉重，资产质量下降；或者是大量增加公司负债，恶化财务状况，加大经营风险；或者是故作一些长时间才能见效的投资，使公司在短时间内资产收益率大减。所有这些，使公司从"精干"变得"臃肿"，收购之后，买方将不堪其负累。这如同苗条迷人的姑娘，陡然虚胖起来，原有的魅力消失了，追求者只好望而却步。

(2)"毒丸"计划（Poison Pill）。"毒丸"计划是美国著名并购律师马丁利普顿（Martin Lipton）于1982年发明的，全称"股东购股权计划"。此计划通常在目标公司面临收购威胁时，经董事会投票决定启动，主要是通过股本结构重组，降低收购方的持股比例或表决权比例，或增加收购成本以减低公司对收购人的吸引力，达到反收购的效果。

"毒丸"计划一般有"折价购己方公司新发股票"（Flip-in Pill）和"折价购对方公司新发股票"（Flip-over Pill）两种形式。前者指，一旦未经认可的一方收购了目标公司一大笔股份（一般是10%~20%的股份）时，"毒丸"计划就会启动，导致新股充斥市场；一旦被触发，其他所有股东都有机会以低价买进新股。这样就大大地稀释了收购方的股权，使收购代价变得高昂，从而达到抵制收购的目的。后一种形式一般在对方用部分或全部股票进行收购时，被收购公司股东有权以折价反向收购主动收购公司的股票。

"毒丸"一经采用，至少会产生两个效果：其一，对恶意收购方产生威慑作用；其二，使对该公司有兴趣的收购方减少。

"毒丸"（无论各类权证或毒药条款）在平常皆不发生效力。一旦公司遭受并购接收，或某一方收购公司股票超过了预定比例如20%，那么这些权证及条款就会生效。公司运用"毒丸"术，类同于埋地雷，无人来进犯，地雷自然安眠，一旦发生收购战事，袭击者就要踩踏地雷，地雷就要爆炸显威。

3. 收购收购者

收购收购者又称"帕克曼"防御。这一反收购术的名称取自于20世纪80年代初期美国颇为流行的一种电子游戏。在该游戏中，电子动物相互疯狂吞噬，其间每一个没有吃掉其敌手的一方反会遭到自我毁灭。作为反收购策略，"帕克曼"防御是指公司在遭到收购袭击的时候，不是被动地防守，而是以攻为守、以进为退，它或者反过来对收购者提出还盘而收购收购方公司，或者以出让本公司的部分利益，包括出让部分股权为条件，策动与公司关系密切的友邦公司出面收购收购方股份，以达"围魏救赵"的效果。

此外，除了上述经济手段外，目标公司的经营者还可以利用一些法律手段，与收购方进行抗争，保护自己。

延伸阅读 3

北大青鸟在2001年也曾经准备收购搜狐。当时，搜狐股价在1美元以下，而公司的净资产却相当于每股1.62美元。2001年四五月间，北大青鸟旗下香港青鸟科技有限公司，先后买下英特尔、电讯盈科、高盛等5家机构的672万余股搜狐股票，持股比例达到18.9%，一跃成为仅次于公司创始人张朝阳（持股25%）、香港晨兴科技（持股21%）的第三大股东。

搜狐公司最初对北大青鸟的进入表示了相当热情的欢迎。但当搜狐逐步了解到北大青鸟的全盘计划后，感到了不安，并于2001年7月19日抛出了"毒丸"。搜狐董事会宣布，在有人或机构收购搜狐股票达20%时，搜狐普通股股东均享有优先购买权，搜狐股东可以以每股100美元的价格购买一个单位的搜狐优先股，在被并购后，每一优先股可以兑换成收购公司或合并后新公司两倍于行权价格的股票，即市场价值为 200 美元的新公司普通股。这样一来，恶意收购者持有的股权将被严重稀释比例，从而失去在新公司中的控股地位。北大青鸟考虑到资金问题和利益得失，最终还是放弃了对搜狐公司的并购。

内容提要

● 并购的方式多种多样。按并购双方的行业特征，可以分为：横向并购、纵向并购和混合并购；按付费方式，可以分为现金并购与股票并购；按是否用目标企业自身资产，可以分为杠杆并购和非杠杆并购；按合作性质，可以分为善意并购和恶意并购。

● 传媒企业可以通过建立完善的预防体系以降低被并购的风险，另外，可以运用于反并购的手段主要有：提高收购者的收购成本、降低收购者的收购收益、收购收购者等。

关键概念

并购　杠杆收购　"白衣骑士"　"帕克曼"防御

复习题

1. 谈谈并购的分类。
2. 反并购都有哪些手段？
3. 请解释为什么会发生企业间的并购？

附录 媒介经济学部分案例

一、美国在线与时代华纳——失败还是成功?[①]

杠杆收购在英语中为 Leveraged Buyout，一般缩写为 LBO，这种收购战略曾于 20 世纪 80 年代风行美国。

杠杆收购是指收购者用自己很少的本钱为基础，然后从投资银行或其他金融机构筹集、借贷大量、足够的资金进行收购活动，收购后公司的收入（包括拍卖资产的营业利益）刚好支付因收购而产生的高比例负债，这样能达到以很少的资金赚取高额利润的目的。这种方式也有人称为高度负债的收购方式，这样的收购者往往在做出精确的计算以后，使得收购后公司的收支处于杠杆的平衡点，他们头脑灵活，对市场熟悉，人际关系处理恰当，最善于运用别人的钱，被称为"收购艺术家"。

美国在线与时代华纳的合并就是杠杆收购，"小鱼吃大鱼"的经典案例，但同时，它也被冠以 21 世纪"最失败的合并范例"。2001 年公司实际销售收入为 380 亿美元，仅比上年增长了 5%；以 EBITDA（息前、税前、折旧前收益）计算的营业收入 98 亿美元，增幅为 18%，远低于当初 30% 的目标。进入 2002 年，它的股价持续走低，从合并初的 57~58 美元一路狂跌至 14~15 美元左右，公司市值也由合并初的 2900 亿美元缩水至 850 亿美元，1000 多亿美元的市值转眼间成为泡影，缩水幅度高达 71%。公司 2002 年第一季度的亏损更是高

---

① 黄明：《并购史上最大的败局——美国在线收购时代华纳》，《董事会》2009 年第 6 期。

达 542 亿美元，创下了美国历史上季度亏损的最高纪录。

两家公司所处"新"、"旧"经济两个不同领域，不同企业文化的磨合问题在一开始并没有得到新管理层的重视。不同的管理理念、经营方式，使得刚合并后的新管理层争端不止。先是首席执行官李文在与董事长凯斯意见无法协调的情况下被迫挂冠而去，而后凯斯也被董事会赶下了台。

内部的勾心斗角自然为企业发展留下难以愈合的创伤。作为收购者，美国在线管理层的趾高气扬受到时代华纳员工的嫉恨；反过来，美国在线业绩的持续下滑以及卷入会计丑闻又使时代华纳希望甩掉这个"包袱"。两者之间的分歧以及管理人员间的内讧也成为困扰公司的主要问题。

2003 年 9 月 18 日，美国在线—时代华纳公司（AOL TIME WARNER INC.）董事会投票一致决定，从公司名称中去掉"美国在线"的字样，改名为时代华纳。这一举动被很多业界人士评论为美国历史上最大的公司合并案宣告失败的标志。

思考
（1）美国在线与时代华纳的合并为什么失败？
（2）杠杆收购的关键是什么？

二、德国基尔希集团的破产[①]

德国基尔希集团曾经是德国著名的国际传媒集团，于 2002 年破产。罪魁祸首是基尔希集团旗下的子公司"超级世界有线电视网"（以下简称"超级世界"）。

2000 年以前，球迷每个月支付 35 欧元可以看到 4 场德甲联赛，2 场德乙联赛，2 场英超联赛，3 场西甲，3~4 场意甲以及几场奥地利、阿根廷、巴西以及法甲联赛，球迷的投入和享受还是成正比的。从

---

① 谢耘耕：《传媒资本运营》，复旦大学出版社，2006 年版，第 51 页。

2000 年至 2001 年赛季开始，超级世界突然改变了转播策略。德甲联赛的转播增加到了 9 场，取消德乙联赛转播，其他欧洲联赛的转播场次压缩为一场，取消南美和奥地利联赛转播。而且球迷如果每月付 35 欧元，则只能看到 9 场德甲联赛中的两场，如果想看其他 7 场则每年还要多交 150 欧元。这种做法引起了很多球迷的不满，因此两年来，特别是在奥地利，有线电视的收看人数成危机性的骤减。球迷自己算了"一笔账"，如果每周去酒吧看两场比赛，以每次消费 2.5 欧元计算，整个赛季的支出只有 170 欧元，而在家收看则每场比赛的收视费用高达 8 欧元。

"生性吝啬"的德国人在"超级世界"和"啤酒加足球"之间毫不犹豫的选择了后者。超级世界为了防止观众流失先是规定酒吧在没有得到允许而播放球赛为非法行为，酒吧要付费购买播放权，后来又斥巨资在公共频道大做广告增大宣传力度，但终究没有挽回失去的民心，走到了即将破产的境地。

思考

(1) 德国基尔希集团为什么会破产？

(2) 公司在调整产品价格前要做什么工作？

(3) 用媒介经济学的弹性理论解释价格与总收入之间的关系。

三、业外资本进入传媒——何以屡屡失利①

据新华网北京 2006 年 11 月 21 日报道，北京市第一中级人民法院日前审理了上诉人张某与《中国矿业报》社经营合同纠纷一案，判决认定中国矿业报社将报刊的部分主办权交于个人经营违法无效，《中国矿业报》社于判决生效之日起 10 日内返还张某人民币 5 万元。

据悉，2004 年 12 月，张某与《中国矿业报》社签订《协议书》，

---

① 谢耘耕：《业外资本进入传媒业何以屡屡失利》，人民网 2006 年 11 月 21 日，http://media.people.com.cn/GB/40628/5376016.html。

约定 2005 年《中国矿业报》社每周三出版（全年 52 期）的《财富珠宝周刊》的采编、出版及广告经营工作交由张某全面负责承办；张某可根据周刊的宗旨和方针自行组织采写稿件、编排版面，但报纸大样必须由报社指定人员审定等。

《协议书》还约定，《财富珠宝周刊》由《中国矿业报》社负责随正报发行；张某办报费用自筹，人员自聘，设备自备，经营自主，盈亏自负；张某在承办期间需向矿业报社交纳管理费 10 万元及印刷制版纸张准备金 10 万元等。

协议签订后，张某向《中国矿业报》社交纳管理费 5 万元，其承办的《财富珠宝周刊》先后出版发行了 22 期，此批刊物的形式和内容至今尚未受到有关监督管理部门的查处。2005 年下半年，双方因故终止了《协议书》的继续履行。之后，张某诉请法院判令《中国矿业报》社返还管理费 5 万元。

审理法官认为，目前国家对新闻出版行业实行必要的监管，不允许新闻出版单位将报刊的主办权采取任何形式流转给他人，《中国矿业报》社采取与张某签订《协议书》的方式，将报刊的部分主办权交给了个人，其行为显然违反了国务院出版管理条例中的相关规定，因此认定《中国矿业报》社与张某所签订的《协议书》无效。根据合同法的有关规定，《中国矿业报》社应将其已收取的 5 万元管理费返还给张某，张某的全部诉讼请求应当获得支持。据此，法院判决双方签订的《协议书》无效；《中国矿业报》社返还张某 5 万元。

北京市第一中级人民法院的这一判决再次给进入传媒业的业外资本敲了一记警钟：投资传媒需谨慎。如果没把政策吃透就进来，难免会赔了夫人又折兵。

1998 年以来，国内出现了对传媒业的投资热潮。"资本想圈地、媒体想圈钱"，于是，传媒业与业外资本的联姻及媒体公司借壳的行为就应运而生，各种来路的资本通过渗透、重组、整合等各种方式共同拓展了中国传媒业。但在资本和媒体亲密接触不长时间后，投资媒体的资本铩羽而归的已不是少数。上诉人张某与《中国矿业报》社经营合同纠纷一案，只是众多资本追逐传媒业事件中的一个失败的例子。

思考

(1) 影响业外资本进入传媒业的最关键因素是什么？

(2)《中国矿业报》的引资行为为什么会失败？

四、维旺迪环球公司的启示①

维旺迪环球公司在传媒领域攻城略地，在短短的几年内，把自己从一家拥有 150 多年历史的法国自来水公司，迅速变为拥有电视、出版、影视制作以及互联网、移动通信产业的全球第二大传媒帝国。

然而，好景不长，维旺迪公司连续收购和兼并的结果是公司规模迅速扩大，然而公司的负债额同时也在迅速膨胀。2001 年夏，维旺迪开始走下坡路，并陷入困境。

2002 年 7 月维旺迪环球集团宣布，上半年该集团净亏损 123 亿欧元，折合 120.5 亿美元；到 6 月 30 日其债务高达 350 亿欧元。为了摆脱财政危机，公司董事长兼首席执行官被迫辞职。2003 年 9 月 2 日，美国国家广播公司宣布并购维旺迪环球公司。

维旺迪环球公司的辉煌离不开梅西尔的宏图大志。梅西尔的目标是将维旺迪环球集团建成集出版、电影、电视、音乐、互联网和无线通信于一体的多媒体跨国集团，他做到了。他的大手笔运作使他的威望一度盖过总统希拉克，他被法国媒体称为"法国最具实力和影响力的总裁"和"世界魔术师"。

但是，正是这位以大胆、高效的美国式作风著称的梅西尔却将维旺迪拖入了盲目膨胀的怪圈。为了尽快扩大公司规模和公司业务的覆盖范围，梅西尔领导的维旺迪不惜斥巨资四处收购，有时到了不计成本的疯狂地步。例如，维旺迪环球以 103 亿美元的价格收购美国网络公司的影视业务，而该公司当时的市值仅有 47 亿美元。梅西尔以 15 亿美元收购 Echostar 卫星公司 10% 的股份，每个频道的费用高达 3 亿

---

① 部分材料来自于张鑫焱：《NBC 并购维旺迪环球新公司领域跨越多媒体网络》，《中华工商时报》2003 年 9 月 5 日，其他材料来自网络。

美元，业界普遍认为这个价格偏高。当时的法国媒体曾惊呼："梅西尔每天要吃掉一家公司。"然而，这种快速兼并没有使公司实力得到真正的增长，反而为维旺迪带来了巨额债务，还有不断下跌的股价和投资者信心。巨额贷款收购来的资产并没有创造出想象中的效益，也没有显示出想象中的市场潜力。这种盲目高速扩展留下的后遗症，为维旺迪后来的危机埋下了导火索。

兼并和收购要生成新的优势产业，必须对其进行脱胎换骨的产业变革。整合战略运用得好，就能迅速推进和实施新的战略和理念，创造新的价值；反之则可能导致企业的迅速衰落，扩张之路一定要符合公司整体策略布局和经济前景预测。看来，维旺迪的初期没有做好这一点。

2002 年，维旺迪环球集团拥有的雇员达 38.1 万名之多，在全球60 多个国家和地区拥有 2600 多个分公司，主体业务分为六大部分。这些公司的内部结构各种各样，有上市公司，有全资控股公司，也有合资公司。要把数量如此众多、结构如此复杂的公司统一到一个发展战略中去，为实现一个目标而努力，谈何容易。

思考

（1）维旺迪环球集团的扩张主要靠什么手段？

（2）这个案例带给你什么启示？

五、迪斯尼公司的无形资产[①]

无形资本是和有形资本对应的，是指具有资本特性的无形资产。传媒产业的无形资本的核心是商誉，此外，还包括企业经营机制、管理能力、关系渠道、营销网络、频道资源、频率资源、栏目品牌、节目形式和内容、播出时间，等等。

---

① 谢耘耕：《传媒无形资产运营及其风险》，第七届世界传媒经济学术会议论文集，2006 年。

在西方发达国家，无形资本已成为传媒的核心竞争力之所在，有的企业无形资本的价值甚至数倍于有形资本。

1919年，19岁的穷画家兼动画制作者沃尔特·迪斯尼及其好友伊沃克用一架旧电影摄像机首次摄制了一部仅放两分钟的动画故事片，接下来又制作出了如《三只小猪》、《白雪公主和七个小矮人》、《阿拉丁》、《罗宾汉》等一系列作品。1923年，迪斯尼和他的兄弟罗伊创立了迪斯尼公司；1928年，公司先后创作出三部以米老鼠为主人公的卡通片。

米老鼠形象问世并大获成功后，迪斯尼并没有满足于做一名出色的动画片画家。此后，迪斯尼的影视娱乐业务逐步从单一制作延伸向影院、家庭录像、主题公园、早餐食品、T恤衫和家用器皿等，并在上述每一个领域都保持强大和独特的优势。

迪斯尼每推出一部影片，都要大力宣传去打票房，通过发行拷贝和录像带，赚进第一轮。然后是后续产品的开发，主题公园是其一，每放一部卡通片就在主题公园中增加一个新的人物，在电影和公园共同营造出的氛围中，让游客尽兴地去参观主题公园，迪斯尼由此赚进第二轮。接着是品牌产品，迪斯尼在美国本土和全球各地建立了大量的迪斯尼商店，通过销售迪斯尼产品，迪斯尼赚进第三轮。

1. 特许经营

过去迪斯尼的品牌产品主要是孩子的玩具、卧具、文具、服装和儿童出版物，现在不仅以迪斯尼卡通片故事情节和人物、动物为背景，发展了各种迪斯尼电子玩具、电脑软件，还以迪斯尼的品牌与厂商合作，发展了手机等各种高科技产品。厂商用迪斯尼牌子生产手机，每销售一个都要付一定的费用给迪斯尼。现在迪斯尼已经从经营日用品发展到儿童食品和饮料，迪斯尼品牌的产品种类已达2400种，2002年，迪斯尼消费品的收入约24.5亿美元，约占迪斯尼集团总收入的10%左右，其中营业收入约4亿美元，约占迪斯尼集团总营业收入的14%，成为迪斯尼价值链当中不可忽视的一个组成部分。

2. 连锁经营

截至1999年9月30日，迪斯尼专卖店的总数已达728家，分布在 9 个不同的国家和地区。这些零售店不仅卖迪斯尼的各种玩具、手工业品和音像制品，而且还代售主题公园及其宾馆饭店的票券纪念品等，而每年光顾迪斯尼专卖店的孩子与家长多达 2.5 亿人次。

3. 主题公园

1955 年 7 月 17 日，位于洛杉矶的首座迪斯尼乐园正式建成，它第一次把观众在电影里和卡通片中看到的虚拟世界变成了可游、可玩、可感的现实世界，被视为当代世界的一大奇迹。截至 1966 年，到过迪斯尼乐园观光旅游的人数达到了 6700 万人，这给迪斯尼乐园带来了巨大的收益。

2001 年，美国《商业周刊》公布了世界最有价值品牌排行，迪斯尼位居第 7 名，品牌价值达 325.91 亿美元。2003 年 11 月《福布斯》公布了"全球十大虚拟人物财富榜"，米老鼠与哈利·波特、皮卡丘等 10 个虚拟人物登上了荣誉榜并名列榜首。当今世界凡是传媒可触及的地方，80% 以上的少年儿童，都知道"米老鼠"、"唐老鸭"和著名的"迪斯尼乐园"。

思考

（1）迪斯尼如何利用无形资产？

（2）什么是无形资产，它仅仅是个产品的名称吗？

六、凤凰卫视的成功之路①

凤凰卫视正式启播于 1996 年 3 月 31 日，在短短的几年时间里，凤凰卫视从一家蹩脚的娱乐电视台，逐渐成长为最具公信力的新闻媒体，其间所昭示的若干规律，可以给所有从事新闻实务、新闻研究及其他各种与新闻传播工作有关的人员、部门以启迪。

---

① 李红艳、尚旦诞：《析凤凰卫视如何树立品牌形象》，中国新闻网 2004 年 4 月 1 日，http://www.chinanews.com/n/2004-04-01/26/420616.html.

1. 全球华人媒体

凤凰卫视创办伊始就面临着非常残酷的市场竞争，在香港本地亚洲电视台和有线电视台占据了绝对优势，凤凰卫视作为后来者，自然难以撼动其地位，所以凤凰想要生存、发展就必须有所突破。凤凰卫视的"泛中国化"定位是不计较与香港的亚视和有线争夺港粤本地市场，而是直面全球华人，坚持用普通话播报是非常重要的特点，粤语在粤、港、澳地区虽然是主流方言，但是对于一个全球化定位而且以内地为主要市场的媒体而言，过强的地域性则会成为服务于全球华人定位的致命伤。摆脱了粤语地区狭隘的地域性限制，是凤凰成功的第一步，所谓"有舍有得"，凤凰在粤港本地收视并不高的情况下却赢得了更多更大区域尤其是内地市场观众的青睐。

1996 年 3 月，凤凰卫视中文台开播，覆盖包括中国大陆在内的整个泛亚地区；1999 年 8 月，凤凰卫视欧洲台在英国伦敦正式开播，全面覆盖欧洲 25 个国家。凤凰卫视欧洲台的建立是凤凰卫视开始走向世界的第一步；2001 年 1 月，凤凰卫视资讯台和凤凰卫视美洲台同时开播。凤凰卫视美洲台成功地在美国落地。仅四年多一点的时间，这个华人受众最广泛的华语卫星电视，就从单一频道扩展成为多频道的卫星电视平台，覆盖了亚太、欧美、北非 75 个国家和地区。

凤凰在发挥自己"拉近全球华人距离"的纽带作用的同时，也一直力图传达着凤凰的"大中华"理念。海外华人虽身在海外，但大部分人有着浓厚的中华情结，"大中华"理念能让他们有找到一种文化上的归属感和认同感。而凤凰卫视也成为实现这种归属感的重要媒介。凤凰的品牌内涵也就要远比一个媒体丰富得多了。

2. 成功转型

凤凰卫视 1996 年开台时，只有一个中文频道，每天首播七八个小时，其中自制节目不到 1 个小时，主要是"相聚凤凰台"、"人间万象全接触"等缺乏冲击力的栏目，只是一个以娱乐为主辅以时事资讯的"中文娱乐台"，在众多的境外落地电视台中品牌形象不清晰，淹没在诸如香港翡翠台、香港无线电视台等众多境外娱乐电视台中。公共影响力乏善可陈。

　　凤凰卫视创办的第一年中，主要以转播大型颁奖礼、晚会制造声势，树立影响。例如，1996 年 4 月 28 日凤凰卫视中文台独家向亚太地区现场直播"第十五届香港电影金像奖"颁奖典礼，5 月 11 日凤凰卫视中文台首度与大陆重要传媒北京电视台合作，向亚太地区现场直播"96 北京国际电视周"闭幕晚会盛况。

　　凤凰卫视最早接触新闻是在 1997 年。那一年，有两件大事的发生改变了世界与中国的格局：邓小平去世，香港回归。凤凰卫视之前于 1 月份在香港及亚太地区首播了 12 集有关邓小平一生的大型文献纪录片《邓小平》。2 月 19 日，邓小平去世。此时再去播放正在进行的台湾方面的娱乐节目显然并不合适。中国人更多地需要了解邓小平去世后海外对于中国的看法与立场。刘长乐抓住了这个机会。从当天始至 2 月 26 日，中文台连续七天用直播方式报道了内地及香港人士悼念邓小平的情况。其正面的评价与客观真实的立场，使凤凰卫视在众多的媒体中脱颖而出，大陆监管方面也没有提出质询。

　　考量到 7 月份的香港回归事件，凤凰卫视觉得有越来越多的资讯性的东西需要找到一个栏目进行包容，因为不能再将香港回归这样的时政大事放在《相聚凤凰台》这样的娱乐节目中。但大陆方面仍然对于新闻资讯类的节目没有放开监管，于是凤凰卫视就决定将这档栏目叫《时事直通车》。

　　从那年开始，凤凰卫视中文台开始转向时事新闻，但是财力上还不允许拍摄即时新闻，就选择了一个省事、省钱、省人的办法——陈鲁豫读报纸。没想到的是，这个"贩卖二手新闻"的办法却在观众中引起了很大的反响，"凤凰早班车"成为中文台时事类新闻的名牌栏目。

　　其后的 6~7 月间的关于香港回归的报道，更是为凤凰卫视赢得了机会。凤凰派出多支摄影队伍空中、地面全方位出击，吴小莉、窦文涛 40 小时不卸装、"60 小时播不停"，在时事类报道中开始初显峥嵘。

　　凤凰卫视中文台这种"借力"做出的全面直播，赢得了超乎想象的掌声。他们的作用几已超出了原来的想象力。这次超大规模的时事报道，也锻炼了"凤凰"年轻的队伍，也积累了对重大新闻事件全方位报道的宝贵经验。后来的黛安娜王妃葬礼、江泽民访美、克林顿访华、1998年的抗洪救灾，"凤凰"表现可圈可点，获得了观众和业内人士的认可。

"9·11"事件之后，很多内地观众便养成了一有突发事件便锁定凤凰卫视的习惯。经过几年的发展，"补缺"的定位特征不断清晰与稳固，凤凰卫视中文台已形成了早中晚整点滚动播出的常态新闻节目，每天九次整点滚动播出的标题新闻节目，以及新闻专题和时事评论节目体系。

2001年1月1日，凤凰资讯台正式开播，开创了华语电视新闻频道的先河，标志着凤凰卫视从启播之初以娱乐为主到以资讯为主格局的完成。

3.时事评论员制度

1999年，凤凰卫视推出了以评论为主体的开创式节目《时事开讲》，这个节目开播4年时间，创造收益近一亿元。记得当初凤凰创意《时事开讲》这个晚间节目时，一个重要的理由只是为了填充一块晚上11点之后的"电视荒地"。这块"荒地"在凤凰卫视当时一直就没有"卖"出去过。

曹景行认为，"新闻在爆发之后，有一个解释的问题。当然，这还牵涉到一个重要的问题，就是大众还有一个知情权的问题。一个新闻事件发生后，如果你保持沉默，民众就会寻找其他的消息来源。海外媒体如何解读，民众就会认为它说的是对的。因为他找不到与其不同的解读甚至消息来源。作为媒体其实最大的竞争就是解释权之争。第一解释权可能要比其他的解释更重要。评论其实也有一个时效性问题。一件事发生了，谁的解释快速准确，就可以注定他的解释的权威。当然不能乱讲，一次两次错了，人家不相信，也就失去了这个解释权，你抢早了也没有用。所以要抢第一解释权又要有它相对的客观性、准确性。一件事情谁第一解释很重要，其实也就是时间的问题，人们都想对未知的事件找到一个解释，许多消息来源未必是媒体，流言传言也是一个解释，如果你没能解释清楚，大家就传来传去。这就是第一解释权"。

　　凤凰卫视设在香港，不可能随时找到能讲普通话的各方面专家，只能建立自己的评论员队伍，结果反而形成了某种优势。凤凰卫视的评论员们，靠着自己的经验、学识与智慧，构架了一个全新的事理体系，在边看边说中，告诉了国人想知道的每个答案，甚至那些延伸出来的走向。人们由此记住了他们。曹景行、阮次山是人们心目中国际问题和台湾问题的专家。何亮亮则在大国政治与军事方面独树一帜。杨锦麟以鲜明的个性化评论台湾问题、内地问题正在成为特殊现象。嘉宾朱文晖显然只在讨论经济方面的问题时才出现，至于邱震海则在国际问题、尤其是欧洲问题方面无人能出其右。

　　凤凰卫视首创的时事评论员机制，更成为华语电视的一大创新，并已成风潮。2003 年 5 月 1 日，CCTV 新闻频道试播，类似于《时事开讲》的节目《央视论坛》浮出台面。这个发端于《时事开讲》的评论员形式，已成为中国新闻评论类节目的一个重要体例。

　　4. 宣传包装战略

　　品牌形象是观众选择收看电视节目与电视频道的重要依据。面对目前多达四五十个电视频道的节目，观众如何在这眼花缭乱、五花八门的电视频道中选择自己喜欢的节目，遵循的就是品牌认知度，品牌是吸引观众忠诚收看的决定因素。凤凰卫视在精心打造电视品牌、确立品牌形象方面走出了一条成功之路，得到了观众以及国际、国内业界的多方认可。

　　凤凰卫视起初的宣传包装部门属于默多克集团的 STTV。其非常出色的台前幕后人员，功不可没。这些拥有西方电视包装经验的人物，熟练地用他们认为适用的方式，包装着每个踏进凤凰卫视的主持人、记者、评论员。几乎所有的主持人到了凤凰，都会在这个机制里得到全面的包装与推广。对主持人的宣传通常都是分为以下三个阶段来进行的：

　　一是树立形象，为此选择不同的明星包装路线。比如在凤凰卫视中文台早期突出主持人的青春靓丽型，而资讯台开台时的一批新主持人则突出他们的职业特点、专业化形象。《时事开讲》的主持人几乎都有被重新"制造"的过程。他们上节目前会有专门的形象顾问帮他们化妆。阮次山先生就被包装成了一个"蛮帅的列宁"，何亮亮则以持重示众，曹景行最令人难忘的是他的一头华发，至于杨锦麟最著名的就是他那几套唐装和书生言责的风格。

二是塑造形象，为此建立明星的个性特征。这主要通过节目宣传片和个人推广来完成。在主持人初步被观众认识之后，第二步就是大张旗鼓地进行推介。我们会发现在凤凰的节目宣传片中有大量主持人镜头，主持人成为节目的化身，这样主持人形象就与内容的内涵联系起来。一些信息性节目干脆以主持人名字命名，比如《小莉看世界》、《鲁豫有约》等，其他节目如评论性的《时事开讲》、《新闻今日谈》，闲谈性的《锵锵三人行》、专访式的《名人面对面》等，在宣传上都以主持人挂帅，由他们把观众带进屏幕，由明星主持带动名牌栏目，最终实现由名牌栏目拉升频道形象，是凤凰成名的路径之一。

吴小莉被朱总理点名而迅速走红，成为了新闻中的新闻，凤凰卫视不失时机，趁势将小莉推得更红，吴小莉凭借多年的新闻工作经验，推出全新风格的深度报道《小莉看时事》，对每周的重大事件，进行重新思考整理，结合自己的分析，在扩大自己知名度的同时创新了节目形态。

三是提升形象，凤凰卫视专门设有公关部，负责在平面媒体上大量推介主持人、评论员的形象，公关宣传部门的人帮助主持人、评论员进行的推广包括记者会、观众见面会、演示会、报告会、平面媒体宣传、设计主持人卡、拍宣传片、建立专门网页等。评论员曹景行、阮次山经常巡回各地去演讲，尤其受到专业人士和大学生们的欢迎。吴小莉经常参加各种慈善活动，成为人们心目中的爱心大使。

凤凰的主持人都拥有一张印刷精美的"明星卡"，主持人外出采访或参加社交活动，会带上数十张明星卡，随时派发给热心观众，对于尚未出名的主持人来说，这是推介自身的方法，而对于已经成名的主持人来说，又是拉近与观众距离，建立公众形象的机会。通过包装、推广、打造明星，维护主持人品牌，使凤凰品牌得以提升。

5. 以市场为导向

在节目运作上，国内许多电视台强调做精品节目，以为把节目做到像国外电视台那样就能盈利，往往先做出节目，然后再去招商。这样做会有两种结果，要么是节目不适合市场需求，失去持续盈利能力，最终死掉。要么就是客户要求根据投放进行节目调整，费时费力不讨好。

与国内其他电视台不同的是，凤凰卫视的核心是以市场为导向。对于一个新节目的开发，凤凰卫视会先分析受众及广告商需求，进而拿出节目策划书，然后找目标广告客户洽谈。通过这样的方式，根据市场来做节目，大市场，大节目；小市场，小节目；没市场，就不做节目。这样就明显提高了节目的生命力，不至于到最后"漂亮女儿嫁不出去"，大投资的节目结果反而赔了钱。因此，凤凰卫视的很多节目在面世之前，其广告时段就已经被广告商买断。

一个电视媒体，特别是卫星电视媒体，在5年内亏本是非常正常的。广告商需要对"新生儿"有一个长时间的观察，看它到底能不能撑得住。美国第一大新闻网 CNN 花了十多年时间才盈利；香港卫星电视（STARTV）于 1990 年创立，尽管早些年已被传媒大王默多克（Rupert Murdoch）并购入新闻集团，但至今尚未盈利；而中天卫视（CTN）则更是处于收缩状态。

但凤凰卫视却做得有声有色。凤凰卫视开播当年（1996年）广告创收 6300 万元，2000 年广告收入 6.3 亿元，是第一年的 10 倍。平均年增长幅度达到 81.15%，2003 年凤凰卫视又获得了 8 亿元的广告收益。这种增长速度在世界卫星传媒史上是不多见的。

思考

（1）凤凰卫视成功的关键因素是什么？

（2）这个案例带给你什么启示？

七、金融危机与"口红效应"①

与历次金融危机相比，本次金融危机波及的范围可能更广，影响程度可能也更大，必然给我国的传媒业带来一定的冲击，但危机中往往蕴藏着巨大的机遇。从历史发展来看，每一次金融危机，反而都是娱乐产业上扬的时候。这就是人们通常所说的"口红效应"。

"口红效应"是 20 世纪 30 年代美国经济大萧条时期提出的经济理论，认为每当经济不景气，消费者的购物心理和消费行为等都会发生变化，使得如口红这类的廉价化妆品和文化类的产品出现了热卖。2001 年"9·11"事件发生后，美国化妆品集团雅诗兰黛创办人之子李奥纳多·兰黛以雅诗兰黛实际的营收数字做分析，进一步提出了"口红指数"理论。

20 世纪二三十年代的美国经济危机爆发时，大多数行业都沉寂趋冷，但好莱坞的电影却乘势腾飞，一举成为美国的支柱行业。美国人即使领取救济、节衣缩食，也要挤出几个铜板，走进剧院，涌入电影院，寻求心灵的慰藉与快乐、生存的温暖与希望。也正是在那个年代，美国涌现出了大量艺术经典作品，比如卓别林的小人物影片、诙谐有趣的"猫和老鼠"、"微笑天使"秀兰·邓波儿主演的电影等，成为美国人逃避现实的"疗伤"良药。文化的繁荣给美国人带来了信心和希望，文化的发展造就了后来被津津乐道的所谓"美国精神"。当年的美国总统罗斯福就曾说："只要我们有邓波儿，我们的国家就会没事。"

1997 年亚洲金融危机的时候，韩国政府大力发展文化产业，让韩国影视、游戏、流行音乐等产业在危机中的另类崛起。所以在中国，在东南亚一带，韩剧热播掀起一股韩流，带动了韩国产品出口和旅游业的发展。

---

① 郭全中：《金融危机下的"口红效应"与传媒业发展》，人民网 2010 年 3 月 10 日，http://media.people.com.cn/GB/22100/120097/120099/11113090.html.

"口红效应"在此次金融危机中的传媒市场也获得一定的印证，尼尔森的一项调查数据显示：2008 年第三季度，美国人平均每月花费 142 小时看电视（比 2007 年同期多了 5 个小时）。每天，一个美国家庭耗在电视机前的时间更长达 8 小时 18 分钟，打破了尼尔森自 20 世纪 50 年代开始统计的收视时间纪录。美国人从来没有像现在这样爱看电视。

在国内电视节目市场，不少城市的观众收视时间比 2007 年同期有一定幅度的上升。如 2009 年春节期间，上海电视节目人均收视分钟数由 2008 年的 237 分钟上升到 248 分钟，东方电视台娱乐频道黄金时段推出的 8 档综艺节目中，有 4 档节目的收视率突破 10%。

在国内电影市场，2008 年中国故事片产量达到 406 部，票房超过 43.41 亿元，较 2007 年增长 10.14 亿元，增幅达 30.48%。新年贺岁档影片总数则比 2007 年多出 1 倍，达到近 30 部，而且其中多部影片实力不俗。行内估计，2009 年贺岁片总收入可能超出 10 亿元人民币，比上一年贺岁档票房增长 2 亿多元。国产原创动画片《喜羊羊与灰太狼之牛气冲天》上映一周后票房已经接近 4000 万元，成为当年贺岁档不折不扣的票房黑马，不仅刷新了国产动画电影的票房纪录，也远远超过了《功夫熊猫》。

在金融危机背景下，内地部分电视节目"出口"创汇反而比以往情况更好。如马来西亚 WATV（华语频道）不久前以单集 1000 美元的高价购买了浙江卫视《我爱记歌词》26 期节目版权，目前，该节目已经在印度尼西亚、马来西亚、文莱等国家和地区播出；湖南山猫卡通有限公司出品的《山猫吉咪字母世界历险记》、超级爆笑 3G 手机电视动画节目《倒霉鬼德宝》及《奇志碰大兵》成功出口到美国；该公司年度大片《三国》11 月 1 日在日本上映以来，已连续三周占据票房榜首位置，在日本掀起了中国热；上海电视台的《闪电星感动》、《舞林大会》、《星尚》等节目也走俏东南亚市场，市场份额甚至比金融危机发生前的还高。

我国动漫、电影、电视等产业在金融危机中的逆势增长，意味着这场全球性的金融危机也有可能成为中国文化创意产业大力发展的契机。

思考

（1）谈谈金融危机对传媒业的影响。

（2）什么是"口红效应"？

参考文献

1.《马克思恩格斯选集》第 1 卷，人民出版社，1972 年版。

2.《列宁全集》第 23 卷，人民出版社，1984 年版。

3. 尹伯成:《西方经济学简明教程》，上海人民出版社，2008 年版。

4. 赵曙光:《媒介经济学》，清华大学出版社，2007 年版。

5. 邵培仁:《媒介管理学》，高等教育出版社，2002 年版。

6. 支庭荣:《媒介管理》(第二版)，暨南大学出版社，2004 年版。

7. 杨步国、张金海等:《整合:集团化背景下的报业广告经营》，
武汉大学出版社，2005 年版。

8. 芮明杰:《产业经济学》，复旦大学出版社，2005 年版。

9. 卜彦芳:《传媒经济学》，中国国际广播出版社，2008 年版。

10. 谢耘耕:《传媒资本运营》，复旦大学出版社，2006 年版。

11. 赵曙光、耿强:《网络媒体经营战略》，新华出版社，2002 年版。

12. 吴信训等:《现代传媒经济学》，复旦大学出版社，2005 年版。

13. [英] 吉丽安·道尔:《理解传媒经济学》，支庭荣译，清华大学
出版社，2004 年版。

14. [美] 曼昆:《经济学原理》(第五版)，北京大学出版社，
2009年版。

15. [美] 斯蒂格利茨:《经济学》(第三版)，中国人民大学出版
社，2005 年版。

16. 高鸿业:《西方经济学》，中国人民大学出版社，2007 年版。

17. [美] 道格拉斯·诺思:《经济史中的结构与变迁》，上海三联书
店，1994 年版。

18. 刘勇:《传媒中国》，四川人民出版社，2000 年版。

19. 朱善利：《微观经济学》，北京大学出版社，1994 年版。

20. 刘冰等：《经济学基础》，高等教育出版社，2011 年版。

21. ［美］菲利普·M.南波利：《受众经济学》，清华大学出版社，2006 年版。

22. 崔保国等：《2007 年版传媒产业发展报告》，社会科学文献出版社，2006 年版。

23. 国家统计局：《中国统计年鉴》（2001~2009 年版），中国统计出版社。

24. 刘鹏：《竞争时代的报纸策略：趋势与对策》，山东人民出版社，2005 年版。

25. ［美］艾伦·B.阿尔巴朗：《电子媒介经营管理》（第 2 版），北京大学出版社，2005 年版。

26. 张君昌：《超媒体时代：新世纪电子传媒经营与创新》，新华出版社，2003 年版。

27. 唐绪军：《报业经济与报业经营》，新华出版社，2003 年版。

28. 李晓枫等：《中国电视传媒资本运营》，中国广播电视出版社，2004 年版。

29. 宋建武：《媒介经济学——原理及其在中国的实践》，中国人民大学出版社，2006 年版。

30. 郭庆光：《传播学教程》，中国人民大学出版社，1999 年版。

31. 罗伯特·G.皮卡德：《媒介经济学：概念与问题》，中国人民大学出版社，2005 年版。

32. 申凡：《传播心理与媒介社会》，华中科技大学出版社，2010 年版。

33. 胡正荣：《传播学总论》，中国传媒大学出版社，2006 年版。

34. 陈卫星：《传播的观念》，人民出版社，2004 年版。

35. ［英］丹尼斯·麦奎尔：《受众分析》，中国人民大学出版社，2006 年版。

36. 杨治：《产业经济学导论》，中国人民大学出版社，1985 年版。

37. 张辉锋：《传媒经济学案例教程》，中国人民大学出版社，

2011年版。

38. 肖弦弈：《中国传媒产业结构升级研究》，中国传媒大学出版社，2010 年版。

39. 严三九：《中国传媒资本运营研究》，上海文化出版社，2007年版。

40. 费方域：《企业的产权分析》，上海人民出版社，1998 年版。

后 记

几年前，山东工商学院政治与发展学院的张子中教授建议我为该学院编辑与出版专业讲授"媒介经济学"，当时我不知深浅，选了一本比较流行的教材，就开始为学生授课。几年下来，张教授问我有没有兴趣自己写一本关于媒介经济学方面的书，我怦然心动。但毕竟不是新闻传播专业科班出身，不免惴惴。张教授一再鼓励，我就先写了讲稿，给学生试着讲了两个学期，那本讲稿也构成了本书的雏形。回想起来，没有张子中教授的支持，就没有本书的出版，在此深表感谢。

还要感谢山东工商学院经济学院院长刘冰教授，他在百忙中阅读了书稿，并提出了宝贵建议。同时，刘冰教授作为山东工商学院重点学科产业经济学的学科带头人，为本书出版提供了经费上的支持。感谢山东工商学院陆晓阳教授，他在经济学基础理论方面给予的指导让我获益良多。

教学相长，感谢山东工商学院编辑与出版专业的历届同学们。在授课过程中，他们提出了很多意见，为本书的完善做出了很大贡献。有的同学已经毕业，祝他们在以后的生活和工作中一切顺利。最后还要感谢我的家人，妻子和女儿的爱为我从事写作提供了不竭的动力。

牛勇平

2011 年夏于山东烟台